家族企业代际传承对技术创新的影响机制与治理对策研究

陈建林　著

中国财经出版传媒集团
中国财政经济出版社
·北京·

图书在版编目（CIP）数据

家族企业代际传承对技术创新的影响机制与治理对策研究 / 陈建林著. -- 北京：中国财政经济出版社，2025. 4. -- ISBN 978 - 7 - 5223 - 3841 - 5

Ⅰ. F276. 5

中国国家版本馆 CIP 数据核字第 2025EG6614 号

责任编辑：彭　波　　　　责任校对：张　凡
　　　　　　　　　　　　责任印制：史大鹏

家族企业代际传承对技术创新的影响机制与治理对策研究

JIAZU QIYE DAIJI CHUANCHENG DUI JISHU CHUANGXIN DE YINGXIANG JIZHI YU ZHILI DUICE YANJIU

中国财政经济出版社 出版

URL：http：//www. cfeph. cn

E - mail：cfeph@ cfeph. cn

社址：北京市海淀区阜成路甲 28 号　邮政编码：100142

营销中心电话：010 - 88191522

天猫网店：中国财政经济出版社旗舰店

网址：https：//zgczjjcbs. tmall. com

涿州汇美亿浓印刷有限公司印刷　各地新华书店经销

成品尺寸：170mm × 240mm　16 开　21. 25 印张　310 000 字

2025 年 4 月第 1 版　2025 年 4 月河北第 1 次印刷

定价：98. 00 元

ISBN 978 - 7 - 5223 - 3841 - 5

（图书出现印装问题，本社负责调换，电话：010 - 88190548）

本社图书质量投诉电话：010 - 88190744

前　　言

传承与创新是我国家族企业当前必须关注的重要问题。本书有以下三个研究目标：首先，基于家族企业代际传承三维度（传承内容、传承对象和传承模式），探讨家族企业代际传承对技术创新的影响机制，构建权变理论整合学术界的争论，丰富和发展家族企业传承与创新理论；其次，从宏微观视角，分析内部家族治理结构和外部产权保护水平对家族传承企业创新能力的治理效果；最后，基于上述分析，从宏微观层面提出对策建议。在微观层面，为合理制订家族企业传承规划和促进家族企业持续创新提供指导意见；在宏观层面，为政府部门提升家族传承企业创新能力提供制度建议。

本书由三个部分组成。上篇是“家族企业代际传承对技术创新的影响机制”，由陈建林、李瑞琴、夏泽维、李晓杰、晏金桃和郑嘉华完成；中篇是“提升家族传承企业创新能力的治理对策”，由陈建林、夏泽维、李晓杰、付淑悦和龙琳薇完成；下篇是“家族传承企业技术创新的经济后果”，由陈建林和郑嘉华完成。

本书是国家社会科学基金一般项目“家族企业代际传承对技术创新的影响机制与治理对策研究”（18BGL120）的研究成果，感谢国家社会科学基金对本书的支持和各位评审专家的宝贵意见。

同时，本书还得到以下项目的支持：广东省自然科学基金项目“宗族文化与家族企业金融化：影响机制、调节效应与经济后果”（2024A1515011561）；广东省普通高校创新团队项目“粤港澳大湾区资本市场财务与会计创新研究团队”（2020WCXTD009）；广东省教育厅科研项目【重点领域专项】“数字金融对农业家族企业创新的影响机制与治理效应研究”（2022ZDZX4009）。

本书的研究受益于广东财经大学提供的良好的研究平台，感谢广东财经大学对本书的支持。本书由中国财政经济出版社出版，感谢各位老师的认真校对和宝贵意见，为本书的顺利出版作出了重要贡献。

内容简介

我国家族企业目前普遍面临交班传承问题，而当前家族企业代际传承是在我国经济转型的背景下进行的，因此传承与创新是我国家族企业需要密切关注的重要问题。在当前家族企业传承对创新影响的初步研究中，学术界有两类针锋相对的观点：第一种观点认为家族企业代际传承促进创新；第二种观点认为家族企业代际传承阻碍创新，学术界的理论争论亟须整合。

本书围绕家族企业代际传承与技术创新这个主题，运用规范研究法、实证研究法和案例研究法等方法，主要探讨了三个问题：家族企业代际传承对技术创新的影响机制（上篇）、提升家族传承企业创新能力的治理对策（中篇）和家族传承企业技术创新的经济后果（下篇）。

首先，针对学术界的争论，本书从家族企业代际传承的三大维度（传承内容、传承对象和传承模式）出发，分析传承内容特征、传承对象特征、传承模式特征对家族企业的创新的影响效应与机制。结果显示，家族企业代际传承与技术创新的关系受到传承内容、传承对象和传承模式的影响，在不同情境下两者的关系有显著差异：(1) 基于传承内容视角，本书从社会资本的传承出发，发现创始人拥有商会资本将显著增加接班人拥有商会资本的可能性，当接班人担任董事长或者总经理后，将显著增加其拥有商会资本的可能性；

接班人商会资本与家族企业技术创新呈显著正相关关系，当家族企业接班人拥有的商会资本等级越高，越能够促进家族企业开展创新活动，在外部制度环境好的地区，二代接班人商会资本与技术创新的正相关关系更显著；高管联结有助于提升企业创新绩效，在市场化程度高的地区，高管联结提升企业创新绩效的效果更显著。(2) 基于传承对象视角，本书从我国家族企业传承对象的特征出发，发现相对于其他家族治理模式，兄弟姐妹共同治理显著抑制了家族企业创新，机制分析发现，兄弟姐妹共同治理通过降低风险承担水平抑制家族企业创新。(3) 基于传承模式视角，本书从培养路径和交班方式出发，发现接班人教育水平与企业创新正相关，接班人外部工作经历也与企业创新正相关，接班人教育水平与外部工作经历可以共同促进企业创新，机制检验显示，接班人教育水平和外部工作经历通过提高接班人权威合法性和缓解企业融资约束，进而提高企业的创新水平；相较于放手式交班，帮扶式交班将对接班人自治后的创新绩效产生负面影响。

其次，本书从家族治理、知识产权保护、接班人选择和培养的耦合效应这三个视角探讨提升家族传承企业创新能力的治理对策。本书的研究结果显示，家族治理和知识产权保护对家族企业代际传承与技术创新的关系有正向的调节作用，家族企业接班人的选择机制和培养机制的耦合效应有助于提升企业创新能力。结论如下：(1) 从总体来说，家族治理可缓解代际传承时期家族企业创新投入的下降，具体来说，家族所有权对代际传承与技术创新的关系有正向调节效应，而两权偏离度和家族管理具有负向调节作用。(2) 知识产权保护对二代接班与企业创新投入的关系有正向的调节效应，机制检验显示，知识产权保护是通过缓解接班人短期行为倾向来弱化代际传承对创新的负面影响。(3) 案例研究显示，家族企业接班人的选择机制可以分为四种类型，家族企业需要依据实际情况采用合适的选择机制；家族企业接班人的培养机制可以区分为个人层面和企业层面，从个人层面来看，可通过社会资本传承提升接班人创新能力，从企业层面来看，可通过创新战略转型、制度正式化和家族权威转换培养接班人创新能力；家族企业接班人的选择机制和培养机制需要密切配合，两者的耦合效应可以使接班人继承和重构专有资产，从而提升企业技术创新能力。

最后，本书分析了家族接班人创新活动对企业绩效的影响后果。本书发现，接班人创新活动有助于提升家族企业绩效。接班人探索式创新和利用式创新均有利于提升家族企业绩效；与利用式创新相比，探索式创新更有利于提升家族企业绩效；路径分析发现，探索式创新和利用式创新通过提升家族企业运营效率来增强企业绩效。

本书有助于整合学术界关于家族企业传承与技术创新关系的争论，完善家族企业传承行为与家族企业传承后果的理论研究，从宏微观视角找出影响代际传承与技术创新关系的内外部因素。基于本书的研究结论，有助于家族企业制订合适的传承规划和完善家族企业的内部治理机制，有助于政府部门完善产权保护机制和制度环境，为实现家族企业平稳交接和促进家族企业创新转型提供对策建议。

目　录

第 1 章

绪　论

1.1　研究目标

本书围绕家族企业代际传承与技术创新这个核心主题展开研究，分析了家族企业代际传承对技术创新的影响机制，探讨了提升家族传承企业创新能力的治理对策，研究了家族传承企业技术创新的经济后果。本书有以下三个研究目标。

（1）基于家族企业代际传承三维度（传承内容、传承对象和传承模式），探讨家族企业代际传承对技术创新的影响机制，构建权变理论整合学术界的争论，丰富和发展家族企业传承与创新理论。

（2）从宏微观视角，分析内部家族治理结构和外部产权保护水平对家族传承企业创新能力的治理效果。

（3）基于本书的分析，从宏微观层面提出对策建议。在微观层面，为合理制订家族企业传承规划和促进家族企业持续创新提供指导意见；在宏观层面，为政府部门提升家族传承企业创新能力提供制度建议。

1.2　国内外研究动态

家族企业代际传承研究主要探讨三个问题："传给谁，传什么，怎么传”（陈凌等，2003；窦军生等，2009）。家族企业创新的研究主要关注家族企业是促进创新还是阻碍创新（周立新等，2014；朱沆等，2016）。然而，家族企业代际传承与技术创新关系的研究才刚刚起步，研究结论尚未达成一致意见。

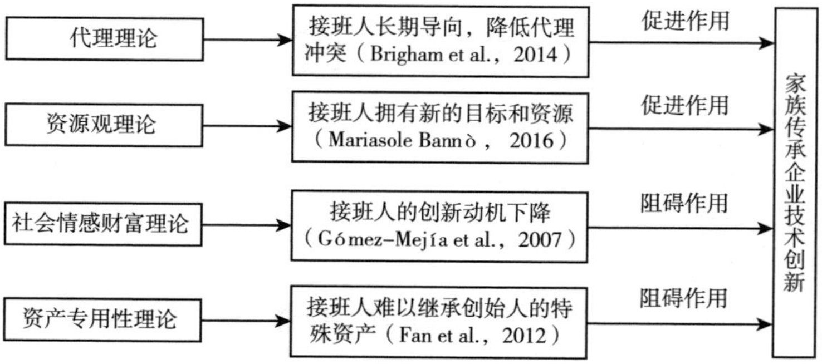

图 1－1　家族企业传承对创新影响的理论争论

如图 1－1 所示，关于家族企业传承对创新的影响，学术界有两类针锋相对的观点。第一类观点以代理理论和资源观理论为代表。代理理论认为，家族传承意味着家族对企业的长期导向，家族和企业的利益一致，能降低代理冲突（Brigham et al.，2014）；资源观理论认为，家族接班人拥有新的目标和资源（Mariasole Bannò，2016）。因此代际传承可促进企业创新。第二类观点以社会情感财富理论和资产专用性理论为代表。社会情感财富理论认为，为保护家族的社会情感财富，接班人倾向于守业，创新动机有所下降（Gómez－Mejía et al.，2007）；资产专用性理论认为，接班人难以继承创始人的特殊资产（Fan et al.，2012），从而缺乏创始人拥有的创新资源。因此代际传承会阻碍企业创新。但是，现有文献更多的是从理论上推导代际传承对创新的整体效果，且结论相互矛盾。未来应该进一步考察代际传承对技术创新的影响机制，探讨企业内部因素和外部因素对影响机制的治理效应，从而整合学术界的争论，为提升家族传承企业创新能力提供对策建议。

1.3 研究内容

图1-2是本书的内容框架，本书可以分为三个部分：家族企业代际传承对技术创新的影响机制、提升家族传承企业创新能力的治理对策和家族传承企业技术创新的经济后果。具体研究内容如下。

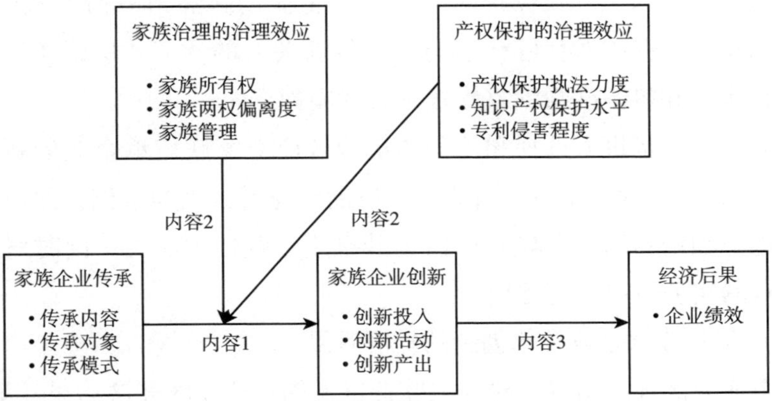

图1-2 本书的内容框架

（1）家族企业代际传承对技术创新的影响机制。

针对学术界的争论，本书从家族企业代际传承的三大维度出发，研究代际传承对家族企业技术创新的影响机制，分析传承内容特征、传承对象特征、传承模式特征对家族企业的创新的影响效应与影响机制。

基于传承内容视角，本书从社会资本的传承出发，第2章分析了家族企业商会资本的代际传承问题，第3章研究了接班人商会资本对家族企业创新的影响。第4章进一步拓展研究样本和开展比较分析，探讨高管联结对创新绩效的影响效果，丰富了本部分的研究结论。

基于传承对象视角，本书从我国家族企业治理模式和传承对象的特征出发，第5章分析了兄弟姐妹共同治理对家族企业创新的影响。

基于传承模式视角，本书从培养路径和交班方式出发，第6章探讨了接班人培养路径对家族企业创新的影响，第 7 章研究了家族企业交班方式对接班人创新绩效的影响。

（2）提升家族传承企业创新能力的治理对策。

首先，分析家族治理对家族传承企业创新能力的治理效应。第 8 章分析家族治理的不同机制对代际传承与技术创新关系的调节效应，厘清有哪些家族治理机制会促进家族接班人开展创新，哪些家族治理机制会阻碍家族接班人开展创新。

其次，分析知识产权保护对家族传承企业创新能力的治理效应。第 9 章探讨知识产权保护对代际传承与技术创新关系的调节效应，厘清怎样的产权保护水平和机制会帮助家族接班人开展创新。

最后，分析接班人选择和培养的耦合效应对家族传承企业创新能力的治理效应。第 10 章运用案例研究法，以浙江龙盛集团为案例，厘清怎样的接班人选择和培养的耦合模式可以提升家族企业创新能力，同时对第 6 章和第 7 章的实证研究进行呼应。

（3）家族传承企业技术创新的经济后果。

从企业内部视角出发，研究家族接班人创新活动的经济后果。第 11 章运用实证研究法，探讨家族接班人创新活动对企业绩效的影响后果。通过比较分析接班人探索式创新活动和利用式创新活动对家族企业绩效的影响，探讨不同创新活动的影响后果。

1.4　学术价值和应用价值

（1）学术价值。

首先，本书有助于整合学术界关于家族企业传承与创新关系的争论。代理理论和资源观理论认为家族企业传承有利于创新，社会情感财富理论和资产专用性理论则持相反观点。本书探讨了代际传承三维度（传承内容、传承对象、传承模式）对企业创新的影响机制，有助于整合学术界的争论。

其次，本书有助于完善家族企业传承后果的理论研究，加强家族企业传承行为与家族企业传承后果的联系。当前，家族企业传承后果研究主要关注代际传承对绩效的影响，本书则进一步探讨了家族企业传承行为的三维度对技术创新的影响，丰富了家族企业传承理论。

最后，本书有助于从宏微观视角探讨影响代际传承与创新关系的内外部因素。以往研究较少关注如何提升家族传承企业的创新能力，本书则探讨了家族治理和知识产权保护对家族传承企业创新能力的调节机制。

（2）应用价值。

首先，从家族企业的角度来说，本书有助于家族企业制订合适的传承规划，完善家族企业的内部治理机制，促进家族企业技术创新和转型升级，为支持民营企业发展提供对策建议。

其次，从政府部门的角度来说，本书有助于落实我国建设创新型国家的战略部署，帮助政府部门完善产权保护机制，为实现家族企业平稳交接和促进家族企业创新转型提供良好的制度环境。

1.5 创新之处

首先，从研究主题来说，本书首次探讨了家族企业传承的不同维度对技术创新的影响机制，有助于整合学术界关于家族企业传承与创新的争论。学术界有两类相反的观点：第一类观点认为家族企业代际传承有利于技术创新；第二类观点认为家族企业代际传承会阻碍技术创新。本书则考虑了代际传承对家族企业影响的三个维度，探讨代际传承对技术创新的影响机制，提出家族企业传承与创新关系的权变理论观点。

其次，从研究视角来说，本书从宏微观视角探讨了产权保护和家族治理对代际传承与技术创新关系的治理效应。以往的研究只关注了家族企业代际传承对技术创新的总体效应，忽视了在不同的内部治理结构和外部治理环境下，该效应有何变化。本书基于我国实际，研究家族治理对代际传承与技术创新关系的调节机理，分析知识产权保护对家族传承企业创新能力的治理效应。基于上述研究，可从内部治理结构和外部制度环境的视角提出增强家族传承企业创新能力的治理对策，提升理论对我国家族企业的指导意义。

上篇

家族企业代际传承对技术创新的影响机制

第 2 章

家族企业商会资本代际传承研究

——基于中国上市家族企业的实证研究

2.1 引　　言

商会是打造共建共治共享的社会治理格局的重要手段。商会作为我国介于市场和政府的第三方治理机构，在市场经济体制的建设中发挥着重要的治理功能（张捷、张媛媛，2009）。另外，在改革开放四十年之际，家族企业创始人逐渐达到了退休年龄，代际传承成为中国家族企业面临的重大挑战。在家族企业的代际传承中，接班人不仅继承企业的管理权和所有权，还需要继承创始人的社会资本，而商会资本是创始人拥有的其中一类社会资本。因此本章将关注商会资本的代际传承问题。

有学者指出，所有权和管理职位的传递相对简单，最难的是企业创始人的专有资产的传承（Bennedsen et al.，2015）。Fan 等（2012）的研究发现，企业家专有资产会带来竞争优势，尽管企业家的儿子和女儿是最佳的候选人去继承他们的专有资产，如创业者社交网络，但这些资产在传承中很难转移。创始人为了保证企业的“长青”，会有动机将其独特的资源传承给下一代接班人（Chua et al.，1999；Miller and Le Breton - Miller，2014）。窦军生和贾生华（2008）发现，企业家默会知识、企业家关系网络和企业家精神是家族企业需要传承的三大独特资源。李思飞和裘泱

(2018) 指出，具有传承意愿的控制家族更重视企业的长期生存与发展，具有更长远的投资视野。因此需要密切关注作为重要社会资本来源之一的家族企业商会网络关系的传承。从家族企业代际传承所处的制度环境角度来看，受到传统文化和转型经济的影响，企业广泛采用基于社会关系网络的成长战略。一代创始人所拥有的社会资本或者关系网络资源常常成为企业代际传承的重要传承因素。胡旭阳和吴一平（2016）发现，企业家参政议政“代际接力”是中国家族企业实现企业政治资本代际转移的重要渠道。但是，鲜有学者专门以家族企业的商会网络关系为研究对象，对家族企业一代创始人与二代接班人参加商会这一代际传承现象进行理论与实证分析。

因此本章以 2007～2016 年发生代际传承的上市家族企业为样本，对家族企业商会资本的代际传承进行研究，试图从商会传承动机、路径等来分析家族企业商会资本的代际传承现象。结果发现，创始人拥有商会资本将显著增加接班人拥有商会资本的可能性，当接班人担任董事长或者总经理后，这种可能性将显著增加；而相比于拥有政治资本的创始人，缺乏政治资本的创始人会更有动力传承其商会资本给下一代。进一步研究发现，家族企业商会资本的代际传承具有门槛效应，只有当创始人拥有省级以上商会资本时上述结论才依然成立，并且商会资本的传承会显著提升企业价值。

本章可能存在如下的贡献：首先，本章丰富了商会治理的研究文献。以往学者多从商会的定义、性质、发展历史和功能等角度对其进行研究。例如，Deng and Yi（2013）通过对 1978 年改革开放以来不同时期所实施的国家战略入手，分析了商会在不同国家战略背景下所经历的一系列变化。商会作为企业的集体代理人，通过组织集体行动捍卫成员的利益（Ji，2018），提高政府对企业的重视程度。特别是在政治竞争中，各党派会积极听取商会的声音以通过商会获得企业的支持（Andrei et al.，2017）。较少学者单独立足于家族企业代际传承视角对商会资本进行探究。本章试图从这一视角将家族企业的代际传承与商会资本联系起来，探究商会资本的代际传承动机及传承路径，具有一定的创新性。其次，拓展了家族企业代际传承的研究视角。当前，学术界主要关注家族企业代际传承中二代接班人介入对企业业绩、创新等方面的影响，并对传承中的权威及合法性进行了探讨。黄海杰等（2018）发现二代接班人介入对企业的创新活动具有显著的促进作用；而严若森和杜帅（2018）则发现企业的代际传承对创新会产生显著的抑制作用。关于家族企业社会资本的代际传承，目前主要关注创始人的政治资本的代际传承问题（胡旭阳、吴一平，2016；胡旭阳、吴一平，2017）。而本章则探究创始人商会资本的代际传承问题，这将拓展家族企业代际传承的研究视角。

2.2 理论分析与研究假设

2.2.1 家族企业商会资本代际传承的动机

资源观理论（RBV）认为，具有价值的稀缺资源会帮助企业建立竞争优势（Barney，1991），适当的资源管理会强化家族企业发挥资源效能（何轩等，2014）。在中国经济转型中，商会作为企业自发产生的组织，日益成为企业间，特别是家族企业间的“基础性力量”。首先，由于控股家族的决策者既需要管理家族内部的事务，又需要掌管企业的发展，过重的工作负担可能会导致其不能快速地得到最新的信息，而最新的信息可能会改善他们的决策，最终影响企业的业绩。Woods 等（2018）通过考察商会成员与企业决策者采用新技术意愿的关系时发现，决策者可以通过商会迅速地获得决策信息，并让他们更愿意采用新技术来促进企业的发展。其次，商会作为企业间的集体代理人，往往仅会为其成员自身利益进行游说（Marques，2017），并通过向成员提供选择性服务来促进整体经济利益的发展（Bennett，1998），能够为会员企业创造信息共享和面对面接触认识的平台，方便企业在集体活动参与中监督他人预期、发展社会联系与集体认识，抑制企业间“搭便车”的行为，节约企业之间、企业与社会之间的交易成本，提高集体行动的成功概率（石碧涛等，2011）。此外，不同于家族企业主直接在政府中担任官职所形成的政治资本，家族企业所拥有的商会资本更具有独立性。企业既可以通过商会加强与政府的联系（Thomaset et al.，2017），还可以通过集体行动捍卫成员的利益，提高地方政府的透明度和问责制（Ji，2018）。Мир России（2011）通过对23个商会负责人进行非正式访谈发现，商会在某些情况下能够弥补“市场失灵”和“国家失败”。因此商会资本对于家族企业来说是一项具有价值的稀缺资源，其与学者们已经探究出的企业家精神（朱素英，2006）、默会知识（窦军生、贾生华，2008）、家族权威或者家族企业文化（宋继文等，2008）一样，也值得企业传承。而且，余向前等（2013）指出，企业家隐性知识在代际之间有效转移是家族企业成功传承的关键。

创始人资产专有理论则认为，家族企业代际传承能否成功主要取决于创始人的声誉、权威和社会资本等专有资产能否顺利传承（Fan and Wong，2012）。Bennedsen等（2015）的研究发现，东亚地区的上市家族企业在完成代际传承后，其公司价值会大幅下降，其主要原因是创始人的专有资产难以传承。创始人的专有资产包括创始人的企业家精神、关系网络、家族权威等。其中，商会资本作为一类重要的关系网络，如果可以在家族成员中实现代际传承，将有助于家族企业的可持续发展。因此家族企业有强烈的动机对商会资本进行代际转移。

当创始人拥有了一定的商会资本时，相比于由接班人重新认识商会人员和积累商会资本，家族接班人延续父辈的足迹获得商会领导权是实现商会资本代际转移的重要途径，理由主要有以下两点：第一，在中国传统的儒家文化中，以家文化为核心的“差序格局”使得家族企业很难对家族外的人产生信任，这往往在组织管理中采取“内外有别”的待人用人法则（徐细雄、刘星，2012）。受到利他主义影响，具有亲缘关系的家族成员将共享资源（Karra et al.，2006；王明琳、周生春，2006）。商会资本作为家族企业一个重要的资本，企业创始人为了防止接班人由于能力不足而破坏企业的商会资本，一般不会轻易将商会资本传给接班人，只有当接班人的能力达到一定高度时，创始人才会考虑将企业的商会资本传承给接班人，因此商会资本从创始人到接班人的交接本身就是创始人对接班人能力的认可。第二，家族企业创始人成为商会领导者或者商会会员，相当于为接班人搭建了一个商会交流的平台，接班人可以通过父辈的商会平台结识商会的其他成员，搭建自己的商会网络系统，即便父辈创始人可能由于自己退休或者其他商会成员退位而切断了创始人的商会资本，接班人也可以通过父辈前期的铺垫继续发展自身的商会资本，有助于商会资本的延续和发展。据此本章提出：

假设 H2－1：创始人商会资本将增加接班人拥有商会资本的可能性。

2.2.2　家族企业商会资本代际传承的时机选择和影响因素：基于权威合法性视角

（1）商会资本传承的时机选择。

基于经济学的“经济人”假说，相比于家族企业内部的家族成员，企业内外部的非家族成员不会轻易将家族企业的发展与自身利益捆绑在一起，目标更具有短期性（贺小刚等，2007），其之所以承诺在合约所规定的权限范围内租出要素使用权并服从以业主为核心的家族成员权威，是因为他们相信家族成员可以为其承担风险，并为其支付固定或可预期的要素报酬（贺小刚、连燕玲，2009）。相关研究显示，家族权威有利于提升家族企业绩效（贺小刚等，2007）。因此家族管理者的权威有助于其调动和运用资源。

然而，相关研究显示，家族企业的权威往往具有很强的个人依赖性。当企业的控制权发生变化时，企业中的权威关系也将发生变化（周燕、葛建华，2011）。对家族接班人而言，在接班的过程中常常面临权威合法性不足的问题，进而难以调动资源和开展工作。李新春等（2015）研究发现，因为权威合法性不足，二代接班人在代际传承过程中往往面临“少主难以服众”的尴尬局面。因此在商会资本代际传承的过程中，同样会遇到接班人权威合法性不足的问题，需要合适的时机进行传承。

家族企业传承的权威合法性分为两类：制度合法性和战略合法性（赵晶等，2015）。从制度合法性的角度来说，行为主体本身拥有的权力越高，其具有的合法性就越强（赵晶等，2015）。而合法性具有强大的力量，通过影响资源分配或激励他人来规范或影响他人行为（Dimaggio and Powell，1983）。正如《论语》所言："名不正，则言不顺；言不顺，则事不成"。相关研究显示，股权的转移和管理职位的直接任命有助于缓解接任者权威合法性不足的问题（杨学儒等，2009）。因此当接班人正式接任家族企业的董事长或总经理后，有助于实现商会资本的顺利传承。

另外，从商会的角度来说，接班人的权威提升有助于提高其在商会中的地位。在企业与商会的关系中，部分商会是官方或半官方性质的，或者即使部分商会是由企业自发组织成立的，但是家族企业创始人要想从商会中获得优势资源，也往往需要在商会中扮演较为重要的角色，而这首先就要求企业家具有足够的权威。从这个角度来看，商会是众多企业的联盟，商会处于更高层次的地位，要想在商会中拥有足够的话语权，就需要在企业中派出拥有高度权威的人物。一方面，不同于在家族企业内部的员工，在企业外部，由于信息的不对称会使得其他商会成员难以判断企业的接班人是否拥有足够的权威，即使企业派驻接班人在商会中参加活动，也很难通过商会资本来获得优势资源。另一方面，接班人在进入企业时往往未树立绝对的权威，此时由接班人代表企业在商会中参加活动，会造成其他商会成员认为企业对商会的不重视，从而可能会降低企业商会资本的代际接力，但是当接班人成为掌管企业的"掌舵人"，即担任企业的董事长或总经理后，正式制度上的权威有助于得到其他商会成员的认可，从而有利于企业商会资本的顺利交接，据此本章提出：

假设 H2-2：接班人担任公司董事长或总经理会显著促进其拥有商会资本的可能性。

（2）商会资本传承的影响因素。

组织赋予接班人的正式权力需要转化为权威，才能够帮助其更好地治理企业（吴炯等，2017）。而接班人的权威除了通过正式制度上组织的正式职位和角色赋予外，非正式制度上也需要巩固和加强，拥有政治资本或商会资本是提升接班人权威的重要途径。但与创始人相比，二代继承者既年轻经验不足，又缺少与组织共同成长的经历（李新春等，2015），很难完全接收创始人的所有社会资本。因此对于同时拥有政治资本和商会资本的创始人而言，对商会资本传承的重视程度会低于政治资本传承的重视程度。

这种重视程度的差异原因在于，在中国经济转型中，地方政府的行为和干预会极大地影响民营企业的发展（胡旭阳、吴一平，2017），企业与政府建立良好的政企关系，获得政府的庇护，可以更容易获得政府给予的融资机会以及补贴机会（余明桂等，2010）；而家族企业的代际传承并非一朝一夕可以完成，其过程较为漫长，在传承独特要素的重要性水平上，相比于商会资本，政治资本会成为首选。因为从我国商会的发展历史来看，大量商会直接脱胎于政府机关的改组，该类商会从人员到工作作风都与原机构无异，其人事、财务等也往往由政府所控制。商会要开展必要的工作往往需要求助于政府（谭燕等，2006），家族企业拥有商会资本在很大程度上也是希望能够通过商会所提供的平台建立起企业与政府之间的桥梁。而且政府资本更具有稀缺性（胡旭阳、吴一平，2016）。因此在这种环境中，如果家族企业创始人已拥有政治资本，就更倾向于传承能够直接获得政府帮助的政治资本来帮助接班人获得非正式制度上的权威。

首先，但是当创始人缺乏政治资本时，接班人接任商会领导的动力将大大提高。因为对于那些没有政治头衔的企业家来说，商会资本将成为企业重要的辅助性政治资源。商会作为政府职能的延伸，本身就具有官方或半官方的性质，家族企业创始人可以通过参与商会或行业协会来提高其接触政府部门或官员的机会，为企业在政府资源的分配、政策制定和实施中维护自身利益起到了重要的作用，从而有利于其社会地位的提高（高勇强等，2011）。所以此时家族企业有强烈的动机传承商会资本。其次，当创始人缺乏政治资本时，商会将成为接班人培育关系网络的重要平台，此时接班人迫切希望可以进入商会这个平台。商会由一系列同行业或者同地区的企业组成，拥有大量的商业信息，可以提供合作机会、融资渠道和投资项目等，有助于企业拓展经营和市场。尤其是对接班人而言，由于缺乏足够的人脉，难以开展工作。接班人亟待借助商会这一平台，积累社会资本和寻找商业机会。

据此我们进一步提出如下假设：

假设 H2-3：相较于拥有政治资本的创始人，缺乏政治资本的创始人传承商会资本的可能性更高。

2.3 研究设计

2.3.1 样本选择和数据来源

本章以沪深两市 2007~2016 年发生代际传承（包括已经完成代际传承）的上市家族企业为样本进行研究。本章参照苏启林和朱文（2003）、贺小刚和连燕玲（2009）、陈德球等（2013）的方法，采用以下家族企业界定标准：（1）最终控制者能追踪到自然人或家族；（2）最终控制者直接或间接持有的公司必须是被投资上市公司第一大股东。在保证数据准确性和客观性的基础上，对初始数据进行了如下处理：（1）剔除金融类上市家族企业；（2）剔除在观测年度为 ST、ST*的上市家族企业；（3）剔除控制人为外资类、社会团体类、集体类和职工共同持股的上市家族企业；（4）剔除相关数据缺失或异常的观测值。参照胡旭阳和吴一平（2016）的方法，对进入代际传承的上市家族企业界定标准是创始人的子女（包括儿子、女儿、女婿和儿媳等）2016 年末已经在公司的董事会或者管理层中任职的家族企业。满足上述条件的上市家族企业共 443 家，合计 2831 个样本。回归时对连续变量进行了 1% 的缩尾。

本章的研究数据主要涉及三个层面：一是地区层面数据，主要依据王小鲁等（2018）发布的中国各地区市场化指数，若企业所在的省份高于或等于中位数，则定义为治理环境好的地区，反之则定义为治理环境差的地区；二是公司层面的数据，主要包括上市家族企业的上市年限、资产规模、固定资产比重、资产负债率、盈利水平、员工数量和企业代际传承等方面的数据；三是个人层面的数据，主要包括创始人参会议会和接班人参会议会、个人特征（包括年龄、性别、教育水平）等方面的数据。公司层面的数据除了企业代际传承外其余的数据来自国泰安数据库，其他层面数据主要通过手工方式进行收集，具体步骤如下：

（1）企业代际传承数据的收集。

先从企业招股说明书和年报的董事与高管情况介绍中获得企业相关亲属的名称及亲属间的关系，再从国泰安数据的高管个人资料中确定其是否在企业中担任董事或高管。如果在企业招股说明书和年报中没有直接提供这方面的信息，则参照胡旭阳和吴一平（2016）的方法，对于企业实际控制人年龄在50岁以上，且在招股说明书或者年报中有与其年龄差距在20岁以上的公司董事或高管，以“实际控制人姓名+年龄差距在20岁以上的公司董事或高管的姓名+子女（包括儿子、女儿、女婿和儿媳等）”为关键词进行网络搜索，确定企业代际传承的情况；对于年龄在50岁以下的实际控制人，通过网络搜索检测其是否为企业的接班人，从而确定企业代际传承情况。

（2）家族企业创始人或接班人个人层面数据的收集。

从国泰安数据库的高管个人背景资料中查看其是否具有担任行业协会或商会的经历，如果背景资料中没有直接提供这方面的信息，则主要通过网络以“创始人（或接班人）姓名+行业协会或商会”为关键词进行搜索；其他创始人或接班人个人特征数据也是参照上述方面进行手工收集，即从国泰安数据库的高管资料中取得个人特征数据，如果数据缺失则从招股说明书或者年报的董事与高管情况介绍中获得，若仍缺失则以“创始人（或接班人）姓名+个人特征（包括年龄、性别、教育水平）”为关键词进行收集。

2.3.2 模型设计和变量说明

为了检验上述理论假设H2-1和假设H2-2，本章借鉴相关文献的做法，建立如下Logit回归模型：

$$\begin{aligned}\mathrm{Logit}(Scc) = {} & \beta_0 + \beta_1 Fcc + \beta_2 Suc + \beta_3 Ltime + \beta_4 Size + \beta_5 Fasset + \\ & \beta_6 Debt + \beta_7 Roe + \beta_8 Empl + \beta_9 Fage + \beta_{10} Fedu + \\ & \beta_{11} Sage + \beta_{12} Ssex + \beta_{13} Sedu + \beta_{14} Ind + \beta_{15} Year + \\ & \beta_{16} Pro + \beta_{17} Market + \varepsilon \end{aligned} \tag{2-1}$$

其中，Scc为接班人商会资本，Fcc为创始人商会资本，Suc为企业控制权代际转移，Ltime 为企业上市年限，Size 为企业资产规模，Fasset 为企业固定资产比重，Debt 为企业资产负债率，Empl 为企业员工数量，Fage 为创始人年龄，Fedu 为创始人教育水平，Sage 为接班人年龄，Ssex 为接班人性别，Sedu 为接班人教育水平。此外，为了控制行业差异和年度差异，引入了行业虚拟变量 Ind、年度虚拟变量 Year、省份虚拟变量 Pro 和地区市场化指数虚拟变量 Market，ε 为随机误差项。

为了检验上述理论假设 H2－3，本章借鉴相关文献的做法，在模型（2－1）的基础上引入创始人政治资本调节变量 Fpc，当家族企业一代创始人担任人大代表或政协委员时定义为该企业当年创始人拥有政治资本（此时，Fpc 赋值为 1），否则为没有政治资本（此时，Fpc＝0），并建立如下 Logit 回归模型：

$$\begin{aligned}Logit(Scc) = {} & \beta_0 + \beta_1 Fcc * Fpc + \beta_2 Suc + \beta_3 Ltime + \beta_4 Size + \beta_5 Fasset + \\ & \beta_6 Debt + \beta_7 Roe + B_8 Empl + \beta_9 Fage + \beta_{10} Fedu + \\ & \beta_{11} Sage + \beta_{12} Ssex + \beta_{13} Sedu + \beta_{14} Ind + \beta_{15} Year + \\ & \beta_{16} Pro + \beta_{17} Market + \varepsilon \end{aligned} \tag{2-2}$$

具体变量取值说明如表 2－1 所示。

表 2－1　　变量及其定义一览表

变量类型	变量名称	符号	变量说明
被解释变量	接班人商会资本	Scc	虚拟变量，当企业接班人担任行业协会或商会会长时赋值为 1，否则为 0
解释变量	创始人商会资本	Fcc	虚拟变量，当企业创始人担任行业协会或商会会长时赋值为 1，否则为 0
	控制权代际转移	Suc	虚拟变量，当企业二代接班人担任总经理或董事长时赋值为 1，否则为 0
调节变量	创始人政治资本	Fpc	当企业一代创始人担任人大代表或政协委员时定义为该企业当年创始人拥有政治资本，否则为没有政治资本

续表

变量类型	变量名称	符号	变量说明
控制变量	上市年限	Ltime	研究期当年减去企业上市年份
	资产规模	Size	企业总资产的自然对数
	固定资产比重	Fasset	企业固定资产占总资产的比例
	资产负债率	Debt	企业总负债/总资产
	盈利水平	Roe	企业净利润/平均股东权益
	员工数量	Empl	企业雇佣员工总数的自然对数
	创始人年龄	Fage	研究期当年减去创始人出生年份
	创始人教育水平	Fedu	0 = 未披露，1 = 初中或中专及以下，2 = 高中或大专，3 = 本科，4 = 硕士，5 = 博士
	接班人年龄	Sage	研究期当年减去接班人出生年份
	接班人性别	Ssex	虚拟变量，男性为1，女性为0
	接班人教育水平	Sedu	0 = 未披露，1 = 初中或中专及以下，2 = 高中或大专，3 = 本科，4 = 硕士，5 = 博士
	行业	Ind	依据中国证监会行业分类标准，生成制造业和非制造业的虚拟变量
	年度	Year	控制年度固定效应
	省份	Pro	控制省份地区效应
	市场化指数	Market	依据各地区市场化指数，若企业所在地区市场化指数高于或者等于中位数，定义为治理环境好的地区，反之则为治理环境差的地区

2.4　实证结果与分析

2.4.1　描述性统计

表2－2是各变量的描述性统计情况。表2－2的数据显示，在所有沪深两市2016年末进入代际传承（包括已经完成代际传承）的上市家族企业中，12.7%的家族企业二代接班人拥有商会资本，35.7%的一代创始人曾

经或者现在在商会中担任职务，40.2%的二代接班人已经在企业中担任总经理或者董事长，在个人特征方面，创始人的平均年龄均在58岁左右，而接班人平均年龄均在30岁左右，二代接班人教育水平均高于一代创始人，且接班人为男性，占比约为70%。

表2-2　变量描述性统计

变量	样本量	均值	标准差	最大值	最小值	中位数
Scc	2831	0.1272	0.3333	1	0	0
Fcc	2831	0.3568	0.4791	1	0	0
Suc	2831	0.4023	0.4905	1	0	0
Ltime	2831	7.5885	6.045	26	0	6
Size	2831	21.4843	1.075	25.3596	14.4797	21.416
Fasset	2831	0.2185	0.1443	0.9018	0	0.2015
Debt	2831	0.5129	2.2001	82.5596	0.0079	0.3815
Roe	2831	0.0877	0.75	23.7389	-15.1441	0.0712
Empl	2831	7.1916	1.1935	11.73113	2.3026	7.2189
Fage	2831	57.7983	14.0034	90	0	60
Fedu	2831	1.8658	1.5634	5	0	2
Sage	2831	29.8608	16.5991	63	0	34
Ssex	2831	0.6945	0.4676	2	0	1
Sedu	2831	2.1505	1.7357	5	0	3

2.4.2　回归分析结果

表2-3是家族企业商会资本代际传承影响因素的Logit模型回归结果。在表2-3列（1）中，变量Fcc的系数为0.3764（1%水平上显著），表明创始人拥有商会资本将显著增加接班人拥有商会资本的可能性，假设H2-1成立。在表2-3列（2）中，加入了创始人政治资本（Fpc）这一调节变量，Fcc×Fpc的系数为-1.4716（1%水平上显著），说明缺乏政治资本的创始人，会更努力地将自身拥有的商会资本传承给接班人，显著增加接班人拥

有商会资本的可能性，假设 H2 - 3 成立。此外，无论是否加入创始人政治资本的调节变量，变量 Suc 的系数分别为 1.2327（1% 水平上显著）和 1.2765（1% 水平上显著），表明接班人担任公司董事长或总经理会显著促进其拥有商会资本的可能性，假设 H2 - 2 成立。

表 2 - 3　　家族企业商会资本代际传承 Logit 模型回归分析结果

变量	(1)		(2)	
	系数	z 值	系数	z 值
常数项	-8.3796***	4.67	-8.4000***	-4.49
Fcc	0.3764***	2.72	0.9018***	3.97
Fpc			1.1075***	5.19
Fcc × Fpc			-1.4716***	-4.61
Suc	1.2327***	8.84	1.2765***	8.81
Ltime	0.0376**	2.46	0.0346**	2.42
Size	0.0722	0.74	0.0769	0.76
Fasset	0.4266	0.82	0.1075	0.19
Debt	0.2557	0.74	0.3675	1.02
Roe	-0.9620	-1.49	-1.0073	-1.55
Empl	0.1781**	2.38	0.1756**	2.29
Fage	0.0112**	2.08	0.0103*	1.89
Fedu	-0.1445***	-3.26	-0.2007***	-4.39
Sage	0.0265***	2.74	0.0274***	2.75
Ssex	0.4705**	2.40	0.4847***	2.57
Sedu	0.3891***	8.82	0.3883***	8.28
Ind	控制		控制	
Year	控制		控制	
Pro	控制		控制	
Market	控制		控制	
调整的 R^2	0.2040		0.2184	
样本数	2831		2831	

注：*、**、*** 分别表示在 10%、5%、1% 水平上显著。

2.4.3 稳健性检验

（1）缩小样本

本章的核心问题在于探究家族企业二代接班人商会资本可否通过一代创始人商会资本实现代际转移。当然，在部分家族企业中，二代接班人通过自身的积累也可以获得相应的商会资本，如果普遍存在二代接班人所获得的商会资本是靠自身努力而不是从父辈那里传承而得这一现象的话，那么本章所提出的家族企业商会资本传承假设就无法成立，因此需要排除这种现象的可能性。家族企业二代接班人通过自身的努力获得商会资本往往是在其父辈已经完全退出企业后所获得的，因为当父辈依然在企业中担任职务或者拥有股权时仍视为企业代际传承阶段。本章的研究样本截至2016年，因此将家族企业中在2016年底已经完成代际传承的样本剔除，在剩余的样本中包括二代尚未完全掌握控制权而一代仍然在企业中担任职务，此时由于一代仍然在企业中掌握控制权，因此企业的经济绩效并不能完全归因于二代接班人，其商会资本的来源也受到一代创始人的影响。在这种情况下若前述假设仍然成立，则可进一步确认在家族企业中二代接班人商会资本的获得是来源于代际传承的结果。表2-4列示了在剔除已经发生代际传承后的样本所进行的Logit模型回归结果，表2-4列（1）结果显示，Fcc的系数为0.2844（10%水平上显著），说明创始人商会资本增加了接班人获得商会资本可能性，假设H2-1仍成立。列（2）显示，Fcc×Fpc的系数为-1.4831（1%水平上显著），表明创始人同时拥有政治资本和商会资本时，对商会资本的传承重视度降低，当创始人没有政治关联时，会更致力于传承其商会资本，假设H2-3仍成立，说明创始人所拥有的政治资本确实对商会资本的代际传承产生影响。且在这两种情况下变量Suc的系数分别为1.1270（1%水平上显著）和1.1703（1%水平上显著），表明接班人担任公司董事长或总经理会显著促进其拥有商会资本的可能性，假设H2-2仍成立。

表 2-4　缩小样本稳健性检验分析结果

变量	(1)		(2)	
	系数	z 值	系数	z 值
常数项	-8.6421***	-4.24	-8.1579***	-3.81
Fcc	0.2844*	1.93	0.7707***	3.40
Fpc			1.2574***	5.60
Fcc × Fpc			-1.4831***	-4.53
Suc	1.1270***	7.55	1.1703***	7.49
Control Variables	控制		控制	
Ind	控制		控制	
Year	控制		控制	
Pro	控制		控制	
Market	控制		控制	
调整的 R^2	0.1930		0.2117	
样本数	2539		2539	

注：*、**、*** 分别表示在 10%、5%、1% 水平上显著。

（2）更改因变量和自变量。

前面的因变量只考虑了创始人和接班人是否拥有商会资本，没有考虑商会资本的等级。那么，是否存在创始人所拥有的商会资本等级越高，接班人也拥有越高等级的商会资本的现象。此时本章依据商会的等级，对创始人和接班人的商会资本进行赋值，建立如下 Ologit 回归模型来进行探究：

$$\begin{aligned}Ologit(Scc) = {} & \beta_0 + \beta_1 Fcc + \beta_2 Suc + \beta_3 Ltime + \beta_4 Size + \beta_5 Fasset + \\ & \beta_6 Debt + \beta_7 Roe + B_8 Empl + \beta_9 Fage + \beta_{10} Fedu + \\ & \beta_{11} Sage + \beta_{12} Ssex + \beta_{13} Sedu + \beta_{14} Ind + \beta_{15} Year + \\ & \beta_{16} Pro + \beta_{17} Market + \varepsilon \end{aligned} \tag{2-3}$$

$$\begin{aligned}Ologit(Scc) = {} & \beta_0 + \beta_1 Fcc * Fpc + \beta_2 Suc + \beta_3 Ltime + \beta_4 Size + \\ & \beta_5 Fasset + \beta_6 Debt + \beta_7 Roe + B_8 Empl + \beta_9 Fage + \\ & \beta_{10} Fedu + \beta_{11} Sage + \beta_{12} Ssex + \beta_{13} Sedu + \beta_{14} Ind + \\ & \beta_{15} Year + \beta_{16} Pro + \beta_{17} Market + \varepsilon \end{aligned} \tag{2-4}$$

结果如表 2-5 所示，在不考虑创始人是否拥有政治资本的情况下，变量 Fcc 的系数为 0.1118（1% 水平上显著），表明当创始人所拥有的商会等级越高时，越会显著促进接班人拥有商会资本的可能性，假设 H2－1 成立；交乘项 Fcc * Fpc 的系数为－0.4076（1% 水平上显著），表明当创始人没有政治关联时，创始人商会资本将显著增加接班人拥有商会资本的可能性，假设 H2－3 成立；此外，变量 Suc 的系数分别为 1.2038（1% 水平上显著）和 1.2145（1% 水平上显著），表明接班人担任公司董事长或总经理会显著促进其拥有商会资本的可能性，假设 H2－2 成立。

表 2－5　Ologit 回归分析结果

变量		(1)		(2)	
		系数	z 值	系数	z 值
Cut	Cut1	9.0512***	5.23	9.6307***	5.22
	Cut2	9.1296***	5.27	9.7100***	5.26
	Cut3	9.3794***	5.42	9.9617***	5.40
	Cut4	10.1241***	5.85	10.7069***	5.81
Fcc		0.1118***	2.81	0.2950***	4.09
Fpc				0.8235***	4.50
Fcc × Fpc				－0.4076***	－4.51
Suc		1.2038***	9.02	1.2415***	8.96
Control Variables		控制		控制	
Ind		控制		控制	
Year		控制		控制	
Pro		控制		控制	
Market		控制		控制	
调整的 R^2		0.1463		0.1548	
样本数		2831		2831	

注：*、**、*** 分别表示在 10%、5%、1% 水平上显著。

（3）接班人商会资本滞后回归。

考虑到接班人拥有商会资本存在滞后性，创始人拥有的商会资本不一定会在当年就进行传承，所以本章将接班人商会资本分别进行滞后一期和滞后两期的处理进行回归，所得结果仍然证明了原假设。

（4）企业控制权代际转移变量的替换。

主假设中对接班人权威的定义是担任董事长或总经理，但根据已有文献，“两职合一”可以进一步反映高管的正式和非正式权威（赵晶等，2018），因此本章重新定义了企业控制权代际转移变量 suc，即接班人同时担任董事长和总经理。实证结果仍然证明了原假设，说明商会资本传承的时机通常是二代接班人建立了一定的企业正式权威后。

（5）内生性检验。

考虑遗漏变量带来的内生性问题，本章采用倾向评分配比法（PSM）做进一步分析，结果如表2-6所示。结果表明，与一代没有商会资本相比，一代创始人拥有商会资本的家族企业其二代接班人拥有商会资本的可能性显著提高；同时，与二代接班人不担任公司董事长或总经理相比，二代接班人担任董事长或总经理会促进其拥有商会资本的可能性。

表2-6　倾向评分配比法稳健性检验分析结果

匹配方法		Kernel	Local line regress (bandwith = 0.5)	Radius matching (caliper = 0.05)
假设 H2-1：创始人商会资本将增加接班人拥有商会资本的可能性	处置组	0.3039	0.3039	0.3039
	对照组	0.4046	0.4027	0.4049
	平均处置效应 (t值)	-0.1008*** (-4.99)	-0.0989*** (-3.61)	-0.1010*** (-5.01)
假设 H2-2：接班人担任公司董事长或总经理会显著促进其拥有商会资本的可能性	处置组	0.2346	0.2346	0.2346
	对照组	0.0762	0.0793	0.0775
	平均处置效应 (t值)	0.1584*** (8.53)	0.1553*** (5.58)	0.1570*** (8.53)

注：*、**、*** 分别表示在10%、5%、1%水平上显著。

另外，为了剔除内生性问题的影响，本章采用 Heckman 两阶段法，选取当年当地的人口出生率（Birth）作为工具变量进行第一阶段的估计，并将第一阶段回归中得到的逆米尔斯指数（IMR）加入第二阶段的回归方程中进行估计。本章参考黄海杰等（2018）和 Xu 等（2015）的研究思路，选择了人口出生率（Birth）作为工具变量。本章之所以选择人口出生率作为工具变量，主要是基于以下三个理由：首先，人口出生率作为一种外生的自然现象，与个体企业的企业价值没有直接关系。其次，人口出生率会影响家族成员数目，人口出生率越低的地区，家族成员介入企业管理层的可能性越低（黄海杰等，2018；Xu 等 2015）；反之，人口出生率越高的地区，家族成员数目越大，家族成员介入企业管理层的可能性越大，上市公司拥有家族高管的概率越大，这为公司家族高管积累商会资本奠定人员基础。最后，人口出生率反映了当地传统文化信念的强弱，“养儿防老”是中国儒家文化的传统信念（郭庆旺等，2007），经济发展和教育水平提升会改变传统的生育观念，降低人口出生率（任栋等，2015），反之在人口出生率越高的地区，意味着该地区的传统宗族观念和乡土文化意识越强。而现有研究显示，传统文化信念有助于商会的发展，周泓（2013）发现，宗族与商会规划有紧密的联系，而商会的发展意味着宗族圈层的扩大；黄冬娅等（2018）的研究发现，人际网络是商会成立的重要组织力量，其中乡缘网络的作用尤为重要。因此传统文化信念可以为商会发展提供良好的外部成长环境，从而有利于家族高管构建更强的商会资本。

表 2－7　Heckman 两阶段估计法

变量	第一阶段		第二阶段	
	系数	z 值	系数	z 值
常数项	－5.8689***	－7.86	16.2664*	1.78
Fcc			0.3732***	2.70
Birth	0.0237*	1.69		
Suc	－0.3502***	－5.83	2.4836***	5.08
IMR			－5.1274***	－2.75
Control Variables	控制		控制	
Ind	控制		控制	
Year	控制		控制	
Pro	控制		控制	
Market	控制		控制	
调整的 R^2	0.0954		0.2087	
样本数	2831		2831	

注：*、**、*** 分别表示在 10%、5%、1% 水平上显著。

从表2－7中可以看出，变量Fcc的系数为0.3732，在1%显著性水平上显著，表明创始人拥有商会资本将显著增加接班人拥有商会资本的可能性。

2.5　进一步的研究

2.5.1　商会资本传承的门槛效应

在不同的层级上，政府向商会提供的政治机会结构是不同的，在更高层级上政府可为商会提供更制度化的机会，商会的等级越高，政府向其咨询的机会越多，两者的紧密程度也越大（纪莺莺，2015）。因此本章进一步区分其所在商会的等级，考察商会资本的传承是否具有门槛效应。

本章引入2个虚拟变量Fcc1和Fcc2来替代Fcc，它们分别表示家族企业一代创始人担任省级以上（包括省级）商会和市级商会，以创始人没有商会资本作为对照组，分析当创始人的商会资本对接班人商会资本代际传承的影响，进一步检验理论假设是否成立。表2－8列示了在考虑一代创始人商会资本的等级后对商会资本代际传承的影响，结果显示，当创始人拥有省级以上商会资本时，变量Fcc1的系数为0.6313（1%水平上显著）；当创始人拥有市级商会资本时，变量Fcc2的系数为－0.7370（5%水平上显著）。这表明当创始人拥有不同等级的商会资本时，企业接班人所拥有的可能性并不相同，只有当创始人拥有省级以上商会资本时才会显著促进接班人拥有商会资本的可能性，而当创始人拥有地级市商会资本时则会显著抑制接班人拥有商会资本的可能性，可能的原因是地级市商会资本较为普遍，不足以成为稀缺的资源得以传承。从创始人政治资本和商会资本的交乘项Fcc×Fpc来看，也基本验证了当创始人同时拥有政治资本和商会资本时，将更重视政治资本的传承，而当创始人仅拥有商会资本时，会显著促进接班人拥有商会资本的可能性。

表 2-8　　　　商会资本传承的门槛效应

变量	创始人拥有省级以上（直辖市）商会资本				创始人拥有地级市商会资本			
	系数	z 值	系数	z 值	系数	z 值	系数	z 值
常数项	-8.0245***	-4.53	-7.9795**	-4.37	-8.8019***	-4.85	-7.8589***	-4.29
Fcc1	0.6313***	4.29	1.2433***	5.14				
Fcc2					-0.7370**	-2.60	-0.8722	-1.49
Fpc			0.8086***	4.44			0.6373***	4.40
Fcc × Fpc			-1.3317***	-4.27			-0.1432	-0.21
Suc	1.2962***	8.96	1.3449***	8.97	1.2139***	8.80	1.2664***	8.63
Control Variables	控制		控制		控制		控制	
Ind	控制		控制		控制		控制	
Year	控制		控制		控制		控制	
Pro	控制		控制		控制		控制	
Market	控制		控制		控制		控制	
调整的 R^2	0.2091		0.2202		0.2039		0.2133	
样本数	2831		2831		2831		2831	

注：*、**、*** 分别表示在 10%、5%、1% 水平上显著。

2.5.2　家族企业商会资本传承对企业价值的影响

Hoffman 等（2006）首先运用家族资本解释家族企业竞争优势的形成，具体来说，家族资本镶嵌在家族成员个体和家族成员之间，具有难以模仿性；其次，家族资本能够让家族成员以较低的交易成本相互交流信息，缓解信息不对称问题。进一步地，Nahapiet 等（1998）、Danes 等（2009）和 Dyer 等（2014）认为家族资本可以分为人力资本、社会资本和财务资本。商会资本作为家族企业社会资本的重要组成部分，在企业的发展过程中起到重要的作用。

特别是在复杂多变的环境中，企业所掌握和可运用的资源是其核心竞争力的保证，企业所拥有的信息渠道越多，越能够在发展中提升公司的价值。商会作为以企业间相互信任为基础所自发组成的组织，能够为企业间建立和保持长期稳定的交流、学习机会，为企业实现信息、知识共享创造条件。创始人将商会资本传承给接班人后，可以延续其人脉网络，搭建行业内外的资源桥梁；同时一二代都在商会任职能够提升企业的行业协会地位，并且作为商会的老成员获取和掌握更多的信息，缓解由于信息不对称所引起的决策失误，作出正确的战略决策，影响企业的未来发展。所以商会资本的传承会对企业价值产生良好的正向影响。因此本章将商会资本传承（Cc）作为解释变量，即商会资本发生传承后的年份均赋值为1，未发生传承则赋值为0。商会资本传承的定义是：首先找出创始人拥有商会资本的样本，然后二代开始拥有商会资本的年份就赋值为1，表示商会资本发生传承。

借鉴相关文献的做法，建立如下回归模型：

$$\begin{aligned}\text{Value} = {} & \beta_0 + \beta_1 \text{Cc} + \beta_2 \text{Suc} + \beta_3 \text{Ltime} + \beta_4 \text{Size} + \beta_5 \text{Fasset} + \beta_6 \text{Debt} + \\ & \beta_7 \text{Roe} + \beta_8 \text{Empl} + B_9 \text{Fage} + \beta_{10} \text{Fedu} + \beta_{11} \text{Sage} + \beta_{12} \text{Ssex} + \\ & \beta_{13} \text{Sedu} + \beta_{14} \text{Ind} + \beta_{15} \text{Year} + \beta_{16} \text{Pro} + \beta_{17} \text{Market} + \varepsilon \end{aligned} \tag{2-5}$$

考虑到商会资本传承时企业价值的影响可能存在滞后性，因此将对企业价值（Value）这一被解释变量进行滞后一期处理，结果如表2-9所示。Cc的系数分别是0.1102（1%水平上显著）和0.0728（10%水平上显著），说明商会资本的传承会实现企业价值的提升。

表2-9　家族企业商会资本传承对企业价值影响的回归分析结果

变量	Value当期		Value滞后一期	
	系数	t值	系数	t值
常数项	11.7010***	46.32	11.7535***	38.44
Cc	0.1102***	3.17	0.0728*	1.73
Suc	-0.0462**	-2.44	-0.0408**	-1.69
Control Variables	控制		控制	
Ind	控制		控制	
Year	控制		控制	
Pro	控制		控制	

续表

变量	Value 当期		Value 滞后一期	
	系数	t 值	系数	t 值
Market	控制		控制	
调整的 R^2	0.7558		0.6965	
样本数	2638		2140	

注：*、**、*** 分别表示在 10%、5%、1% 水平上显著。

2.6 研究结论

在中国经济转型和“家文化”传统的双重影响下，家族企业创始人在企业中会扮演不同的角色。一方面创始人作为企业的经营者，追求企业利益最大化是让企业“长青”的基础；另一方面创始人作为家族的权威者，如何将父辈中所拥有的资本传承给下一代，为企业带来更多非经济价值是家族企业发展所必须面对的问题之一。本章以 2007 ~2016 年发生代际传承的上市家族企业为研究样本，探究家族企业商会资本的代际传承影响问题，研究发现，创始人拥有商会资本将显著增加接班人拥有商会资本的可能性；尤其是当创始人缺乏政治资本时，商会资本传承的可能性更高；当接班人担任董事长或者总经理后，也将显著增加其拥有商会资本的可能性。进一步研究发现，家族企业商会资本的代际传承具有门槛效应，只有当创始人拥有省级以上商会资本时上述结论才成立，而且商会资本传承有助于提升企业价值。

本章的研究结论具有以下现实启示意义：（1）家族企业可以借助商会的平台传承社会资本。创始人专用性资产的传承是代际传承的难点问题，本章的研究结论证实了家族企业商会资本传承的现实可能性，为我国家族企业代际传承的途径研究提供了新的证据。（2）家族企业要实现商会资本的顺利传承，需要准备相应的基础条件。首先，从传承时机来说，应该在接班人接任公司主要负责人期间启动商会资本传承，此时接班人具备了传承商会资本的合法性；其次，从创始人的角度来说，担任具有影响力的商会的管理者有助于其传递商会资本。（3）商会资本传承有助于提升企业价值，家族企业需要重视商会资本的传承问题。

但是，本章也存在以下不足之处。首先，本章主要关注了家族企业商会资本传承的现象和影响因素，没有深入探讨商会资本传承对家族企业的各方面的影响作用；其次，本章只是关注了家族政治资本对商会资本传承的调节效应，没有进一步深入挖掘家族政治资本是通过何种路径来影响商会资本，也没有进一步探讨其他家族资本和商会资本之间的关系。因此未来可以从这两个角度展开进一步的研究。

第 3 章

接班人商会资本与家族企业技术创新

3.1 引　言

代际传承是我国家族企业当前面临的重大问题。胡润研究院 2017 年发布的白皮书显示，我国企业家对于家族传承的重视程度不断提高，86% 的企业家已经开始规划和准备家族企业传承事宜。我国家族企业这次代际传承的特殊之处在于，家族企业在代际传承的同时面临了转型的压力。2011 年发布的首份《中国家族企业发展报告》指出，在经济转型背景下，我国家族企业发展正面临着严峻的挑战，我国家族企业必须掌握核心技术，加强自主创新，才可能保持其竞争优势。然而，有学者却发现家族企业代际传承会降低企业创新投入的水平（赵晶等，2016；汪祥耀等，2016）。如何保证中国家族企业在代际传承中依然能实现创新能力的提升，是企业实践者和理论学者的主要研究目标（窦军生、贾生华，2008）。十九届四中全会提出，要坚持和完善共建共治共享的社会治理制度。商会作为介于市场与政府之间的第三方治理机制，发挥着重要的治理功能（张捷等，2009）。成熟发达的商会体系不仅是我国现代社会组织体系的重要组成部分，而且也是发挥市场决定性作用的社会组织基础（郁建兴等，2014）。因此需要关注商会在家族企业传承与创新中发挥的作用。

关于家族企业代际传承对技术创新的影响，学术界有两类针锋相对的观点。第一类观点认为代际传承有助于提高家族企业创新能力。家族传承意味着家族对企业的长期导向，家族和企业的利益一致，能降低代理冲突（Brigham et al.，2014）；而且，家族接班人拥有新的目标和资源（Mariasole Bannò，2016），因此代际传承可促进企业创新。朱沆等（2016）的研究发现，家族传承意愿会提升企业的研发强度。黄海杰等（2018）发现，二代接班人介入对家族企业的创新活动有显著的正向影响。第二类观点则认为代际传承将会降低家族企业创新能力。为了保护家族的社会情感财富，接班人倾向于守业，创新动机有所下降（Gómez－Mejía et al.，2007），而且接班人难以继承创始人的特殊资产（Fan et al.，2012），从而缺乏创始人拥有的创新资源，因此代际传承会阻碍企业创新。赵晶等（2016）的研究显示，家族企业代际传承对企业创新有负面影响。汪祥耀等（2016）的研究也发现，家族企业代际传承会导致企业创新活动的减少。但是，现有文献更多的是从总体上推导代际传承对技术创新的整体效果，且结论相互矛盾。未来应该进一步考察代际传承对技术创新的影响机制，探讨企业内部因素和外部因素对影响机制的治理效应，从而可以整合学术界的争论。基于已有研究，家族企业接班人开展创新活动往往面临两大困境，一方面接班人资源不足难以开展创新，另一方面传承冲击下接班人往往面临合法性不足的问题（赵晶等，2016）。

社会资本是促进家族企业创新的重要因素，因此需要关注家族企业社会资本的代际传承问题。赵晶等（2016）发现，继承人的社会资本可以提升企业创新水平。胡旭阳等（2017）则发现，家族企业创始人拥有政治关联可以为企业带来融资便利、政府补助等经济利益。因此家族企业创始人为了保证企业的“长青”，会有动机让二代接班人在正式接任掌管企业前积累一定的社会关系网络，培养自己的人脉关系。商会作为我国介于市场和政府的第三方治理机构，在市场经济体制的建设中发挥着重要的治理功能（张捷、张媛媛，2009）。现有研究发现，商会关系资本有助于提升企业创新能力。黄宇虹等（2018）发现，行业协会关系提高了小微企业的创新活力与创新效率。陈爽英等（2010）指出，行业协会关系资本可以推动企业创新。简兆权等（2014）发现，商业关联对创新有显著的正向作用。

由于商会依靠人际网络团结和组织企业家，在人际网络中，乡缘网络尤为重要（黄冬娅等，2018），同时，社会资本是商会不可或缺的组织资源（郁建兴等，2009），因此不少家族企业通过加入商会积累社会资本，很有必要探讨商会资本在家族企业传承和创新的作用。

但是，现有文献尚有以下进一步研究的空间。首先，现有文献更多关注家族企业政治资本的代际传承（胡旭阳等，2017），尚未把商会资本代际传承引入家族企业代际传承和家族企业创新研究领域。其次，现有文献虽然开始关注社会资本传承与创新的关系（赵晶等，2016），但是没有进一步讨论影响此关系的内部因素和外部因素，也没有研究社会资本传承对技术创新的影响机理。

针对上述现有文献存在的问题，本章基于中国上市家族企业样本，探讨了接班人商会资本对家族企业技术创新的影响效应和影响机理，分析了外部制度环境和内部权力结构对此关系的调节作用。本章可能的创新之处体现在以下两个方面。

首先，从研究主题来说，本章将商会资本引入家族企业代际传承和家族企业创新的研究领域，系统研究了在代际传承中家族企业二代接班人商会资本对技术创新的影响。家族企业代际传承的探究是研究的热点，学者们主要关注“传给谁”（陈凌等，2003）、“传什么”（胡旭阳等，2017）和“怎么传”（朱晓文等，2019）。但是，现有研究忽视了家族企业资源在代际之间形成的异质性结构及其在传承过程中的动态变化（李新春等，2016），尽管有学者开始探讨政治资本的代际传承（胡旭阳等，2017），但很少有文献站在接班人的角度，考虑接班人所拥有的商会资本对企业创新的影响。本章从二代接班人商会资本的角度出发，试图探究接班人商会资本对创新的影响，为家族企业代际传承的研究提供了新的视角。

其次，从研究视角来说，本章进一步研究了接班人商会资本对技术创新的影响机理，分析了影响接班人商会资本与技术创新关系的内外部因素。现有研究开始关注社会资本传承对家族企业创新的影响（赵晶等，2016），然而现有文献没有进一步探讨其影响机理，也没有分析影响社会资本和家族企业创新关系的因素。本章围绕接班人商会资本与技术创新这个主题，探讨其影响机理和调节因素，拓展和深化家族企业创新的理论研究。

3.2 理论分析与研究假设

3.2.1 商会的性质

改革开放以来，商会在市场经济中扮演了重要的角色。目前我国主要存在两种类型的商会：一种是政府授权和委托管理的商业协会（如全国和地方工商联）；另一种是民间组织自发形成的行业协会，也称行业商会（如纺织工业商会），是政府部门批准成立但具有较高自主性的民间商会组织（梁强等，2011）。

商会的性质可以归纳为两大类：互助性和纽带性。赵永亮和张捷（2009）指出，商会可以提供两类产品，商会通过提供俱乐部产品（如向会员提供市场信息、技术咨询、人才培训等）来弥补“市场失灵”，通过提供公共产品（如游说政府出台有利的产业政策、建立融资平台、建设基础设施）来弥补“政府失灵”。商会提供俱乐部产品主要体现了互助性，商会提供公共产品主要体现了纽带性。首先，商会可以为企业互助提供平台。企业通过合作实现互帮互助，体现了商会的互益性（沈永东和虞志红，2019）。吴敬琏（2006）也指出，服务性是商会的重要属性。其次，商会可以成为政府、市场和企业之间的纽带和桥梁。商会可以向政府反馈企业诉求。从企业合作角度来看，商会则是一种合作机制。在这种合作机制中，联合起来的企业通过合作规范行业秩序、增强整体竞争力、整合和表达共同利益（马斌和徐越倩，2006）。商会作为第三方治理机制，可以对企业实行一定的监督，降低企业间的信息不对称和交易成本（宋琼等，2008）。

那么，商会的互助性和纽带性能否帮助接班人提升家族企业创新水平？这是本章接下来想探讨的问题。

3.2.2　接班人商会资本对家族企业技术创新的影响

创新是决策者动机和能力共同作用的结果（贺小刚等，2017；Chrisman et al.，2015）。本章将从动机和能力视角分析接班人商会资本对家族企业技术创新的影响路径（见图3－1）。

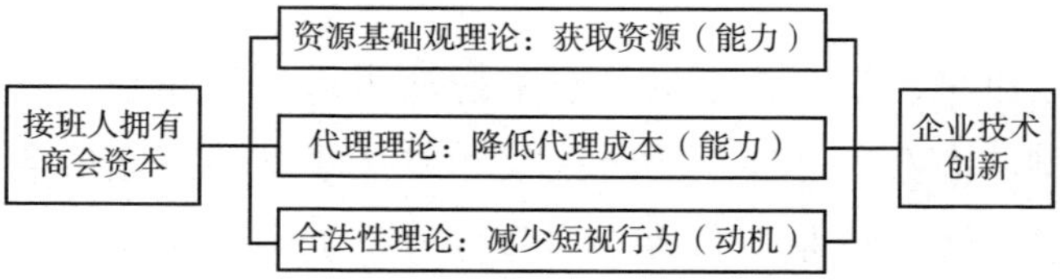

图3－1　假设H3－1的分析框架

首先，依据资源基础观理论，接班人商会资本可以帮助家族企业获取资源。资源基础观理论认为，具有价值的稀缺资源会帮助企业建立竞争优势（Barney，1991），适当的资源管理可强化家族企业发挥资源效能（何轩和朱沆，2007）。罗劲博等（2019）发现，企业高管在行业协会任职使公司获得了较多政府补助、银行贷款和较低税收负担，可以体现“资源汲取”效应。一方面，接班人商会资本可以协助获取创新融资（罗劲博等，2019）。企业研发活动的周期较长，面临的风险较为复杂，若仅依靠内部自有资金进行研发，会很难保证研发过程中资金长期稳定的投入，势必需要进行外部融资来帮助企业开展研发创新活动。商会作为连接政府和企业的纽带，往往会为其成员自身利益进行游说（Marques，2017），打造融资平台，缓解企业融资约束的难题，促进企业创新。由于商会具备互助性，会员企业可以从其他商人获得股权融资和债权融资，商会背书和担保同样有利于家族企业获取银行资金。实际上，世界各地的商会都会为其会员提供融资服务，如江苏的陶瓷行业商会为中小企业提供融资服务（吴敬琏，2006）。另一方面，接班人商会资本可以协助获取技术创新信息。研发创新活动往往属于高度不确定性、无形性且存在信息不对称的投资活动，这类投资活动需要大量技术信息。商会作为一种企业间的合作机制，能够为会员企业创造信息共享和面对面接触认识的平台（吴军民，2005），如建立投资合作平台、培训考察平台等，让企业有更多的机会得到技术创新信息，从而更能够促进企业的创新活动。例如，北京潮商会组织企业对接潮籍博士联合会2000名博士的创新研究成果，把创新成果转化为生产力。因此当接班人拥有商会资本时，接班人丰富的商会资本象征着利益相关者对接班人的认可和信任，接班人可以通过商会获得与企业发展相关的物质资源。相比于陌生企业，商会中的企业在彼此信任的基础上更容易获得外部融资的机会，更容易吸引更多的外部投资机会，为企业创造更多的资金来源和技术合作渠道，有利于企业整合多方资源，缓解融资约束，增强了企业开展创新活动的能力。

其次，依据代理理论，接班人商会资本可以降低信息不对称和代理成本。一方面，商会提供的信息平台可以降低接班人和企业高管的代理成本。高管的“协会”任职所形成的社会网络有利于企业和高管之间建立信任机制，并利用其“结构洞”社会资本，帮助企业在各类“圈”之间建立链接（潘越等，2009）。例如，浙江省辽宁商会通过走访、座谈、调研、参政议政等方式，把国家产业政策、行业发展规划、相关法律法规和市场导向等信息及时传达到会员企业。家族企业由创始人一手创建，其发展历程与非制度化管理模式共同造就了企业创始人独一无二的领导地位（边燕杰、邱海雄，2000）。由于二代接班人缺少与企业共同成长的经历，往往会产生较为严重的信息不对称问题。商会为接班人提供了行业、技术、市场和企业信息，降低了接班人和企业高管的信息不对称问题，从而降低了企业的代理成本。另一方面，商会可以对企业行为的监督和约束有利于降低代理成本。商会不仅为企业提供了信息共享的平台，还提供了一种监督他人的有效机制（Waarden，1991）。商会可以运用其监管权，检查会员企业遵守法规和章程的情况，规范会员企业行为。商会可以指导和帮助会员企业完善内部控制和风险管理机制，为企业降低代理成本奠定制度基础。例如，广东省企业内部控制协会每年发布《中国企业反舞弊调查报告》和开展反舞弊培训。因此接班人在商会中搭建稳固的网络系统，可以与产业链的利益相关者建立信任和缓解信息不对称问题，监督和约束企业行为，从而有利于降低代理成本。随着代理问题的缓解，可以限制管理者利用自由现金流来进行机会主义行为（刘银国等，2015），接班人可以转而加大对企业的研发投入，增加了企业的创新能力。

最后，依据合法性理论，接班人商会资本可以树立权威和减少短视行为。有学者的研究发现，换代会引起权威失落（陈凌等，2003），二代接班人在刚进入企业时往往会面临“少主难以服众”的尴尬局面（李新春等，2015）。当接班人合法性和权威不够时，此时接班人会产生强烈的“速胜动机”，期望在上任后的短期内快速作出显著的成就（Van Buren et al.，2009）。合法性包括制度合法性和战略合法性，制度合法性是指行动主体本身的权力，战略合法性是指行动主体通过主动的行为获取组织的认同（赵晶等，2015）。一方面，接班人商会资本可以提升制度合法性。公司高管在行业协会任职具有“政治企业家”与“社会活动家”的双重身份（罗劲博等，2019），由于商会具有纽带作用，这种社会关系可以帮助企业在商业社会中获得网络关系的合法性（简兆权等，2014），因此身份的提升可以强化接班人权威。另一方面，接班人商会资本可以提升战略合法性。高管在行业协会任职，可以帮助本企业在行业内具有较高的市场地位（罗劲博等，2019）。例如，全国工商联科技装备业商会积极推动企业组建创新联盟；重庆市工商联引导企业参与开放式协同创新，强化行业协会的协调作用。作为第三方监督机制的商会为企业的创新成果提供了一定的非正式制度保护（梁强等，2011），当企业遇到法律纠纷时，可通过行业协会的调解得以解决（陈爽英等，2010）。因此当接班人构建商会网络后，创业元老和利益相关者能够通过商会网络看到接班人的成就，进而能够在一定程度上帮助接班人构建权威。随着接班人商会网络的逐渐建立和稳固，接班人无论是在商会中的地位还是在企业中的地位都会得到进一步提升。因此当接班人拥有商会资本时，有助于接班人增强合法性和构建权威，缓解其“速胜动机”和短视行为，此时接班人会更加注重企业长期的发展，增强了接班人的创新动机，促使其积极开展回收期长的研发创新活动，为企业寻找新的长期竞争优势。

据此，本章提出假设。

假设 H3－1：接班人商会资本可以促进家族企业技术创新。

接班人所拥有的商会资本等级不同，其拥有资源的稀缺程度也不一样。接班人拥有的商会等级越高，表明接班人所在的商会组织中扮演越重要的角色。首先，接班人在商会中的地位等级越高，从侧面反映出接班人拥有越强的个人能力和获取关系资源的能力，有助于获取研发资金。其次，接班人商会资本的等级越高越容易从商会中接触到与企业创新发展相关的关键信息和行业的最新动态，为企业提供新的发展方向，缓解信息不对称问题和代理问题，帮助接班人在企业创新战略决策与实施中起到未来领导者的角色要求作用，促进企业创新活力的提升。最后，接班人在商会的地位越高，越有利于与其他成员构建信任、认同和互惠关系，能够让更多商会成员认识和了解接班人，减少利益相关者对接班人权威合法性的质疑，使接班人可以关注关系到企业长远发展的创新活动。据此本章提出：

假设 H3 - 2：接班人商会资本等级越高，越能够促进企业开展创新活动。

3.2.3 外部制度环境对接班人商会资本与企业创新关系的影响

外部制度环境对技术创新有重要影响（鲁桐等，2015），因此需要基于中国制度背景开展家族企业研究（魏志华等，2014）。制度环境决定了接班人敢不敢将其拥有的商会资本转化为创新投入，企业所处的外部制度环境不同，意味着企业的生存压力也不一样，企业在向外部获取资源时所需要付出的交易成本存在一定的差异，这在一定程度上也会影响企业在开展创新活动时的战略选择。

李新春等（2015）认为，在市场化程度较高的地区，家族企业获得的行业地位和取得的业绩更多的是市场化指标的反映。在这种环境中，家族企业的成功更多取决于其市场化经营和管理能力，二代接班人在这样的环境中有更大的动力去拓展自身能力和推动企业创新。在外部制度环境好的地区，拥有规模较大的产品市场、完善的融资机制和完善的产品要素，市场能够促进企业间的信息的流通，接班人向外界获取创新资源的成本降低。在外部制度环境好的地区，拥有良好的法律体系和产权专利保护制度，使接班人敢于运用商会资本加大企业创新活动的投入力度，促进企业创新活动的顺利开展。

相反，当企业处于外部制度环境较差的地区时，外部环境的不确定性可能会引起企业现金流的波动和财务资源的紧缺问题，不利于企业的创新活动。在其他条件不变的情况下，外部制度环境越差，家族企业进行创新面临的风险就越大。为了能够让企业顺利传承，外部环境高度的不确定性会迫使接班人将更多的精力放在应对企业现阶段的生存压力上，防止企业在自己手中没落。即使接班人拥有商会资本，但是由于外部缺乏良好的法律体系和产权专利保护制度，加大了开展企业创新活动的风险，阻碍接班人创新精神的发挥。接班人更多地将商会资本转化为市场机会的把握，而不愿意去从事高风险的创新活动。据此，本章提出：

假设 H3 －3：相比于外部制度环境差的地区，在外部制度环境好的地区，二代接班人商会资本对企业创新的促进作用更显著。

3.2.4 内部权力对接班人商会资本与企业创新关系的影响

内部权力决定了接班人能不能将商会资本转化为家族企业创新活动。从企业内部权力的角度来看，行为主体本身拥有的权力越高，其具有的合法性就越强（赵晶等，2015）。而合法性具有强大的力量，通过影响资源分配或激励他人来规范或影响他人行为（Dimaggio and Powell，1983）。正如《论语》所言："名不正，则言不顺；言不顺，则事不成"。

当接班人正式接任家族企业的董事长或总经理后，制度上的合法性能够有助于提升其在商会中的地位。商会是众多企业的联盟，要想在商会中拥有足够的话语权，就需要在企业中派出拥有高度权威的人物。当接班人成为掌管企业的"掌舵人"时，正式制度上的权威有助于得到其他商会成员的认可，从而有利于接班人积累更多的商会资本。另外，当接班人正式接任家族企业的董事长或总经理后，意味着二代接班人在家族企业正式接班，有助于逐步树立接班人的权威，接班人可以逐渐按照自己的想法管理企业，包括运用个人商会资本开展企业的研发创新活动。

若接班人在企业中没有担任董事长或者总经理，这说明二代接班人尚未正式接班。从企业外部来说，接班人此时很难在商会获得较大的话语权，难以拥有更为广阔的网络系统，在网络关系中处于劣势地位，不利于其积累商会资源，不利于接班人在商会中获取与创新活动相关的资源。从企业内部来说，此时接班人信息获取和控制企业的能力较低，推动企业开展创新活动的难度较高，使得接班人较难运用商会资本开展技术创新活动。据此本章提出：

假设 H3－4：相比于接班人仅担任公司普通高管，当接班人担任公司董事长或总经理时，接班人商会资本对企业创新的促进作用更显著。

3.3 研究设计

3.3.1 样本来源与选择

（1）样本选择。

本章以沪深两市 2007～2017 年已经进入代际传承的上市家族企业为研究样本。本章参考贺小刚和连燕玲（2009）的方法，采用以下家族企业的定义：①最终控制者能追踪到自然人或家族；②最终控制者直接或间接持有的公司必须是被投资上市公司第一大股东。为了保证数据准确性和客观性，本章对初始样本如下处理：①剔除金融类上市家族企业；②剔除在观测年度为 ST、ST* 的上市家族企业；③剔除相关数据缺失或异常的观测值。参照胡旭阳和吴一平（2016）的方法，对进入代际传承的上市家族企业界定标准是在 2017 年创始人的二代亲属已经在公司的董事会或者管理层中任职的家族企业，其中亲属关系的确定是指父子（女）、母子（女）、女婿、儿媳、叔侄、外甥、翁婿，主要从上市公司年报及招股说明书中手动收集整理，并通过东方财富、新浪财经等搜索引擎对上述亲属关系进行补充和验证。经过筛选，同时进行 1% 缩尾后，本章最后选取的样本包括 2007～2017 年 599 家公司，共 2752 个样本观测值。表 3－1 是样本公司的行业分布情况，其中制造业在上市家族企业中占比最高，所占比例为 85.53%。

表 3-1　　样本公司的行业分布情况

行业门类（行业门类代码）	数量	占总数比例
农、林、牧、渔业（A）	7	1.15%
采矿业（B）	2	0.33%
制造业（C）	520	85.53%
电力、热力、燃气及水生产和供应业（D）	3	0.49%
建筑业（E）	19	3.13%
批发和零售业（F）	7	1.15%
交通运输、仓储和邮政业（G）	5	0.82%
住宿和餐饮业（H）	1	0.16%
信息疏导、软件和信息技术服务业（I）	17	2.80%
房地产（K）	4	0.66%
租赁和商务服务业（L）	3	0.49%
科学研究和技术服务业（M）	6	0.99%
水利、环境和公共设施管理业（N）	6	0.99%
居民服务、修理和其他服务业（O）	1	0.16%
卫生和社会工作（Q）	1	0.16%
文化、体育和娱乐业（R）	6	0.99%

注：参照中国证监会颁布的上市公司行业分类。

（2）数据来源。

家族企业技术创新的数据来自 CSMAR 的研发费用明细数据库，部分缺失值从年报获取；企业家商会资本数据则来自 CSMAR 的高管个人资料数据库，同时结合上市公司年报和招股说明书进行确定，并通过新浪财经、东方财富、和讯网等财经网站手工收集整理；控制变量来源于 CSMAR 的公司研究系列数据库。

3.3.2　模型构建与变量设计

（1）模型构建。

为了检验假设 H3-1 和假设 H3-2，本章建立回归模型：

$$R\&D = \beta_0 + \beta_1 Scc_{(1,2)} + \beta_2 Size + \beta_3 Roa + \beta_4 Ltime + \beta_5 Debt + \beta_6 Empl + \beta_7 Lpgdp + B_8 Burden + \beta_9 Pc + \beta_{10} Year + \beta_{11} Year + \varepsilon \quad (3-1)$$

其中，R&D 是因变量企业技术创新，Scc 为自变量接班人商会资本。由于家族企业创新受到内外部因素的共同影响，因此本章选取了公司层面的控制变量为：企业资产规模（Size）、资产收益率（Roa）、企业上市年限（Ltime）、资产负债率（Debt）、董事会人数（Empl），考虑到商会与政府息息相关，本章借鉴张俊生等（2019）的方法，控制了企业的政治资本（Pc）；参考聂辉华等（2009）的方法，地区层面的控制变量选取了地区人均生产总值（Lpgdp）；同时，参考林志帆等（2017）的方法，控制了地区所得税负（Burden）。此外，为了控制行业差异和年度差异，引入了行业虚拟变量 Ind、年度虚拟变量 Year。

另外，为了检验假设 H3－3 和假设 H3－4，本章在模型（3－1）的基础上分别引入外部制度环境 Pro 和内部权力 Suc 这两个分类变量，分析在不同的外部制度环境和不同的内部权力时，接班人商会资本对技术创新影响的差异性。

（2）变量设计。

变量定义如表 3－2 所示。

因变量企业技术创新可以从投入维度衡量（赵奇锋等，2019）。本章采用研发投入的自然对数来衡量企业的技术创新投入（党力等，2015），数值越大表明企业越注重技术创新。

自变量是接班人商会资本。当接班人担任工商联（副）主席、商会（副）会长、商会（常务）理事、行业协会（副）会长、行业协会（常务）理事、行业研究会（副）会长、企业联合会（副）会长、企业联合会（常务）理事时认为其拥有商会资本。同时，依据接班人所在商会的等级，对接班人商会资本区分了等级，具体见表 3－2。

分类变量外部制度环境用市场化指数表示，当该地区市场化指数大于等于中位数时，可以判定外部制度环境好，Pro 取 1，否则为 0。分类变量内部权力用接班人职位表示，当接班人担任企业总经理或董事长时，表示接班人的权力大，Suc 取 1，否则为 0。

表 3-2　　变量及其定义一览表

变量类型	变量名称	符号	变量说明
因变量	企业研发投入	R&D	研发投入的自然对数
自变量	接班人商会资本	Scc1	虚拟变量，当企业接班人担任行业协会或商会会长时赋值为1，否则为0
		Scc2	接班人担任行业协会或商会的等级（0 = 无担任，1 = 县级及以下，2 = 市级，3 = 省级，4 = 国家级）
分类变量	外部制度环境	Pro	依据各地区市场化指数，若企业所在地区市场化指数高于或者等于中位数，定义为制度环境好的地区，反之则为制度环境差的地区
	内部权力	Suc	虚拟变量，当企业二代接班人担任董事长或总经理时赋值为1，否则为0
控制变量	资产规模	Size	企业总资产的自然对数
	盈利水平	Roa	企业净利润/总资产平均余额
	上市年限	Ltime	研究期当年减去企业上市年份
	资产负债率	Debt	企业总负债/总资产
	销售收入增长率	Growth	本年销售增长额/上年销售总额
	董事会人数	Empl	企业董事会人数
	地区人均 GDP	Lpgdp	地区人均 GDP 水平取自然对数
	税收负担	Burden	地区企业所得税收入与地方生产总值的比值
	政治资本	Pc	企业一代或二代拥有政治资本赋值为1，否则为0
	行业	Ind	依据中国证监会行业分类标准，其中制造业“C”字头代码取两位，其他行业取一位
	年度	Year	控制年度固定效应

3.4　实证研究

3.4.1　描述性统计分析

表 3-3 为 2007 ~ 2017 年各变量的描述性统计表。从企业技术创新指

标来看，在 Panel A 全样本中，我国家族企业技术创新的研发投入平均值为 17.3446，其中最小值为 13.6494，最大值为 20.0659，表明我国上市家族企业的创新研发投入差距较大。在 Panel B 接班人拥有商会资本的子样本中，我国家族企业技术创新的研发投入平均值为 17.6395，高于 Panel C 接班人不拥有商会资本的子样本中技术创新的研发投入平均值。此外，在 Panel B 中，我国接班人商会资本等级平均值为 3.1575，表明在接班人拥有商会资本的子样本中，接班人拥有商会资本的等级平均值为省级。

表 3-3　　　　描述性统计分析

Panel A 全样本						
变量	样本数	平均值	标准差	最小值	中位数	最大值
研发投入	2752	17.3446	1.1896	13.6494	17.3553	20.0659
接班人商会资本	2752	0.1061	0.308	0	0	1
接班人商会资本等级	2752	0.335	1.0152	0	0	4
资产规模	2752	21.6201	0.9383	19.8922	21.5251	24.2303
盈利水平	2752	0.0534	0.0521	-0.1321	0.0494	0.2145
上市年限	2752	6.5643	5.3731	0	5	26
资产负债率	2752	0.3476	0.1861	0.0394	0.3318	0.7942
销售收入增长率	2752	0.1725	2.8797	-11.5694	0.0123	17.26
董事会人数	2752	8.2892	1.4067	5	9	17
地区人均 GDP	2752	11.0897	0.3537	10.1716	11.139	11.7326
税收负担	2752	0.0151	0.0086	0.0055	0.0134	0.0465
政治资本	2752	0.4182	0.4934	0	0	1
Panel B 接班人拥有商会资本的样本						
变量	样本数	平均值	标准差	最小值	中位数	最大值
研发投入	292	17.6395	1.2471	13.6494	17.6129	20.0659
接班人商会资本	292	1	0	1	1	1
接班人商会资本等级	292	3.1575	0.8943	1	3	4
资产规模	292	21.9183	0.8549	19.8922	21.929	24.055
盈利水平	292	0.0457	0.0498	-0.1321	0.0472	0.2145
上市年限	292	7.7089	5.3175	0	7	25
资产负债率	292	0.3963	0.1687	0.0394	0.4047	0.7942

续表

Panel B 接班人拥有商会资本的样本						
变量	样本数	平均值	标准差	最小值	中位数	最大值
销售收入增长率	292	0.1114	2.7287	-11.5694	0.0405	17.26
董事会人数	292	8.3288	1.3501	5	9	11
地区人均 GDP	292	11.0786	0.3251	10.1716	11.1324	11.7326
税收负担	292	0.0139	0.0054	0.0063	0.015	0.0465
政治资本	292	0.7432	0.4376	0	1	1
Panel C 接班人不拥有商会资本的样本						
变量	样本数	平均值	标准差	最小值	中位数	最大值
研发投入	2752	17.3096	1.178	13.6494	17.3298	20.0659
资产规模	2752	21.5847	0.9416	19.8922	21.4716	24.2303
盈利水平	2752	0.0543	0.0524	-0.1321	0.0499	0.2145
上市年限	2752	6.4285	5.3646	0	5	26
资产负债率	2752	0.3418	0.1872	0.0394	0.3211	0.7942
销售收入增长率	2752	0.1798	2.8976	-11.5694	0.0087	17.26
董事会人数	2752	8.2846	1.4135	5	9	17
地区人均 GDP	2752	11.0911	0.3569	10.1716	11.139	11.7326
税收负担	2752	0.0152	0.0089	0.0055	0.0133	0.0465
政治资本	2460	0.3797	0.4854	0	0	1

3.4.2 多元回归分析

（1）接班人商会资本与家族企业技术创新的多元回归分析。

为了检验家族企业接班人商会资本对企业技术创新的影响。本章以家族企业技术创新为因变量，用企业研发投入（R&D）进行衡量，自变量包括接班人是否拥有商会资本（Scc1）、接班人拥有商会资本的等级（Scc2），同时加入了可能会对家族企业技术创新有影响的相关控制变量，包括企业规模（Size）、盈利水平（Roa）、上市年限（Ltime）、资产负债率（Debt）、董事会人数（Empl）、地区人均生产总值（Lpgdp）、地区所得税负（Burden）和企业政治资本（Pc）等。

从表3-4的实证结果可以看出，家族企业接班人商会资本（Scc1）与企业研发投入（R&D）的回归系数为0.157，在1%的统计水平上显著，表明当家族企业接班人拥有商会资本时，接班人商会资本与企业技术创新呈正相关，验证了假设H3-1。家族企业接班人商会资本等级（Scc2）与企业研发投入（R&D）的回归系数为0.040，在1%的统计水平上显著，表明当家族企业接班人拥有商会资本时，接班人拥有的商会资本等级越高，越能够促进企业技术创新，验证了假设H3-2。

表3-4　　接班人商会资本与家族企业技术创新的多元回归分析

变量	假设1		假设2	
	系数	t值	系数	t值
常数项	-8.538***	-10.28	-8.594***	-10.36
Scc1	0.157***	2.80		
Scc2			0.040**	2.39
Size	0.848***	36.08	0.849***	36.14
Roa	2.828***	7.99	2.824***	7.97
Ltime	-0.019***	-5.09	-0.019***	-5.12
Debt	-0.624***	-5.33	-0.622***	-5.31
Growth	-0.006	-1.05	-0.006	-1.08
Empl	0.041***	3.33	0.041***	3.34
Lpgdp	0.558***	8.59	0.561***	8.64
Burden	-4.750**	-1.97	-4.864*	-2.02
Pc	0.107***	3.02	0.114***	3.21
Year	控制		控制	
Ind	控制		控制	
F值	74.42***		74.30***	
调整的 R^2	0.475		0.475	
样本数	2752		2752	

注：*、**、***分别表示在10%、5%、1%水平上显著。

在控制变量方面，企业规模（Size）、盈利水平（Roa）与家族企业技术创新呈正相关关系，均在1%的水平上通过显著性检验，表明规模越大、盈利水平越高的家族企业更倾向于进行研发创新，这是因为研发创新需要的资金较多，投资回报期较长，因此规模较小、盈利水平较低的企业可能不足以进行大规模的研发创新活动。企业的上市年限（Ltime）与家族企业技术创新呈负相关关系，且在1%的水平上通过显著性检验，表明上市年限越短的家族企业越倾向于进行研发创新，可能的原因是上市年限越久的家族企业对创新表现出越为保守和谨慎的态度，从而减少了对研发创新的投入力度。

（2）外部制度环境对接班人商会资本与技术创新关系影响的实证结果。

为了检验外部制度环境对家族企业接班人商会资本与企业技术创新关系的影响，本章在前述研究的基础上引入外部制度环境分类变量Pro。从表3－5可以看出，在环境治理好的样本中，接班人商会资本（Scc1）与企业研发投入（R&D）的回归系数为0.186，在1%的统计水平上显著；而在制度环境差的分类中，商会本身缺少外部监督，接班人可能会产生机会主义行为，相应的创新投入也会降低，接班人商会资本（Scc1）与企业研发投入（R&D）的回归系数为－2.549，在1%的统计水平上显著。这表明相比于外部制度环境差的地区，在外部制度环境好的地区，二代接班人商会资本对企业创新的正向影响更显著。实证研究结果支持了假设H3－3。

表3－5　外部制度环境对接班人商会资本与技术创新关系影响的比较分析

变量	制度环境好		制度环境差	
	系数	t值	系数	t值
常数项	－8.484***	－9.42	3.978	1.00
Scc1	0.186***	3.44	－2.549***	－5.14
Size	0.865***	36.71	0.688***	6.63
Roa	3.056***	8.73	－0.233	－0.14
Ltime	－0.011***	－2.99	－0.076***	－3.75
Debt	－0.560***	－5.18	－0.183	－0.31
Growth	－0.002	－0.34	－0.054*	－1.76
Empl	0.053***	4.35	－0.094	－1.45
Lpgdp	0.483***	6.87	－0.040	－0.12

续表

变量	制度环境好		制度环境差	
	系数	t值	系数	t值
Burden	-4.559*	-1.94	12.595	0.41
Pc	0.093***	2.66	0.419**	2.15
Year	控制		控制	
Ind	控制		控制	
F值	78.94***		5.40***	
调整的 R^2	0.510		0.346	
样本数	2543		209	
系数差异检验	13.58***			
（p值）	0			

注：*、**、***分别表示在10%、5%、1%水平上显著。

（3）内部权力对接班人商会资本与技术创新关系影响的实证结果。

为了检验内部权力对家族企业接班人商会资本与企业技术创新关系的影响，本章在模型（3-1）研究的基础上引入内部权力分类变量Suc。从表3-6可以看出，在接班人担任企业总经理或董事长时，接班人商会资本（Scc1）与企业研发投入（R&D）的回归系数为0.246，在1%的统计水平上显著，而在接班人仅担任企业普通高管时，变量接班人商会资本（Scc1）与企业研发投入（R&D）的关系不显著。这表明相比接班人担任公司普通高管，当接班人担任公司董事长或总经理时，接班人商会资本对企业创新的促进作用更显著，验证了假设H3-4。

表3-6　内部权力对接班人商会资本与技术创新关系影响的比较分析

变量	接班人担任董事长或总经理		接班人担任公司普通高管	
	系数	t值	系数	t值
常数项	-10.084***	-8.12	-6.632***	-5.89
Scc1	0.246***	3.63	0.049	0.47
Size	0.879***	23.68	0.821***	26.79
Roa	4.290***	7.94	1.610***	3.46
Ltime	0.004	0.80	-0.042***	-8.35

续表

变量	接班人担任董事长或总经理		接班人担任公司普通高管	
	系数	t 值	系数	t 值
Debt	-0.654***	-3.77	-0.543***	-3.42
Growth	-0.008	-0.88	-0.003	-0.39
Empl	0.037**	2.06	0.050***	3.03
Lpgdp	0.559***	5.79	0.478***	5.46
Burden	-7.820*	-2.02	-2.322	-0.75
Pc	0.043	0.80	0.126***	2.64
Year	控制		控制	
Ind	控制		控制	
F 值	43.29***		40.34***	
调整的 R^2	0.524		0.462	
样本数	1192		1560	
系数差异检验	6.57***			
(p 值)	0			

注：*、**、*** 分别表示在 10%、5%、1% 水平上显著。

3.4.3 内生性检验

（1）倾向得分匹配法（PSM）。

有能力获得商会资本的接班人可能本身就具备较强的创新能力，因此可能存在样本自选择偏差问题。本章采用倾向评分配比法（PSM）来控制样本自选择偏差造成的内生性问题。在进行倾向得分匹配回归估计之前，需要进行平衡性检验，检验结果表明，匹配后所有协变量的标准化偏差小于 10%，而且所有 t 检验的结果不拒绝处理组与控制组无系统差异的原假设，对比匹配前的结果，所有变量的标准化偏差均大幅缩小，说明所有协变量都通过了平衡性检验（虞义华等，2018）。倾向匹配结果如表 3-7 所示，所有匹配结果均显著为正，且在 1% 水平上显著，表明当二代接班人拥有商会资本时，会使得企业的研发投入水平有所增加。

表 3-7 倾向得分匹配法检验分析结果

变量	Kernel	Local line regress	Radius matching
未匹配	0.315 *** (0.073)	0.315 *** (0.073)	0.315 *** (0.073)
ATT	0.221 *** (0.060)	0.179 *** (0.067)	0.223 *** (0.060)
ATU	0.228 *** (0.055)	0.308 *** (0.067)	0.235 *** (0.058)
ATE	0.227 *** (0.052)	0.294 *** (0.061)	0.233 *** (0.056)
观测值	2697	2697	2697

注：*、**、*** 分别表示在 10%、5%、1% 水平上显著。

（2）Heckman 两阶段法。

囿于数据可得性，本章选取了上市家族企业作为样本，但是忽略了非上市家族企业样本，因此有可能存在样本选择偏差问题。因此采用 Heckman 两阶段法控制样本选择偏差问题。Heckman 两阶段回归结果如表 3-8 所示。结果显示，当二代接班人拥有商会资本时，有助于提升企业的研发投入水平。

表 3-8 **Heckman 两阶段法**

变量	第一阶段		第二阶段	
	系数	t 值	系数	z 值
常数项	-10.624 ***	-5.93	-6.056	-0.59
Scc1			0.161 ***	2.85
IMR			-0.264	-0.25
Size	0.198 ***	4.04	0.807 ***	4.50
Roa	-1.384 *	-1.78	3.301 ***	2.52
Ltime	0.001	0.07	-0.017 ***	-4.66
Debt	0.250	0.99	-0.668 ***	-2.68
Growth	-0.008	-0.64	-0.005	-0.49
Empl	-0.037	-1.45	0.046	1.30
Lpgdp	0.492	0.448	0.448	1.01
Burden	-15.906 ***	-2.71	-1.021	-0.07

续表

变量	第一阶段		第二阶段	
	系数	t 值	系数	z 值
Pc	0.804**	10.73	-0.080	-0.11
Year	控制		控制	
Ind	控制		控制	
调整的 R^2	—		0.482	
样本数	2697		2697	

注：*、**、*** 分别表示在 10%、5%、1% 水平上显著。

（3）2SLS 估计法。

根据前述分析，当接班人拥有商会资本时，会促进企业开展创新活动。然而，经营效益好的优质公司可能也会为接班人拥有商会资本创造条件；同时，也可能存在遗漏变量共同决定接班人商会资本和企业创新活动，从而导致两者存在正向关系。为了解决这个问题，我们采用两阶段最小二乘法（2SLS）来进行进一步分析。本章选取公司所在省份的地区信任度（Trust）作为工具变量进行回归。LLSV（1997）认为，在信任度较高的地区，人们会通过合作实现社会效率最大化。吴超鹏（2009）进一步指出，信任可以促进合作的原因是信任能够建立起对对方诚实守信的预期。因此在信任度较高的地区，可能会有更多的商会组织，同时接班人也更倾向于加入商会。而地区的信任度对企业创新没有直接影响。对于地区信任度的度量，本章参考王艳和李善民（2017）的做法，采用中国综合社会调查（CGSS）提供的数据。在这一项调查中，依据对陌生人的信任度，从低到高分别赋值 1、2、3、4 和 5，然后对每个省级行政区的所有居民计算平均值作为该省级行政区的地区信任度。回归结果如表 3-9 所示。

表 3-9　　2SLS 估计法

变量	第一阶段		第二阶段	
	系数	t 值	系数	z 值
常数项	-1.404***	-4.93	-2.251	-0.76
Scc1			4.360**	2.10

续表

变量	第一阶段		第二阶段	
	系数	t值	系数	z值
Trust	0.112**	2.44		
Size	0.029***	3.54	0.717***	9.37
Roa	-0.182	-1.50	3.698***	5.03
Ltime	0.001	0.64	-0.021***	-3.24
Debt	0.059	1.47	-0.854***	-3.63
Growth	-0.001	-0.52	-0.001	-0.07
Empl	-0.004	-0.87	0.056**	2.49
Lpgdp	0.065***	2.74	0.207	0.99
Burden	-1.649*	-1.88	5.078	0.78
Pc	0.133***	11.12	-0.454	-1.6
Year	控制		控制	
Ind	控制		控制	
调整的 R^2	0.093		—	
样本数	2733		2733	

注：*、**、*** 分别表示在10%、5%、1%水平上显著。

从表3-9可以看出，在控制了样本的相关变量后，变量Scc1的系数为4.360，在1%显著性水平上显著，表明二代接班人拥有商会资本与企业技术创新呈正相关，说明本章的研究结论较为可靠。

3.4.4　稳健性检验

（1）更换被解释变量。

为了保证结论的可靠性和严谨性，本章将被解释变量变更为企业专利申请量（Patent）。从CNRDS数据库中获得数据。实证结果如表3-10所示，在更换了被解释变量的衡量指标后，本章的研究结论基本成立。接班人的商会资本等级越高，家族企业的创新投入越多；接班人担任普通高管对企业的创新并无显著影响，担任董事长或总经理时对企业创新有显著的正向作用。

表 3-10　　因变量替换为授权专利数量

假设 H3-1 和 H3-2	假设 H3-1		假设 H3-2	
	系数	t 值	系数	t 值
Scc1	0.194**	2.33		
Scc2			0.089***	3.54
控制变量	已控制		已控制	
F 值	17.61***		17.87***	
调整的 R^2	0.173		0.175	
样本数	2706		2706	
假设 H3-3	制度环境好		制度环境差	
	系数	t 值	系数	t 值
Scc1	0.158*	1.86	0.550	0.88
控制变量	已控制		已控制	
F 值	15.08***		2.41***	
调整的 R^2	0.161		0.146	
样本数	2499		207	
系数差异检验（p 值）	6.59***（0.001）			
假设 H3-4	接班人担任董事长或总经理		接班人担任公司普通高管	
	系数	t 值	系数	t 值
Scc1	0.273**	2.52	0.083	0.58
控制变量	已控制	已控制		
F 值	6.10***	14.31***		
调整的 R^2	0.118	0.229		
样本数	1180	1526		
系数差异检验（p 值）	3.22***（0.000）			

注：*、**、*** 分别表示在 10%、5%、1% 水平上显著。

（2）缩尾。

如表 3-11 所示，在进行缩尾 1% 处理的基础上，进一步对样本中的连续变量进行缩尾 2% 处理，并按照原有模型进行回归，得到的稳健性结果与前面结果保持一致。

表3-11　缩尾2%的稳健性检验结果

假设H3-1和H3-2	假设H3-1		假设H3-2	
	系数	t值	系数	t值
Scc1	0.146***	2.69		
Scc2			0.038**	2.32
控制变量	已控制		已控制	
F值	76.12***		76.01***	
调整的 R^2	0.481		0.481	
样本数	2752		2752	
假设H3-3	制度环境好		制度环境差	
	系数	t值	系数	t值
Scc1	0.171***	3.25	-2.493***	-5.16
控制变量	已控制		已控制	
F值	80.16***		5.49***	
调整的 R^2	0.514		0.350	
样本数	2543		209	
系数差异检验（p值）	12.01***（0.000）			
假设H3-4	接班人担任董事长或总经理		接班人担任公司普通高管	
	系数	t值	系数	t值
Scc1	0.239***	3.54	0.035	0.34
控制变量	已控制	已控制		
F值	44.45***	40.52***		
调整的 R^2	0.543	0.463		
样本数	1192	1560		
系数差异检验（p值）	6.22***（0.000）			

注：*、**、***分别表示在10%、5%、1%水平上显著。

（3）自变量滞后一期。

借鉴虞义华等（2018）学者的方法，对样本中的自变量和控制变量滞后一期，得到以下模型。从表3-12的回归结果来看，稳健性检验的结果与前文结果保持一致。

$$R\&D_t = \beta_0 + \beta_1 Scc_{(1,2)t-1} + \beta_2 Size_{t-1} + \beta_3 Roa_{t-1} + \beta_4 Ltime_{t-1} + \beta_5 Deb_{t-1} + B_6 Empl_{t-1} + \beta_7 Lpgdp_{t-1} + \beta_8 Burden_{t-1} + \beta_9 Pc_{t-1} + \beta_7 Ind + \beta_8 Year + \varepsilon \quad (3-2)$$

表 3－12　自变量滞后一期的稳健性检验

假设 H3－1 和 H3－2	假设 H3－1		假设 H3－2	
	系数	t 值	系数	t 值
Scc1	0. 149**	2. 42		
Scc2			0. 041**	2. 22
控制变量	已控制		已控制	
F 值	63. 37***		63. 31***	
调整的 R^2	0. 476		0. 475	
样本数	2134		2134	
假设 H3－3	制度环境好		制度环境差	
	系数	t 值	系数	t 值
Scc1	0. 159***	2. 69	－2. 398***	－4. 12
控制变量	已控制		已控制	
F 值	66. 90***		4. 90***	
调整的 R^2	0. 510		0. 341	
样本数	1967		167	
系数差异检验（p 值）	9. 21*** （0. 000）			
假设 H3－4	接班人担任董事长或总经理		接班人担任公司普通高管	
	系数	t 值	系数	t 值
Scc1	0. 188***	2. 60	0. 120	0. 99
控制变量	已控制		已控制	
F 值	39. 37***		32. 41***	
调整的 R^2	0. 532		0. 450	
样本数	980		1154	
系数差异检验（p 值）	3. 82*** （0. 000）			

注：*、**、*** 分别表示在 10%、5%、1% 水平上显著。

3.5 进一步研究

3.5.1 接班人商会资本对家族企业技术创新的影响机理研究

根据本章的理论推导，本章将进一步从三个维度探讨接班人商会资本对技术创新的影响机理：降低融资约束，减少代理成本和提升长期导向。

（1）融资约束的中介效应。

本章借鉴 Hadlock 和 Pierce（2010）构建的 SA 指数的方法，参考之前学者的研究思路（鞠晓生等，2013；姜付秀等，2016），采用 SA 指数作为企业融资约束的代理变量，其计算公式为：

$$SA = -0.737 \times Size + 0.043 \times Size^2 - 0.04 \times Age \qquad (3-3)$$

其中，Size 为企业总资产的自然对数，Age 为企业的上市年限。由此计算出来的指数为负，且绝对值越大表示面临的融资约束越严重（鞠晓生等，2013，吴秋生和黄贤环，2017）。

中介效应检验结果结果如表 3－13 所示，在表 3－13 列（1）中，变量 Scc1 的系数为－0.022，在 1% 水平上显著，表明接班人商会资本与企业融资约束呈负相关；列（2）中介变量 SA 的系数为－0.602，在 1% 水平上显著，表明企业的融资约束与企业技术创新呈负相关，且 Scc1 的系数为 0.143，在 1% 水平上显著，表明接班人商会资本与企业技术创新呈正相关。因此中介效应存在，当接班人拥有商会资本时，会通过缓解企业融资约束来促进企业的研发投入。

表 3－13　　　　融资约束中介效应的检验结果

变量	(1)		(2)	
	系数	t 值	系数	t 值
常数项	－21.028***	－185.12	－21.205***	－6.94
Scc1	－0.022***	－2.86	0.143***	2.57
SA			－0.602***	－4.31
Size	1.166***	362.42	1.550***	9.42

续表

变量	(1)		(2)	
	系数	t 值	系数	t 值
Roa	0.094 *	1.95	2.885 ***	8.17
Ltime	-0.041 ***	-81.9	-0.043 ***	-6.38
Debt	0.004	0.23	-0.622 ***	-5.33
Growth	-0.0002	-0.37	-0.006	-1.08
Empl	0.002	1.40	0.042 ***	3.46
Lpgdp	0.0002	0.02	0.558 ***	8.62
Burden	0.119	0.36	-4.678 *	-1.94
Pc	0.0007	0.15	0.108 ***	3.04
Year	控制		控制	
Ind	控制		控制	
F 值	6140.79 ***		73.29 ***	
调整的 R^2	0.987		0.479	
样本数	2752		2752	

注：*、**、*** 分别表示在 10%、5%、1% 水平上显著。

（2）代理成本的中介效应。

本章借鉴徐细雄等（2019）的方法，使用其他应收款与总资产的比值度量代理成本。实证结果如表 3-14 所示。在表 3-14 列（1）中，变量 Scc1 的系数为 -0.003，在 5% 水平上显著，表明接班人商会资本与企业代理成本呈负相关；在列（2）中，中介变量 Ac 的系数为 -2.243，在 5% 显著水平上显著，Scc1 的系数为 0.151，在 5% 水平上显著，表明接班人拥有商会资本与企业技术创新呈正相关。因此存在中介效应，即当接班人拥有商会资本时，会通过降低企业代理成本来促进企业的研发投入。

表 3-14　代理成本中介效应的回归结果

变量	(1)		(2)	
	系数	t 值	系数	t 值
常数项	0.0472 ***	3.01	-8.424 **	-10.12
Scc1	-0.003 **	-2.51	0.151 ***	2.70

续表

变量	(1)		(2)	
	系数	t 值	系数	t 值
Ac			-2.243 **	-2.21
Size	0.0001	0.42	0.849 ***	36.10
Roa	-0.034 ***	-5.03	2.755 ***	7.74
Ltime	0.001 ***	7.79	-0.017 ***	-4.70
Debt	0.011 ***	4.86	-0.600 ***	-5.10
Growth	-0.001	-0.88	-0.006	-1.09
Empl	-0.0001	-0.33	0.041 ***	3.31
Lpgdp	-0.005 ***	-3.77	0.545 ***	8.37
Burden	0.162 ***	3.56	-4.352 *	-1.80
Pc	-0.0001	-0.14	0.107 ***	2.99
Year	控制		控制	
Ind	控制		控制	
F 值	15.70 ***		72.46 ***	
调整的 R^2	0.154		0.477	
样本数	2749		2749	

注：*、**、*** 分别表示在 10%、5%、1% 水平上显著。

（3）短视行为的中介效应。

本章参考张峥和刘力（2006）的方法，使用企业股票换手率（Stockturnover）来间接度量管理层短视程度。通过在基准模型中引入企业股票换手率的中介变量。回归结果如表 3 - 15 所示，在表 3 - 15 列（1）中，变量 Scc1 的系数为 -0.841，在 5% 显著性水平上不显著，在列（2）中，中介变量 Stockturnover 的系数为 -0.016，在 1% 显著水平上显著，Scc1 的系数为 0.147，在 1% 水平上显著，表明接班人拥有商会资本与企业技术创新呈正相关。这说明接班人商会资本通过缓解高管短视行为对企业创新产生影响。

表 3－15　短视行为中介效应的回归结果

变量	(1)		(2)	
	系数	t 值	系数	t 值
常数项	59.407***	11.74	−7.608**	−8.57
Scc1	−0.841**	−2.54	0.147***	2.60
Stockturnover			−0.016***	−4.70
Size	−2.311***	−15.75	0.808***	30.78
Roa	7.200***	3.25	3.073***	8.11
Ltime	−0.268***	−12.07	−0.023***	−5.81
Debt	3.582***	4.90	−0.650***	−5.18
Growth	0.014	0.41	−0.006	−1.08
Empl	0.0525	0.71	0.043***	3.44
Lpgdp	−0.623	−1.59	0.557***	8.29
Burden	22.938	1.52	−5.310**	−2.06
Pc	0.160	0.74	0.119***	3.23
Year	控制		控制	
Ind	控制		控制	
F 值	29.94***		69.21***	
调整的 R^2	0.277		0.482	
样本数	2572		2572	

注：*、**、*** 分别表示在 10%、5%、1% 水平上显著。

3.5.2　二代接班人和一代创始人商会资本差异对家族企业技术创新的影响

前面的研究只是单独考虑二代接班人商会资本对技术创新的影响，然而家族社会资本的积累是一个过程。因此本章将进一步探讨二代接班人和一代创始人商会资本差异对企业技术创新是否会产生影响，分析家族商会资本对技术创新的累进效应。在原有变量的基础上，本章引入两个变量（Sf_1 和 Sf_2 具体定义见表 3－16），来衡量家族商会资本的累进效应。变量 Sf_1 表示二代接班人与一代创始人是否拥有商会资本的区别，Sf_{11} 表示接班人是否传承商会资本，Sf_{12}则表示接班人是否新增了商会资本；变量Sf_2表示二代接班人商会资本等级与一代创始人商会资本等级的差，变量Sf_2越大，表示二代接班人商会资本比一代创始人增加越多，其余控制变量的含义保持不变，结果如表3－17所示。

表3－16　　Sf变量定义

Sf_1	Sf_{11}	当一代拥有商会资本时，二代拥有商会资本时为1，不拥有时为0
	Sf_{12}	当一代不拥有商会资本时，二代拥有商会资本时为1，不拥有时为0
Sf_2	二代商会资本等级－一代商会资本等级	

表3－17　　一二代商会资本差异对企业技术创新影响回归结果

变量	(1)		(2)		(3)	
	系数	t值	系数	t值	系数	t值
常数项	－9.931**	－6.79	－7.162***	－6.96	－8.730***	－10.55
Sf_{11}	0.178**	1.99				
Sf_{12}			0.143**	1.91		
Sf_2					0.018**	1.98
Size	0.857***	22.31	0.822***	26.99	0.856***	36.41
Roa	2.806***	4.45	2.777***	6.42	2.794***	7.89
Ltime	－0.012*	－1.94	－0.021***	－4.44	－0.019***	－5.10
Debt	－0.420**	－2.06	－0.584***	－4.04	－0.620***	－5.30
Growth	－0.009	－0.81	－0.005	－0.71	－0.006	－1.08
Empl	0.051**	2.56	0.034**	2.18	0.039***	3.22
Lpgdp	0.641***	5.43	0.499***	6.43	0.563***	8.68
Burden	－7.893*	－1.91	－1.006	－0.33	－4.700*	－1.94
Pc	0.102	1.60	0.120**	2.41	0.144***	4.04
Year	控制		控制		控制	
Ind	控制		控制		控制	
F值	34.02		46.52		74.20	
调整的R^2	0.512		0.460		0.46	
样本数	1039		1713		2752	

注：*、**、***分别表示在10%、5%、1%水平上显著。

从表3－17可以看出，Sf_{11}的系数为0.178，且在5%显著性水平上显著，表明当一代拥有商会资本，且将其商会资本传承给二代，即二代也拥有商会资本时对企业创新呈显著的促进效应；而 Sf_{12} 的系数为 0.143 且在 5% 的水平上显著，说明二代在继承家族企业后努力寻求一代未拥有的商会资本时同样能够促进企业创新。变量 Sf_2 的系数为 0.018，在 5% 显著性水平上显著，表明在同时考虑了一代、二代所拥有的商会资本等级差异后，当二代商会资本与一代商会资本的等级提升越大时，越能够促进企业进行创新行为。综上所述，二代商会资本与一代商会资本的累进效应越大，越能够促进企业进行创新行为。

3.6 结论与启示

本章基于 2007 ~ 2017 年 2752 个进入代际传承的上市家族企业样本，运用实证研究法，探讨接班人商会资本是否会对家族企业创新活动产生影响。本章得出以下结论。

（1）在发生代际传承的上市家族企业样本中，接班人商会资本与家族企业技术创新呈显著正相关关系，即家族企业接班人商会资本可以促进企业进行技术创新。当家族企业接班人拥有的商会资本等级越高，越能够促进家族企业开展创新活动。

（2）相较于外部制度环境差的地区，在外部制度环境好的地区，二代接班人商会资本与技术创新的正相关关系更显著；相较于接班人仅担任公司普通高管，当接班人担任公司董事长或总经理时，接班人商会资本对企业创新的促进作用更显著。

（3）影响机理的研究显示，当接班人所拥有商会资本时，可以通过缓解企业的融资约束、降低代理成本和抑制接班人短视行为来提升企业的研发投入。

（4）进一步研究发现，当二代接班人比一代创始人的商会资本提升越高时，越有利于促进企业的创新活动，表明家族企业商会资本具有累进效应。

本章的研究结论证实了接班人商会资本对技术创新的促进作用，对家族企业传承与创新具有重要的启示意义。首先，家族企业代际传承需要密切关注社会资本的传承，商会资本是一类重要而又特殊的无形资产，有助于接班人获取资源和降低企业代理成本。其次，接班人商会资本的作用的发挥，取决于外部制度环境和内部权力地位，因此从社会层面来说，需要健全和完善产权保护体系，从企业层面来说，家族企业创始人要敢于放手给接班人。最后，家族企业商会资本具有累进效应，接班人不仅要继承上一辈的商会资本，还要进一步拓展商会资本的范围和等级。

第 4 章

高管联结对制造业企业创新绩效的影响研究

4.1 引　　言

社会资本是影响企业绩效的重要变量，但不同类型的社会资本对企业绩效的影响不一致。中国的关系网络是“以己为中心”，由近及远的差序格局。与西方文化不同，中国文化强调的是一个人在关系网络的位置和针对不同的人应采取的不同态度和行为。因此在中国的差序格局文化背景下，研究不同类型社会资本的作用效果具有重要的意义。

随着经济的发展与转型，创新已经成为推动企业转型发展的内生动力。对制造业企业来说，创新更是企业转型升级的关键因素。因此有必要研究制造业企业创新绩效的影响因素。中国的“关系”文化源远流长，因此本章将研究高管联结对制造业企业创新绩效的影响，试图基于中国文化背景探讨不同类型的社会关系对企业创新的影响。

企业高管联结是一类典型的社会关系。高管联结是指，由同时兼任两家或多家企业的高管而在这些企业之间形成的联结关系。许多相关文献已经证实高管联结对企业的诸多方面有重要的影响。例如，企业慈善行为、并购溢价决策、内部控制体系构建、高管激励、会计信息可比性。然而，尚未发现有文献探讨高管联结类型对企业创新的影响，这为本章的研究提供了空间。

基于现有文献，本章有三个可以进一步研究的方向。

首先，可以从高管联结的视角探讨社会关系对企业创新的影响效果。以往的文献探讨高管联结对财务重述、并购溢价等财务决策的影响效果，很少有文献探讨高管联结对企业创新的影响效果，本章将试图探讨这一主题。

其次，可以从关系类型的角度探讨高管联结对企业创新的影响。本章把关系分为情感关系和空间关系，探讨不同的高管联结类型对企业创新的影响。

最后，应该探讨宏观制度环境对高管联结与企业创新的调节效应。社会关系作用的发挥，必然受到外部制度环境的影响。因此有必要研究在不同的制度环境下，高管联结对企业创新绩效的影响效果有何不同。

本章的贡献体现在三个方面：第一，拓展了企业创新的研究领域。尽管有许多文献探讨了不同因素对企业创新的影响，却很少发现有文献对高管联结与企业创新之间的关系进行研究，而本章提出并发现高管联结与企业创新之间的重要联系。第二，丰富和发展了社会资本理论。学术界普遍关注社会资本对企业的影响，本章则进一步探究不同的高管联结类型对企业创新的影响。第三，本章基于中国处于市场化改革进程的实际情况，进一步探究市场化程度对高管联结与企业创新关系的调节效应。

4.2 研究设计

4.2.1 研究假设

（1）高管联结与企业创新绩效的关系。

社会资本理论的资源观认为，发展的社会联系越多，摄取资源的能力就越强，技术创新决策越有效。基于中国情景的研究支持了社会关系资本对企业创新有正向影响的观点。

高管联结可以从两个方面为企业创新提供信息和资源。

首先，就信息的可得性而言，高管联结关系可以帮助不同企业之间建立联系和信任。我国属于社会信任程度比较低的地区，高管联结关系有助于弥补社会信任的不足，帮助不同的企业加强交流，从而提高信息可靠性。同时，信息接受者对信息的理解，主要取决于他对信息来源的信任。因此高管联结有助于企业获得和接收技术创新的信息，从而提高企业的创新绩效。

其次，就信息的有效性而言，高管联结关系有助于企业获得有效的创新信息和资源。尽管高管可以通过外部媒介获取信息，但是由于外部媒介并不会对公司的内部信息进行报道，因而高管只能靠隐蔽的“私下”交流来传递信息。高管联结关系作为社会网络关系，可以提供丰富的社会资本。企业高管利用高管联结形成的社会资本实现了知识和信息的沟通和共享，可以获得更多的异质性信息，提高了企业获取的创新信息和资源的数量和质量，从而进一步提高企业创新决策的效率。

最后，高管联结强度对创新绩效也可能产生负面影响。高管联结强度越大，高管的注意力越分散，无法专注于单个企业的经营。有研究发现，独立董事对企业投入精力的不同会带来治理绩效差异；高管团队的注意力越强，对企业的创新战略越有正面的影响。因此随着企业高管联结强度的增大，高管团队的注意力将被分散，可能会对企业创新有负面作用。

基于上述分析，本章提出如下竞争性假设：

假设 H4 - 1a：企业高管联结强度与创新绩效呈正相关关系。

假设 H4 - 1b：企业高管联结强度与创新绩效呈负相关关系。

（2）情感关系对企业创新能力的影响。

依据情感关系的视角，本章将高管联结关系区分为两类：内部高管联结和外部高管联结。外部联结是指高管在目标企业担任独立董事和外部监事等外部高管职位形成的联结关系，内部联结是指高管在目标企业担任内部高管职位形成的联结关系。

由于高管身份的不同，内部高管联结和外部高管联结对企业关心的意愿存在显著差异，可能对企业创新绩效产生不同的影响。

首先，作为内部高管，其切身利益与企业业绩相挂钩。因此内部高管更愿意与企业分享自己掌握的信息和为企业提供新的资料。从信任的角度来说，内部高管更容易获得企业的信任，而信任是知识转移和知识共享的基础。相关的研究显示，好的关系质量有利于合作创新企业间的知识转移。因此内部高管有助于传递影响力和信任感，更有利于帮助企业进行知识转移、获取创新资源和提高创新能力。

其次，作为独立董事和外部监事的外部高管，他们与公司没有重要的业务联系或专业联系。独立董事和外部监事通常不持有或持有很少股权，其分享自己资源的情感和动力相对较弱。因此外部高管提升创新绩效的作用相对较小。

因此本章提出如下假设：

假设 H4－2：从情感关系来看，内部高管联结对企业创新绩效的作用高于外部高管联结。

（3）空间关系对企业创新能力的影响。

依据空间关系的视角，高管联结关系可以区分为：同区域高管联结和跨区域高管联结。同区域的高管联结，是指高管所在的企业与其兼任高管职务的联结企业同处一个区域，若不是处于一个区域则为跨区域的高管联结。

首先，跨区域高管联结可以传递异质性的技术创新信息。有学者认为，弱关系的作用强于强关系，因为强关系的资源是同质化的，而弱关系可以带来不同的资源。同区域的高管联结，其得到的信息多数趋向同质，相对于其他同行业同地区的企业来说没有明显的优势，而跨区域的高管联结可以得到更广泛的信息，得到更多的资源，有助于提高企业的创新效率，拥有更多信息的企业也会更有积极性地对创新项目进行投入。

其次，跨区域高管联结可以扩大社会网络规模，提高创新效率。我国不同区域间创新能力的差异很大，这种差异不仅与各区域在创新活动中的资源投入有关，而且与创新活动的效率有关。社会网络中的弱联结使得网络成员具有广泛的多样性，形成大规模的社会网络。社会网络的规模效应有助于提升创新效率，网络规模对创新能力有显著的正向作用。相对于同区域的高管联结关系，跨区域的高管联结关系形成的社会网络规模更大，很可能提高企业创新的效率。

因此本章提出如下假设：

假设 H4－3：从空间关系来看，跨区域高管联结对企业创新绩效的作用高于同区域高管联结。

4.2.2 变量选择

（1）被解释变量。

专利可以直接测度创新能力和绩效，因此本章以专利授权数目用于度量企业的技术创新产出，并对专利数目进行取对数处理，该指标表示为：Ln（PAT＋1）。由于专利成果有滞后效应，本章的因变量做滞后一期处理。

表 4－1　变量定义

变量类型	变量	英文代码
因变量	Ln（专利数目＋1）	Ln（PAT＋1）
自变量	高管联结强度	ICT
	内部高管联结强度	TIN
	外部高管联结强度	TOU
	同区域高管联结强度	TSC
	跨区域高管联结强度	TNC
控制变量	资产报酬率	ROA
	托宾 Q 值	TBQ
	董事会规模	BOD
	“两权合一”	UTR
	资产负债率	LEV
	企业规模	SIZ

（2）解释变量。

解释变量高管联结强度（ICT）。参照相关研究的思路，若本公司高管在另一家上市公司任职，则记为 1，若本公司高管在另外两家上市公司任职，则记为 2，依此类推。

高管联结可分为两类关系：情感关系和空间关系。

在情感关系维度方面，依据情感距离区分为内部高管联结（TIN）和外部高管联结（TOU）。外部高管联结是指外部高管形成的联结强度，参照相关研究的思路，外部高管包括独立董事和独立监事。内部高管联结是指来自企业内部的高管的联结强度。

在空间关系维度方面，依据空间距离区分为同区域高管联结（TSC）和跨区域高管联结（TNC）。同区域高管联结是指本公司高管在本区域内部的联结强度；跨区域高管联结是指本公司高管在其他区域的联结强度。本章把中国划分为七大区域，如表4-2所示。

表4-2　　划分的区域

区域	省级行政区
华东地区	山东、江苏、安徽、浙江、福建、上海市
华南地区	广东、广西、海南
华中地区	湖北、湖南、河南、江西
华北地区	北京、天津、河北、山西、内蒙古
西北地区	宁夏、新疆、青海、陕西、甘肃
西南地区	四川、云南、贵州、西藏、重庆
东北地区	辽宁、吉林、黑龙江

（3）控制变量。

参考相关文献的方法，本章选择以下控制变量：①盈利能力。公司的盈利能力用资产报酬率表示，记为ROA。②企业成长能力。衡量企业的成长性用托宾Q值表示，记为TBQ。③董事会规模。用董事会的总人数表示，变量记为BOD。④“两权合一”。董事长和总经理为同一人记为1，否则记为0，变量记为UTR。⑤资本结构。用公司的资产负债率表示，变量记为LEV。⑥企业规模。用企业总资产进行衡量，并作取对数处理，记为SIZ。

4.2.3 研究方法

本章有三个基本模型。为了避免公司层面的聚集效应对标准误的影响，回归时在公司层面进行了 cluster 处理。

模型 1：高管联结强度对企业创新绩效的影响（验证假设 H4 - 1a 和 H4 - 1b）。

$$Ln(PAT+1)_{t+1} = b_0 + b_1 \times ICT_t + b_2 \times ROA_t + b_3 \times TBQ_t + b_4 \times BOD_t + b_5 \times UTR_t + b_6 \times LEV_t + b_7 \times SIZ_t + \varepsilon \quad (4-1)$$

模型 2：不同类型情感关系对企业创新绩效的影响（验证假设 H4 - 2）。

$$Ln(PAT+1)_{t+1} = d_0 + d_1 \times TIN_t + d_2 \times TOU_t + d_3 \times ROA_t + d_4 \times TBQ_t + d_5 \times BOD_t + d_6 \times UTR_t + d_7 \times LEV_t + d_8 * SIZ_t + \varepsilon \quad (4-2)$$

模型 3：不同类型空间关系对企业创新绩效的影响（验证假设 H4 - 3）。

$$Ln(PAT+1)_{t+1} = f_0 + f_1 \times TSC_t + f_2 \times TNC_t + f_3 \times ROA_t + f_4 \times TBQ_t + f_5 \times BOD_t + f_6 \times UTR_t + f_7 \times LEV_t + f_8 \times SIZ_t + \varepsilon \quad (4-3)$$

4.2.4 研究样本与数据来源

本章以 2009 ~ 2014 年的制造业上市公司作为研究样本，并剔除了数据不全的上市公司，最后收集了 347 家制造业上市公司，共 2022 个样本。

自变量高管联结数据在国泰安（CSMAR）“公司治理”数据库的基础上，通过手工整理高管任职的数据而得；因变量制造业上市公司专利数目源自中国知网专利搜索；控制变量 ROA、托宾 Q 值、董事会规模、“两权合一”、资产负债率、总资产等指标来自国泰安数据库。

4.3 实证研究

4.3.1 描述性统计分析

表 4 - 3 提供了样本的描述性统计结果。为剔除极端值影响，本章对变量进行缩尾 1% 处理。在 2022 个制造业上市公司样本中，高管联结的平均

值为24，中位数为19。内部高管联结的数目远高于外部高管联结，内部高管联结的平均值是18，外部高管联结的平均值是6，内部高管联结的数目是外部高管联结数目的3倍。同区域高管联结的数目大大高于跨区域高管联结，同区域高管联结的平均值是15，跨区域高管联结的平均值是9。这说明受到空间的限制，高管倾向于在同区域建立联结关系。被解释变量Ln（专利数目+1）的平均值为2.383，中位数为2.398。

表4-3　　　　描述性统计

变量名称	平均值	中位数	最小值	最大值	标准差
Ln（PAT+1）	2.383	2.398	0.000	7.169	1.681
ICT	23.792	19.000	3.000	97.000	18.055
TIN	17.497	12.000	0.000	90.000	16.804
TOU	6.166	5.000	0.000	26.000	5.031
TSC	14.178	10.000	0.000	70.000	12.789
TNC	9.509	6.000	0.000	45.000	9.585
ROA	4.308	3.484	-15.509	24.698	5.942
TBQ	2.004	1.595	0.257	8.143	1.538
BOD	8.899	9.000	5.000	15.000	1.685
UTR	0.208	0.000	0.000	1.000	0.406
LEV	40.274	40.033	2.619	87.788	19.695
SIZ	21.656	21.563	19.542	24.827	1.028

4.3.2　回归结果

高管联结强度对创新绩效的影响效果如表4-4的列（1）所示。高管联结强度与创新绩效的关系显著正相关。这说明企业的高管联结强度越大，从其他企业获取和分享的知识和信息越多，越有利于提升本企业的创新绩效。这验证了本章的研究假设H4-1a，没有验证假设H4-1b。

表 4-4　回归结果

Table 4 Regression results

	创新绩效：Ln（PAT+1）$_{t+1}$		
	(1)	(2)	(3)
ICT	0.011*** (3.13)		
TIN		0.011*** (2.74)	
TOU		0.013 (1.17)	
TSC			0.010* (1.74)
TNC			0.014* (1.95)
ROA	0.011 (0.92)	0.011 (0.93)	0.011 (0.92)
TBQ	0.002 (0.03)	0.001 (0.03)	-0.000 (-0.00)
BOD	-0.015 (-0.31)	-0.016 (-0.33)	-0.015 (-0.33)
UTR	0.241* (1.68)	0.241* (1.67)	0.238* (1.66)
LEV	0.247 (0.80)	0.252 (0.82)	0.244 (0.79)
SIZ	0.560*** (6.06)	0.560*** (6.04)	0.555*** (6.04)
Years	控制	控制	控制
常数项	-10.559*** (-5.32)	-10.568*** (-5.31)	-10.449*** (-5.31)
R^2	0.201	0.201	0.203
F	23.51***	21.69***	21.78***
N	1662	1662	1662
系数差异检验			-0.004*

注：括号内为 t 检验值，*** 表示在 1% 置信水平显著，** 表示在 5% 置信水平显著，* 表示在 10% 置信水平显著。

情感关系对创新绩效的影响如表4－4的列（2）所示。内部高管联结与创新绩效显著正相关，外部高管联结与创新绩效的关系没有通过显著性检验，说明内部高管联结对企业创新绩效的正向效果高于外部高管联结。研究结果显示，从内在动力来说，内部高管联结提供创新资讯的意愿更强烈。这验证了本章的研究假设H4－2。

空间关系对创新绩效的影响如表4－4的列（3）所示。以Ln（专利数目+1）作为因变量，同区域高管联结与创新绩效的关系显著正相关，跨区域高管联结与创新绩效的关系也是显著正相关，但跨区域高管联结的系数是0.014，高于同区域高管联结的系数0.010，且通过了系数差异检验，说明跨区域高管联结对创新绩效的正向效果高于同区域高管联结。研究结果显示，从外部资源来说，跨区域高管联结提供的信息更具有异质性，更能够提升企业的创新绩效。这验证了本章的研究假设H4－3。

4.3.3　稳健性检验

为了保证研究结论的准确性，本章做了以下稳健性检验。

（1）更换因变量。参考相关文献的方法，本章把因变量变为研发投入（R&D）指标进行稳健性检验，因变量指标的计算公式是：研发投入/总资产，研究结论保持不变。

（2）区分高管类型。高管在管理团队的地位不一致，不同类型的高管联结的作用也不一致。因此本章进一步区分CEO高管联结和非CEO高管联结，探讨两类高管联结强度对创新绩效的影响，研究结论依然成立。

4.4　进一步的研究

4.4.1　高管联结类型的匹配效果研究

依据关系类型和关系强度，可把高管联结区分为四种类型：内部高管同区域联结（用 TY1 表示）；内部高管跨区域联结（用 TY2 表示）；外部高管同区域联结（用 TY3 表示）；外部高管跨区域联结（用 TY4 表示）。本章将比较这四种类型的高管联结对创新绩效的影响效果，探讨情感关系和空间关系的匹配效果，如图 4－1 所示。

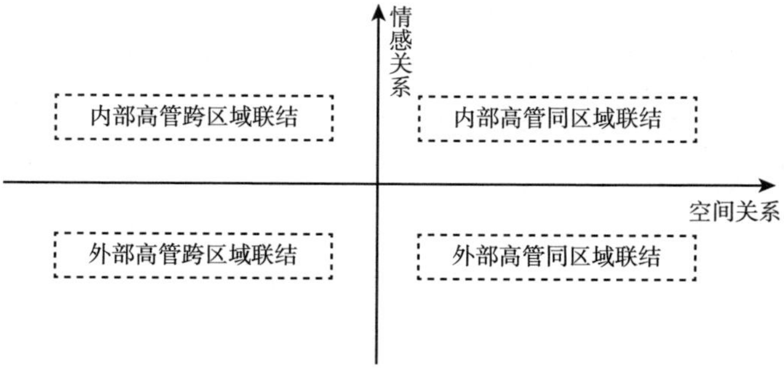

图 4－1　高管联结的类型

实证结果如表 4－5 所示。内部高管跨区域联结（TY2）与创新绩效显著正相关；其他三种类型的高管联结强度与创新绩效的关系没有通过显著性检验。这说明，在四类高管联结中，内部高管跨区域联结强度最有利于提升企业创新绩效。内部高管联结可提升高管分享创新信息的动力，跨区域联结可增加高管所提供信息的异质性，从而最终帮助企业改善创新的效果。

表 4－5　高管联结类型的匹配效果

变量	Ln（专利数目＋1）$_{t+1}$
TY1	0. 007 （1. 13）
TY2	0. 017 * （1. 86）
TY3	0. 021 （1. 12）
TY4	0. 003 （0. 19）

续表

变量	Ln（专利数目+1）$_{t+1}$
ROA	0.010 (0.89)
TBQ	0.002 (0.04)
BOD	-0.013 (-0.28)
UTR	0.237 (1.64)
LEV	0.229 (0.75)
SIZ	0.560*** (6.140)
Years	控制
R^2	0.203
F	19.32***
N	1662

注：括号内为t检验值，***表示在1%置信水平显著，**表示在5%置信水平显著，*表示在10%置信水平显著。

4.4.2　市场化程度对高管联结效果的影响

在中国经济转型期，市场化程度可能会影响高管联结的效果。因此本章将进一步探讨在不同的市场化程度下高管联结对企业创新的影响效果有何不同。参考相关文献的方法，市场化程度的衡量指标选用了最新的市场化指数。

表4-6列出了在不同的市场化程度下，高管联结强度对创新绩效的整体效果。在市场化程度高的地区，高管联结强度与创新绩效显著正相关；但是，在市场化程度低的地区，高管联结强度与创新绩效的关系不显著。因为创新是具有高度不确定性的活动，在市场化程度高的地区，企业具有更好的专利保护环境、法律法规基础、科研人才储备、基础条件支撑等，

可以有效地将高管联结带来的知识和信息转化为创新绩效。

表 4 - 6　　　　　　市场化程度的比较分析

变量	Ln（专利数目 +1）$_{t+1}$	
	市场化高的地区	市场化低的地区
ICT	0.010 *** (2.83)	-0.006 (-0.62)
ROA	0.005 (0.38)	0.013 (0.60)
TBQ	0.004 (0.07)	0.027 (0.24)
BOD	-0.028 (-0.54)	-0.010 (-0.12)
UTR	0.255 (1.57)	0.000 (0.00)
LEV	0.322 (0.96)	-0.271 (-0.46)
SIZ	0.696 *** (6.93)	0.268 (1.59)
Years	控制	控制
常数项	-13.253 *** (-6.21)	-4.179 (-1.13)
Adj. R^2	0.252	0.092
F	21.29 ***	4.13 ***
N	1296	336

注：括号内为 t 检验值，*** 表示在 1% 置信水平显著，** 表示在 5% 置信水平显著，* 表示在 10% 置信水平显著。

4.5 结论和启示

本章选取制造业上市公司作为样本，探讨高管联结和企业创新之间的关系，并进一步从情感关系和空间关系两个视角出发，比较不同高管联结类型对创新绩效的效果。通过实证研究，本章得出以下结论：(1) 高管联结与企业创新存在显著的正相关关系；(2) 从情感关系视角出发，内部高管联结对创新的影响效果要强于外部高管联结；(3) 从空间关系视角出发，跨区域高管联结对创新的影响效果要强于同区域高管联结；(4) 依据情感关系和空间关系两个维度，可以把高管联结区分为四种类型，研究发现，“内部高管联结 + 跨区域高管联结”关系最有利于改善创新绩效；(5) 市场化程度对高管联结和企业创新的关系有显著的调节作用，在市场化程度高的地区，高管联结会显著提升企业创新绩效。

基于本章的研究结果，可提出以下建议：

首先，企业应该重视高管联结对企业创新的作用。本章的研究结果显示，高管联结对创新绩效有显著效果。如果企业要进一步加强自身的创新能力和动力，除了强化创新的物质基础外，也要重视高管联结的作用。

其次，企业应该对不同类型的高管联结进行适当匹配。企业需要考虑适当增加内部高管的社会关系资本，让高管更有动机利用各种信息资源进行创新决策。企业要加强不同区域之间的高管联结，企业可以从中获取不同区域的信息资源。因此企业应该着重发展“内部 + 跨区域”式的高管联结。

最后，政府部门要不断推进市场化改革，改善经营环境，保护企业的创新成果，帮助提升高管联结对企业创新绩效的正向作用。

第 5 章

兄弟姐妹共同治理与家族企业创新

——基于关系嵌入性理论的实证研究

5.1 引　言

家族企业作为一种古老的组织形态，仍然遍布全球，并在当代经济社会中扮演重要角色（李新春等，2020）。在中国，市场化改革实践则证明家族企业是市场经济发展过程中不可或缺的力量。经过改革开放四十余年的发展，家族企业在国民经济中占据了重要地位。《福布斯》2017 年对中国内地上市家族企业的调研显示，在 3204 家 A 股上市公司中有 1112 家是家族企业，占比为 36.77%。然而随着经济发展形势的变化，中国家族企业普遍面临转型升级的挑战。

在中国家族企业普遍面临转型升级压力和中国实施创新驱动发展战略的双重背景下，家族企业创新在微观和宏观上都具有重要意义。微观上，创新可以帮助家族企业获得新的竞争优势（陈士慧等，2016）；同时创新是对未来成长的投资，有助于家族企业的长期发展（朱沆等，2016）。因此创新关乎家族企业的基业长青，对致力于成长为“百年老店”的中国家族企业来说，创新是必不可少的手段。宏观上，家族企业创新是我国创新驱动战略实施过程中的关键一环。2020 年 9 月，习近平总书记在科学家座谈会上强调，“我国经济社会发展和民生改善比过去任何时候都更加需要科学技术解决方案，都更加需要增强创新这个第一动力。”家族企业作为国民经济的重要组成部分，既是重要的创新主体，同时也是创新活力的重要来源。家族企业创新是落实我国创新战略的重要抓手，对推动我国经济高质量发展、打破技术封锁有重要意义。

作为一个重要的研究问题，家族企业创新一直备受关注。家族企业创新领域的研究成果颇丰。大部分关于家族企业创新的研究一般把家族企业视作同质的整体，比较家族企业与非家族企业在创新活动上的差异（Chen and Hsu，2009；De Massis et al.，2015；Bennedsen and Foss，2015）。然而家族企业并不是同质的，不同家族企业之间的异质性并不少于家族企业和非家族企业之间的异质性（Kellermanns et al.，2012；Chrisman and Patel，2012）。不同的家族成员组合形成不同的家族治理模式则是家族企业异质性的重要来源（贺小刚等，2010a）。父子共治、兄弟姐妹共治和夫妻共治的家族企业在创新上可能表现出不同的特征，胡旭阳（2019）研究了夫妻共治对家族企业创新的影响，祝振铎等（2021）研究了父子共治对家族企业创新的影响，然而关于兄弟姐妹共同治理对家族企业创新的影响目前还鲜有研究。

实际上，兄弟姐妹共同治理在中国家族企业中具有普遍性。中国的家族企业往往是兄弟姐妹一起创办，而一代创业者通常希望自己的子女都能继承自己的事业，因此兄弟姐妹共同治理在中国家族企业中非常普遍。2017年《福布斯内地上市家族企业调研》的数据显示，在1112家沪深A股上市家族企业中，企业内部主要亲属关系为“兄弟姐妹关系”的有426家，占比为38.4%。随着中国家族企业交接班的进行，将会有越来越多二代兄弟姐妹进入家族企业，形成兄弟姐妹共同治理的格局。

兄弟姐妹共同治理在中国家族企业中具有特殊性。夫妻之间主要是相互扶持、相互补充的关系，而兄弟姐妹更多的是竞争与互斥的关系；父母和子女是长辈和晚辈的关系，而兄弟姐妹在辈分和家族地位上都非常接近。同时，在夫妻和父子关系中都存在较多的利他主义行为，兄弟姐妹之间的利他主义行为则较少。因此兄弟姐妹之间更可能出现不和谐的关系。2011年，中大集团徐中大和徐连宽两兄弟对控制权和利益的争夺使集团陷入困境。香港著名家族企业李锦记第二代和第三代的兄弟姐妹都出现了股权纠纷，甚至对簿公堂。那么，在家族企业中，兄弟姐妹的这种特殊关系会对创新行为产生怎样的影响？在当前的时代背景下，这是一个兼具理论和现实意义的研究问题。

本章基于关系嵌入性理论，以兄弟姐妹的关系作为切入点，重点研究兄弟姐妹共同治理对家族企业创新的影响和影响路径，以及从制度环境和儒家文化两个角度考察正式制度和非正式制度的调节作用。同时，从兄弟姐妹的人口特征和治理结构两个方面进一步考察兄弟姐妹共同治理下家族企业创新的异质性。

本章研究的边际贡献如下：（1）本章探讨了兄弟姐妹共同治理对家族企业创新的影响，丰富了家族企业创新领域的研究。已有文献已经关注到父母子女共同治理和夫妻共同治理对家族企业创新的影响，但是忽略了兄弟姐妹共同治理对家族企业创新的影响。（2）本章基于关系嵌入性理论分析了兄弟姐妹共同治理对家族企业创新的影响路径，有助于理解家族企业的创新决策行为以及厘清学界关于家族企业创新的争论，同时拓宽了家族企业创新研究的理论基础。（3）本章从制度环境和儒家文化两个角度探究了正式制度和非正式制度对兄弟姐妹共同治理的调节作用，丰富了家族企业治理的研究。（4）以往研究一般从家族整体的角度考察家族治理对企业行为的影响，本章聚焦于兄弟姐妹的人口特征和治理结构差异具有一定的创新性。

5.2 理论基础与研究假设

5.2.1 关系嵌入性理论

嵌入性（Embeddedness）一词最早见于 Polanyi 1944 年的著作《大转变》。Granovetter（1985）把嵌入性分为结构嵌入性和关系嵌入性。杨玉波等（2014）指出，关系嵌入性是指网络关系给组织带来的一种获取信息和资源的作用机制。因此关系嵌入性理论将人看作是嵌入具体的社会关系网络中的行动者。

已有文献主要探讨了企业外部的关系嵌入性对企业行为的影响。杨玲丽和万陆（2017）发现，“企—企”关系嵌入以及“政—企”关系嵌入对企业的产业转移有重要影响。陈倩倩和尹义华（2014）研究了社会资本（社会关系、政治关系等）嵌入对家族企业价值的影响。

目前对企业内部的关系嵌入性展开研究的文献还比较少。家族企业是一类非常适合研究企业内部的关系嵌入性的样本。家族企业内部不同的家庭结构为研究关系嵌入性提供了有趣的视角。不同的家庭结构形成了不同的关系嵌入性，进而对家族企业造成不同的影响。从家族企业理论探索的角度来看，从家庭结构出发进行家族企业理论探索是一条可行的路径，也是近年来学者关注的热点（李新春等，2020）。Bird 和 Zellweger（2018）基于关系嵌入性理论，探讨了不同家庭结构的关系嵌入性对家族企业成长的不同影响。Bird 和 Zellweger（2018）指出关系嵌入性的三种形式——信任、认同和相互义务，可以很好地帮助我们理解关系如何成为影响企业的重要因素。

本章借鉴 Bird 和 Zellweger（2018）提出的分析框架（信任、认同和相互义务），运用关系嵌入性理论，对兄弟姐妹共同治理下家族企业的创新行为展开研究，继续拓宽关系嵌入性理论的适用范围，同时为家族企业创新探索新的理论基础。

5.2.2　兄弟姐妹共同治理对家族企业创新的影响

（1）兄弟姐妹的关系嵌入性。

本章认为由于兄弟姐妹关系的特殊性，兄弟姐妹的关系嵌入性呈现一定的异质性。下面本章将从关系嵌入性的三个层面——信任、认同和相互义务（Bird and Zellweger，2018）来分析兄弟姐妹关系嵌入性的异质性。

相对于父母子女和夫妻，兄弟姐妹的信任程度较低。第一，兄弟姐妹的信息交换程度较低。由于敌对与竞争的关系，兄弟姐妹往往不愿意与对方共享信息，容易造成兄弟姐妹之间的隔阂和不信任。Brannon 等（2013）指出没有居住在一起也是兄弟姐妹信息交换不充分的重要原因。第二，兄弟姐妹与家族企业的利益协调程度较低。一般认为家族企业中参与管理的家族成员来自同一家族。但是兄弟姐妹实际上代表着不同的家庭，尤其是中国传统意义上的“分家”后。家族企业整体的利益与兄弟姐妹个人家庭的利益实际上并不完全重叠。利益冲突降低了兄弟姐妹之间的信任程度。

相对于父母子女和夫妻，兄弟姐妹之间的认同感较弱。首先，个人往往对关系最密切的团体产生认同感（Le Breton – Miller et al. ，2011）。而兄弟姐妹由于竞争与冲突无法形成密切的关系。其次，由于兄弟姐妹关系既不是家庭形成的基础也不是家庭存续的基础，因而个体通常不会注重与自己的兄弟姐妹培养共同的目标感（Bird and Zellweger，2018）。最后，兄弟姐妹由于较为平等的家庭地位和对立竞争的关系，无法对彼此形成足够的权威，因此互相质疑对方。Gordon 和 Nicholson（2008）的研究表明，兄弟姐妹在家族企业发展方向上产生分歧的现象十分普遍，甚至为此展开不体面的斗争。

相对于父母子女和夫妻，兄弟姐妹之间的相互义务较弱。冲突有时不可避免地出现在兄弟姐妹之间，使兄弟姐妹相互支持和利他交流的可能性较小（Schulze et al. ，2001）。而父母与子女之间存在天然的抚养与赡养的义务。同时，从家族企业发展的角度来看，一代创业者有培养家族二代、使家族二代顺利接班的义务；家族二代同样肩负长远发展家族企业、实现基业长青的使命。夫妻之间存在婚姻赋予的相互义务。同时夫妻也有为双方共同后代保全和发展家族资产的义务。综上所述，兄弟姐妹并不认为他们可以相互依赖，相互义务较弱。

（2）兄弟姐妹的关系嵌入性与家族企业创新。

家族成员之间的关系对家族企业创新有重要影响。家族成员的和谐关系是家族企业持续发展的基础（贺小刚等，2010b）。家族成员的和谐关系能够帮助家族积累资产，为更长远的发展战略提供物质支持（Graves and Thomas，2008）。当家族成员凝聚力较低时，犹如“一盘散沙”，创新能力和意愿都较弱（陈士慧等，2016）。从关系嵌入性的观点来看，家族企业的创新行为受到家族成员关系嵌入性的影响，和谐的关系嵌入性有利于家族企业创新。

兄弟姐妹特殊的关系嵌入性会抑制家族企业的创新。首先，信任不足使兄弟姐妹相互猜忌。一方面，兄弟姐妹更倾向于把家族企业当作攫取利益的工具，牺牲公司的长远发展为自己和自己的家庭谋利益（Pollak，2003；Chen et al.，2019）。这消耗了企业的资源（Aronoff and Astrachan，1996），削弱了企业承担风险的能力，降低了创新投入。另一方面，对于长期的、高风险的项目，兄弟姐妹会怀疑是对方攫取利益的手段，因此反对项目上马。这客观上也降低了企业的风险承担水平，抑制了企业创新项目的开展。其次，兄弟姐妹之间认同程度较弱，在企业经营发展上存在诸多分歧。这分散了企业的资源，使企业无法集中力量承担较高风险，从而抑制了企业创新。最后，兄弟姐妹较弱的相互义务使他们不愿意为企业承担较高的风险。义务是个人制定共同目标的动机和承诺（Adler and Kwon，2002年）。矛盾与冲突让兄弟姐妹缺乏凝聚力、只关注自身利益而忽略对彼此的义务，因此兄弟姐妹对家族和企业的承诺水平较低。较低的组织承诺意味着兄弟姐妹一方面倾向于短期内从组织获取利益而不愿意与家族企业建立长久关系，另一方面不愿意为组织承担风险（陈志军等，2017）。而企业创新天然地具有长期性和不确定性。在组织承诺较低的情况下，兄弟姐妹无法容忍创新的长期性和不确定性。

综上所述，家族企业创新需要和谐的家族关系嵌入性，而兄弟姐妹由于矛盾与竞争，关系嵌入性呈现出信任程度较低、认同感较弱和相互义务不突出的特点，难以"心往一处想，劲往一处使"，无法形成合力来开展创新活动。基于此，本章提出假设：

假设H5-1：兄弟姐妹共同治理会抑制家族企业创新。

（3）制度环境的调节作用。

已有研究表明，公司的财务行为受到外部制度环境的影响（刘启亮等，2012）。家族治理作用的发挥很大程度上受到制度环境的影响（Peng and Jiang，2010）。然而，好的制度环境并不一定有利于家族治理作用的发挥。Jiang and Peng（2011）发现，良好的外部正式制度（如政策、法律等）会抑制家族治理的积极效应。杨婵等（2018）研究发现，一代创业者和他的至亲组合治理模式在不规范的制度环境中将产生更积极的影响。蔡地等（2015）研究发现，随着制度环境的逐步完善，家族成员参与管理对家族企业创新的促进作用有所减弱。

制度环境作为一种正式制度会影响家族企业中兄弟姐妹的共同治理。首先，在制度环境差的地区，出于要素市场不发达、中介组织不完善等原因，企业更依赖关系而非正式制度。例如，诸多研究表明，在制度环境差的地区企业更加依赖于政治关联（余明桂、潘洪波，2008；冯天丽、井闰田，2009）。对于家族企业来说，在制度环境差的地区，获取资源的正式渠道受限，更依赖于家族成员的人际关系网络获取企业发展所需资源（连燕玲等，2012）。此时家人"抱团取暖"显得尤为重要，因此兄弟姐妹更注重与彼此建立紧密的关系。其次，在制度环境较差的地区，家族企业更信任家族成员（李东升、刘迅，2010）。制度环境差的地区缺乏成熟的职业经理人市场，同时也缺乏监督职业经理人的机制（如声誉机制），因此兄弟姐妹更倾向于信任彼此。基于上述两点原因，在制度环境较差的地区，兄弟姐妹更注重维护彼此的"手足之情"，同时兄弟姐妹之间的信任也更强，因此信任、认同和相互义务等三个方面的关系嵌入性都得到改善，有利于家族企业开展创新活动。相反，在制度环境较完善的地区，家族企业更关注的是经济目标而非家族和谐目标（姜涛等，2019）。基于此，本章提出假设：

假设 H5-2：相对于制度环境差的地区，在制度环境好的地区兄弟姐妹共同治理对家族企业创新的抑制更加明显。

（4）儒家文化的调节作用。

儒家文化主要包括"仁、义、礼、智、信"五大内涵。自汉武帝"罢黜百家，独尊儒术"开始，儒家思想一直是古代封建王朝维护统治的正统思想。儒家文化深刻影响了中国人的行为和思想。文化是一个慢变量，其影响随时间变迁也十分缓慢（Gusio et al.，2008）。中国封建王朝结束仅百余年，儒家文化仍影响着中国人的方方面面（潘越等，2020）。时至今日，整个东亚仍被视作儒家文化圈。而中国幅员辽阔，儒家文化在各地区的传播又呈现一定的差异性。

由于历史原因，人们对儒家文化具有不鼓励创新的刻板印象。一方面，儒家文化强调敬畏权威，而创新则需要不断挑战权威；另一方面，儒家文化奉行中庸之道。中庸之道指导人们不出头、不出格，与创新活动不相适应。而随着文化与财务交叉研究的兴起，学者们开始意识到儒家文化所提倡的一些价值取向，可以改善公司治理，进而促进企业创新。儒家文化所提倡的"修身养性"，有利于增强经理人的自律性，降低代理成本（古志辉，2015），提高公司内部控制质量（程博等，2016）。徐细雄和李万莉（2019）的研究表明，儒家文化可以通过缓解企业内部的代理冲突来促进企业创新。

在中国的文化情境中，儒家文化是调节兄弟姐妹关系嵌入性的重要变量。首先，儒家文化所倡导的"悌"便是指导家庭内部兄弟姐妹相处的行为准则（翁若宇等，2019），要求兄弟姐妹相亲相爱。同时，儒家文化提倡"以和为贵"，认为人与人之间应尽量避免冲突（金智等，2017）。儒家文化的核心导向是关系和谐（王庆娟和张金成，2012）。因此儒家文化有助于缓解兄弟姐妹之间的矛盾与冲突，促进兄弟姐妹的信任和认同，从而缓解兄弟姐妹共同治理对家族企业创新的抑制。其次，儒家文化主张"推己及人"，设身处地为他人着想。这有利于加强兄弟姐妹互相之间的责任与义务。最后，儒家文化强调集体主义，即集体利益高于个人利益、个人利益应服从集体利益（金智等，2017）。儒家文化下的集体主义可以视作个体对他人和集体的承诺。因此在儒家文化的影响下，兄弟姐妹对彼此的义务和对家族企业的组织承诺更强。较强的义务感和组织承诺让兄弟姐妹更愿意把家族企业的利益放在个人利益之前，也更愿意进行具有长期性和高度不确定性的创新活动。基于此，本章提出假设：

假设 H5－3：相对于儒家文化浓厚的地区，在儒家文化淡薄的地区兄弟姐妹共同治理对家族企业创新的抑制更加明显。

5.3 研究设计

5.3.1 样本选择与数据来源

本章以2009～2018年中国A股上市家族企业为研究样本，研究兄弟姐妹共同治理对家族企业创新的影响。本章参考Anderson and Reeb（2003）的做法，把符合以下三个条件的企业定义为家族企业：（1）实际控制人是一个自然人或某个以血缘、姻缘为联结的家族；（2）该自然人或家族直接或间接是上市公司第一大股东；（3）至少两个或以上家族成员在该上市公司任职。在此基础上删除金融类企业、删除观测年度为ST的企业、删除经营异常（资产负债率大于1）的企业以及删除数据缺失的观测值，最终得到5815个年度观测值。

本章关键解释变量兄弟姐妹共同治理数据通过上市公司年报和网络搜索引擎手工收集而来。本章其他主要数据来源于CSMAR数据库，利用STATA 15.1统计软件进行数据分析。为降低极端值的影响，对所有连续变量进行首尾1%的Winsorize处理。

5.3.2 变量定义

（1）家族企业创新。参考朱沆等（2016）的研究，本章以研发投入与营业收入之比（R&D）衡量家族企业创新，作为被解释变量。

（2）兄弟姐妹共同治理（Sibling）。参考翁若宇等（2019）的做法，若实际控制人的家族有兄弟姐妹在董事会或高级管理层任职则为兄弟姐妹共同治理，取值为1，否则为0。

（3）制度环境（Market）。采用王小鲁等（2017）所著《中国分省份市场化指数报告（2016）》中的“市场化总指数评分”指标衡量制度环境。该数据目前仅更新至2016年。因此本章参考李延喜等（2017）的做法，用

2016年的数据代替2017年和2018年的数据。若家族企业所在省份“市场化总指数评分”高于或等于当年各省中位数，则Market取值为1表示制度环境好，否则Market取值为0表示制度环境差。

（4）儒家文化（Confucian）。参考潘越等（2020）的研究，采用明清两代各省科举状元的数量来衡量该省的儒家文化浓厚程度。明清时期科举考试内容为儒家思想，因此一个地区的科举状元数量能够说明儒家文化在当地的传播和影响程度。若公司所在省份明清状元数量大于或等于各省明清状元数量的中位数，则赋值为1表示儒家文化浓厚，否则为0表示儒家文化淡薄。

（5）控制变量。参照黎文靖、郑曼妮（2016）以及赵晶、孟维烜（2016）的研究，本章在研究兄弟姐妹共同治理对家族企业创新的影响时还控制了公司规模（Size）、盈利能力（ROA）、公司年龄（Age）、资产负债率（LEV）企业成长性（Growth）等方面因素。参考赵勇、李新春（2018）以及温军、冯根福（2012）的研究，控制政府补贴（Grant）、机构投资者持股（INS）两个外部因素。此外，控制年份（Year）和行业（Industry），行业代码来自本章根据证监会行业分类标准（2012版）。具体变量定义如表5－1所示。

表5－1　变量定义

变量类型	变量名称	变量符号	变量说明
被解释变量	研发投入强度	R&D	研发投入/营业收入×100%
解释变量	兄弟姐妹共同治理	Sibling	虚拟变量，兄弟姐妹共同治理赋值为1，否则赋值为0
分类变量	制度环境	Market	若公司所在省份的市场化指数大于或等于各省市场化指数的中位数，则赋值为1表示市场化水平高，否则为0表示市场化水平低
	儒家文化	Confucian	若公司所在省份明清状元数量大于或等于各省明清状元数量的中位数，则赋值为1表示儒家文化浓厚，否则为0表示儒家文化淡薄

续表

变量类型	变量名称	变量符号	变量说明
控制变量	公司规模	Size	公司总资产取自然对数
	盈利能力	ROA	净利润/总资产
	公司年龄	Age	公司自成立年份起的年数，取自然对数
	资产负债率	LEV	总负债/总资产×100%
	成长能力	Growth	营业收入增长率
	政府补助	Grant	当年政府补助余额，取自然对数
	机构投资者持股	INS	机构投资者持股比例总和
	年份	Year	虚拟变量，控制年份效应
	行业	Industry	虚拟变量，控制行业效应

5.3.3 模型设定

为验证本章提出的三个假设，设立如下模型：

$$R\&D = \alpha + \beta\ Sibling + \gamma Control + \varepsilon \tag{5-1}$$

其中，R&D 为被解释变量，表示家族企业的创新水平；Sibling 为解释变量，表示家族企业是否由兄弟姐妹共同治理；Control 为控制变量，包含上述所有控制变量。对于假设 H5－1，所有样本一起参与回归；对于假设 H5－2，根据变量制度环境（Market）把总体样本分成制度环境差和制度环境好两组分别进行回归；对于假设 H5－3，根据变量儒家文化（Confucian）把总体样本分成儒家文化淡薄和儒家文化浓厚两组分别进行回归。

5.4 实证分析

5.4.1 描述性统计

本章主要变量的描述性如表 5－2 的 Panel A 所示。上市家族企业的研发投入强度（R&D）均值为 4.683%，标准差为 4.090%，最小值、中位数和最大值分别为0.071%、3.697%和25.310%，说明中国上市家族企业在研发投入强度方面存在较大差异。兄弟姐妹共同治理（Sibling）的均值为0.277，说明在所有观测值中有27.7%的观测值是兄弟姐妹共同治理。分类变量方面，制度环境（Market）的均值为0.487，说明有48.7%的观测值处于制度环境好的地区，51.3%的观测值处于制度环境差的地区。儒家文化（Confucian）的均值为0.535，说明有53.5%的观测值处于儒家文化浓厚的地区，46.5%的观测值处于儒家文化较淡薄的地区。

表5-2　描述性统计

Panel A 总样本描述						
变量	样本量	均值	标准差	最小值	中位数	最大值
R&D（%）	5815	4.683	4.090	0.071	3.697	25.310
Sibling	5815	0.277	0.448	0.000	0.000	1.000
Market	5815	0.615	0.487	0.000	1.000	1.000
Confucian	5801	0.535	0.499	0.000	1.000	1.000
Age	5815	2.678	0.385	1.386	2.708	3.401
Size	5815	21.700	0.956	19.580	21.601	24.600
LEV	5815	0.343	0.178	0.040	0.331	0.830
ROA	5815	0.049	0.049	-0.168	0.047	0.203
Growth	5815	0.310	0.737	-0.652	0.148	7.131
INS（%）	5815	6.299	6.563	0.001	4.141	30.140
Grant	5815	16.820	1.333	12.320	16.832	20.040
Panel B 非兄弟姐妹共同治理组						
变量	样本量	均值	标准差	最小值	中位数	最大值
R&D（%）	4203	4.814	4.218	0.071	3.779	25.310
Age	4203	2.700	0.374	1.386	2.773	3.401
Size	4203	21.720	0.969	19.580	21.620	24.600
LEV	4203	0.346	0.178	0.040	0.333	0.830
ROA	4203	0.049	0.050	-0.168	0.047	0.203
Growth	4203	0.316	0.762	-0.652	0.145	7.131
INS（%）	4203	6.536	6.719	0.001	4.462	30.140
Grant	4203	16.850	1.345	12.320	16.862	20.040

续表

Panel C 兄弟姐妹共同治理组						
变量	样本量	均值	标准差	最小值	中位数	最大值
R&D（%）	1612	4.339	3.715	0.071	3.526	25.310
Age	1612	2.619	0.408	1.386	2.708	3.401
Size	1612	21.650	0.919	19.740	21.557	24.600
LEV	1612	0.337	0.179	0.040	0.321	0.830
ROA	1612	0.051	0.045	−0.168	0.047	0.203
Growth	1612	0.293	0.667	−0.652	0.155	7.131
INS（%）	1612	5.683	6.096	0.001	3.373	30.140
Grant	1612	16.740	1.296	12.320	16.730	20.040

表5－2的Panel B和Panel C分别是非兄弟姐妹共同治理组和兄弟姐妹共同治理组主要变量的描述性统计。通过两组的比较可以发现，两组研发投入强度（R&D）的最小值和最大值都是0.071%和25.310%。非兄弟姐妹共同治理组R&D的均值和中位数分别为4.814%和3.779%，高于兄弟姐妹共同治理组的4.339%和3.526%。

5.4.2 回归结果分析

本章运用最小二乘法（OLS）进行多元回归分析，回归结果如表5－3所示。表5－3列（1）报告了假设H5－1的回归结果，兄弟姐妹共同治理（Sibling）的回归系数为－0.266，且在1%的显著性水平上显著，说明兄弟姐妹共同治理抑制了家族企业创新，表现为降低家族企业的研发投入强度。假设H5－1得到验证。表5－3列（2）、列（3）报告了根据制度环境分组回归的结果。在制度环境差的组中，兄弟姐妹共同治理（Sibling）的回归系数为－0.102，但是没有通过显著性检验；在制度环境好的组中，兄弟姐妹共同治理（Sibling）的回归系数为－0.350，且在1%的显著性水平上显著。这说明兄弟姐妹共同治理对家族企业创新的抑制效应在制度环境好的条件下更加显著，假设H5－2得到验证。表5－3列（4）、列（5）报告了根据儒家文化分组回归的结果。在儒家文化淡薄的组中，兄弟姐妹共同治理（Sibling）的回归系数为 -0.568，且在 1% 的显著性水平上显著；在儒家文化浓厚的组中，兄弟姐妹共同治理（Sibling）的回归系数为 0.061，但是没有通过显著性检验。这说明兄弟姐妹共同治理对家族企业创新的抑制效应在儒家文化淡薄的条件下更加显著，假设 H5 -3 得到验证。同时，本章对关键解释变量和控制变量进行了方差膨胀系数（VIF）检验，所有变量的 VIF 值均小于 10，表明本章模型不存在严重的多重共线性问题。

表 5 -3　　回归结果

变量	假设 H5 -1	假设 H5 -2		假设 H5 -3	
		制度环境差	制度环境好	儒家文化淡薄	儒家文化浓厚
	R&D	R&D	R&D	R&D	R&D
Sibling	-0.266*** (-2.91)	-0.102 (-0.64)	-0.350*** (-3.19)	-0.568*** (-3.99)	0.061 (0.51)
Age	-0.684*** (-5.59)	-0.499** (-2.38)	-0.827*** (-5.33)	-1.197*** (-5.83)	-0.170 (-1.17)
Size	-0.620*** (-8.98)	-0.621*** (-5.30)	-0.717*** (-8.44)	-0.594*** (-5.65)	-0.619*** (-7.06)
LEV	-6.290*** (-17.62)	-6.650*** (-11.39)	-5.987*** (-13.71)	-8.515*** (-14.35)	-4.500*** (-11.10)
ROA	-12.727*** (-9.85)	-13.882*** (-6.57)	-11.640*** (-7.24)	-14.405*** (-7.25)	-10.727*** (-6.43)
Growth	0.272*** (3.23)	0.275** (2.18)	0.267** (2.18)	0.215* (1.66)	0.303*** (3.42)
INS	0.023*** (3.37)	0.015 (1.23)	0.023*** (2.88)	0.016 (1.57)	0.025*** (2.72)
Grant	0.625*** (13.61)	0.485*** (6.61)	0.751*** (12.71)	0.749*** (10.41)	0.472*** (8.77)
Year	控制	控制	控制	控制	控制
Industry	控制	控制	控制	控制	控制
Constant	8.798*** (6.77)	11.711*** (5.05)	7.924*** (5.21)	8.250*** (3.89)	9.208*** (5.80)

续表

变量	假设 H5 - 1	假设 H5 - 2		假设 H5 - 3	
		制度环境差	制度环境好	儒家文化淡薄	儒家文化浓厚
	R&D	R&D	R&D	R&D	R&D
样本数	5815	2237	3578	2696	3105
R^2	0.438	0.440	0.481	0.459	0.455

注：*、**、*** 分别代表在 0.10、0.05 和 0.01 的显著性水平上显著；括号中为 t 值。

家族企业兄弟姐妹的关系嵌入性具有信任程度弱、认同感低和相互义务感不强的特征。兄弟姐妹的这种关系嵌入性使得家族企业难以开展风险较高、时间跨度较长的创新活动，从而抑制了家族企业的创新。同时，兄弟姐妹的关系会受到正式制度和非正式制度的影响。在制度环境差的地区，兄弟姐妹更加相互依赖、相互信任，关系嵌入性得到改善，对家族企业创新的抑制不显著。在儒家文化浓厚的地区，儒家文化所倡导的各种理念有助于增强兄弟姐妹的信任、认同和相互义务。因此在儒家文化浓厚的条件下，兄弟姐妹共同治理对家族企业创新的抑制不显著。

5.4.3 内生性问题讨论

（1）倾向得分匹配法（PSM）控制内生性问题。

本章验证了兄弟姐妹共同治理显著降低了家族企业的研发投入强度。但家族企业的兄弟姐妹共同治理可能并不是随机形成的，有可能正是因为家族企业创新不足，才需要兄弟姐妹共同治理以加强创新，即可能存在样本自选择偏差造成的内生性问题。这一部分采用倾向得分匹配法（PSM）来控制样本自选择偏差造成的内生性问题。

本章采用卡尺为 0.05 的半径匹配进行倾向得分匹配。为了检验匹配效果，本章进行了 PSM 平衡性检验，经过倾向得分匹配，实验组和控制组所有控制变量的标准偏差都大幅减少，且都减少至 10% 以下。同时，只有公司年龄（Age）存在显著差异，其他控制变量均没有显著差异，说明匹配效果较好。本章运用匹配后的样本重新进行回归，回归结果如表 5 - 4 所示，与前面一致。这说明在控制了样本自选择偏差造成的内生性问题后本章回归结果依然成立。

表5-4　　倾向得分匹配后回归结果

变量	R&D
Sibling	-0.270*** (-2.95)
Age	-0.661*** (-5.37)
Size	-0.618*** (-8.90)
LEV	-6.261*** (-17.44)
ROA	-12.744*** (-9.75)
Growth	0.278*** (3.28)
INS	0.024*** (3.40)
Grant	0.627*** (13.60)
Year	控制
Industry	控制
Constant	8.689*** (6.65)
样本数	5，781
R^2	0.436

注：*、**、*** 分别代表在0.10、0.05和0.01的显著性水平上显著；括号中为t值。

（2）Heckman两阶段法控制内生性问题。

本章所选取的样本可能并非随机，其中一个可能的原因是某些家族企业不愿意披露公司的研发情况造成某些样本无法被选取，即存在样本选择偏差。这一部分采用Heckman两阶段法控制样本选择偏差造成的内生性问题。

表 5 –5 报告了在 Heckman 两阶段法的回归结果。从表 5 –5 列（2）的结果可以看出，兄弟姐妹共同治理（Sibling）的回归系数为 –0. 266，且在 1% 的显著性水平上显著。而逆米尔斯指数（IMR）的回归系数并不显著。这说明在控制了样本选择造成的内生性问题后，本章回归结果依然成立。

表 5 –5　　　　Heckman 两阶段回归结果

变量	Sibling	R&D
Sibling		–0. 266*** (–2. 92)
IMR		–0. 675 (–0. 15)
Age	–0. 330*** (–5. 95)	–0. 543 (–0. 52)
Size	0. 046 (1. 63)	–0. 643*** (–3. 92)
LEV	0. 225* (1. 65)	–6. 469*** (–7. 96)
ROA	0. 954** (2. 31)	–13. 267*** (–4. 06)
Growth	0. 018 (0. 64)	0. 270** (2. 48)
INS	–0. 016*** (–5. 24)	0. 031 (0. 60)
Grant	–0. 036** (–2. 08)	0. 652*** (5. 21)
Year	控制	控制
Industry	控制	控制
Constant	0. 446 (0. 66)	8. 813* (1. 92)
样本数	5705	5705
R^2	—	0. 433

注：*、**、*** 分别代表在 0. 10、0. 05 和 0. 01 的显著性水平上显著；括号中为 t 值。

（3）工具变量法控制内生性问题。

家族企业创新受到众多因素的影响，某些影响因素甚至无法观测。因此除了选择偏差外，本章可能还存在遗漏变量造成的内生性问题。本部分采用工具变量法控制遗漏变量造成的内生性问题。

表 5-6　　　　工具变量 2SLS 回归结果

变量	Sibling	R&D
Rice	0.146 *** (5.05)	
Sibling		-5.858 *** (-3.31)
Age	-0.110 *** (-6.16)	-1.337 *** (-5.26)
Size	0.018 * (1.96)	-0.541 *** (-6.16)
LEV	0.073 * (1.67)	-5.749 *** (-13.79)
ROA	0.318 ** (2.36)	-10.861 *** (-8.15)
Growth	0.009 (1.05)	0.289 *** (3.80)
INS	-0.005 *** (-5.07)	-0.004 (-0.37)
Grant	-0.013 ** (-2.25)	0.553 *** (10.13)
Year	控制	控制
Industry	控制	控制
Constant	0.049 (0.24)	9.833 *** (5.46)
样本数	5774	5774
R^2	0.061	0.088

注：*、**、*** 分别代表在 0.10、0.05 和 0.01 的显著性水平上显著；括号中为 t 值。

参考翁若宇等（2019）的做法，选取实际控制人出生省份1990年人均水稻种植面积（Rice）作为工具变量。1990年人均水稻种植面积数据来源于中国知网数据库。水稻的种植需要农民修建水坝、水渠等水利设施，这些都依赖于集体劳动（潘越等，2019）。同时水稻种植也需要多人合作进行播种和收割。因此种植水稻需要更多人口，人们倾向于生育更多的孩子。在种植水稻较多的地区，实际控制人家族中更可能出现兄弟姐妹，同时兄弟姐妹也更可能共同治理企业。另外，1990年各省人均水稻种植面积不会对家族企业的创新产生直接影响。

表5－6报告了工具变量2SLS回归的结果。在第一阶段，工具变量1990年人均水稻种植面积（Rice）和所有控制变量对解释变量兄弟姐妹共同治理（Sibling）回归，回归结果显示，Rice的回归系数为0.146且在1%的显著性水平上显著，说明种植水稻较多的地区兄弟姐妹共同治理的可能性更大，证明工具变量的选取比较合理。在弱工具变量检验中，最小特征值（Minimum eigenvalue statistic）为25.529，大于10，说明不存在弱工具变量问题，进一步说明了本章选取的工具变量比较合理。从第二阶段的回归结果可以看出，兄弟姐妹共同治理（Sibling）的回归系数为－5.858，且在1%的显著性水平上显著，说明在控制了遗漏变量造成的内生性问题后，本章回归结果依然成立。

5.4.4 安慰剂检验

本章回归结果可能受到非观测因素影响。考虑非观测因素的影响，本章对主回归结果进行安慰剂检验。参考潘越等（2020）的做法，本章处理如下：把样本中的兄弟姐妹共同治理变量（Sibling）打乱，在每个公司年度观测值之间随机分配，重新回归。若原回归结果依然存在，那么兄弟姐妹共同治理变量（Sibling）与家族企业创新变量（R&D）的相关关系就失去了统计意义。本章对这一步骤重复了1000次（这一过程在Stata 15中完成），得到1000个虚拟Sibling回归系数，并刻画了回归系数的分布，如图5－1所示。其分布图形的对称轴为过原点的垂线，意味着虚拟Sibling回归系数的期望值不应该异于0，说明兄弟姐妹共同治理变量（Sibling）与家族企业创新变量（R&D）的虚拟相关关系不存在。

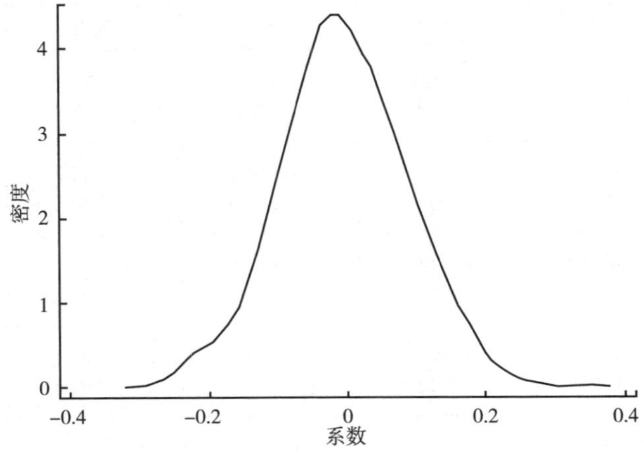

图5-1　虚拟 Sibling 回归系数分布

5.4.5　稳健性检验

（1）排除其他亲缘关系的影响。

考虑到在一些兄弟姐妹共同治理的家族企业中，还存在其他亲缘关系，如父母子女、夫妻等。这些亲缘关系可能会对本章结果造成干扰。因此本章参考翁若宇等（2019）的做法，在回归模型中增加父母子女关系（Parent - offspring）和夫妻关系（Spouse）两个控制变量，控制其他亲缘关系的影响。具体变量定义为：若实际控制人家族中存在父母和子女同时在家族企业董事会或者高级管理层任职，则父母子女关系（Parent - offspring）赋值为1，否则赋值为0；若实际控制人家族中存在夫妻两人同时在家族企业董事会或者高级管理层任职，则夫妻关系（Spouse）赋值为1，否则赋值为0。父母子女关系（Parent - offspring）和夫妻关系（Spouse）两个变量的数据根据上市公司年报和搜索引擎手工整理。回归结果如表5-7所示，加入 Parent - offspring 和 Spouse 两个控制变量后回归结果没有实质性变化，说明在排除了其他亲缘关系的影响后，本章结论依然成立。

表 5 –7　　排除其他亲缘关系后回归结果

变量	假设 H5 –1	假设 H5 –2		假设 H5 –3	
		制度环境差	制度环境好	儒家文化淡薄	儒家文化浓厚
	R&D	R&D	R&D	R&D	R&D
Sibling	–0. 281 *** (–3. 04)	–0. 124 (–0. 78)	–0. 361 *** (–3. 23)	–0. 572 *** (–3. 95)	0. 078 (0. 65)
Spouse	0. 021 (0. 18)	0. 354 * (1. 71)	–0. 035 (–0. 25)	–0. 176 (–0. 99)	0. 379 ** (2. 42)
Parent – offspring	–0. 369 *** (–4. 72)	–0. 238 * (–1. 75)	–0. 288 *** (–2. 90)	–0. 681 *** (–4. 68)	–0. 051 (–0. 56)
Age	–0. 638 *** (–5. 22)	–0. 444 ** (–2. 12)	–0. 796 *** (–5. 14)	–1. 159 *** (–5. 66)	–0. 125 (–0. 87)
Size	–0. 600 *** (–8. 73)	–0. 594 *** (–5. 17)	–0. 700 *** (–8. 16)	–0. 577 *** (–5. 47)	–0. 585 *** (–6. 78)
LEV	–6. 317 *** (–17. 63)	–6. 652 *** (–11. 39)	–6. 020 *** (–13. 73)	–8. 503 *** (–14. 38)	–4. 502 *** (–11. 01)
ROA	–12. 700 *** (–9. 84)	–13. 842 *** (–6. 54)	–11. 623 *** (–7. 25)	–14. 386 *** (–7. 21)	–10. 824 *** (–6. 51)
Growth	0. 265 *** (3. 15)	0. 273 ** (2. 16)	0. 260 ** (2. 13)	0. 211 (1. 63)	0. 300 *** (3. 43)
INS	0. 022 *** (3. 25)	0. 016 (1. 26)	0. 022 *** (2. 77)	0. 014 (1. 34)	0. 025 *** (2. 71)
Grant	0. 620 *** (13. 52)	0. 484 *** (6. 61)	0. 742 *** (12. 53)	0. 744 *** (10. 38)	0. 474 *** (8. 82)
Year	控制	控制	控制	控制	控制
Industry	控制	控制	控制	控制	控制
Constant	8. 404 *** (6. 51)	11. 075 *** (4. 80)	7. 706 *** (5. 04)	7. 972 *** (3. 75)	8. 384 *** (5. 34)
样本数	5815	2237	3578	2696	3105
R^2	0. 440	0. 441	0. 482	0. 461	0. 457

注：*、**、*** 分别代表在 0. 10、0. 05 和 0. 01 的显著性水平上显著；括号中为 t 值。

（2）考虑兄弟姐妹的人数。

本章主体部分采用了虚拟变量 Sibling（是否为兄弟姐妹共同治理）作为自变量进行实证检验。本部分进一步考虑参与治理的兄弟姐妹人数的影响，以兄弟姐妹在家族企业董事会和高级管理层中的占比（Sibling_rate）为自变量重新检验本章的三个假设。首先，手工收集整理参与家族企业治理的兄弟姐妹人数，非兄弟姐妹共同治理的家族企业，兄弟姐妹人数为0，然后除以家族企业董事会和高级管理层人数总和，得到变量 Sibling_rate。回归结果如表5-8所示，考虑兄弟姐妹人数后回归结果与前面一致。

表5-8　　　　考虑兄弟姐妹人数后回归结果

变量	假设 H5-1	假设 H5-2		假设 H5-3	
		制度环境差	制度环境好	儒家文化淡薄	儒家文化浓厚
	R&D	R&D	R&D	R&D	R&D
Sibling_rate	-1.726*** (-2.82)	-1.164 (-1.07)	-2.052*** (-2.91)	-3.985*** (-4.39)	0.631 (0.73)
Age	-0.680*** (-5.56)	-0.504** (-2.41)	-0.819*** (-5.28)	-1.190*** (-5.81)	-0.167 (-1.15)
Size	-0.626*** (-9.05)	-0.624*** (-5.33)	-0.722*** (-8.48)	-0.604*** (-5.74)	-0.619*** (-7.07)
LEV	-6.265*** (-17.52)	-6.648*** (-11.37)	-5.946*** (-13.60)	-8.457*** (-14.26)	-4.501*** (-11.12)
ROA	-12.526*** (-9.76)	-13.855*** (-6.55)	-11.313*** (-7.11)	-13.944*** (-7.13)	-10.742*** (-6.44)
Growth	0.275*** (3.25)	0.277** (2.19)	0.273** (2.23)	0.221* (1.71)	0.297*** (3.29)
INS	0.023*** (3.39)	0.015 (1.22)	0.024*** (2.92)	0.016 (1.53)	0.025*** (2.74)
Grant	0.621*** (13.53)	0.483*** (6.58)	0.747*** (12.66)	0.740*** (10.31)	0.474*** (8.78)
Constant	8.966*** (6.86)	11.821*** (5.10)	8.113*** (5.27)	8.564*** (4.03)	9.278*** (5.79)
Year	控制	控制	控制	控制	控制

续表

变量	假设 H5-1	假设 H5-2		假设 H5-3	
		制度环境差	制度环境好	儒家文化淡薄	儒家文化浓厚
	R&D	R&D	R&D	R&D	R&D
Industry	控制	控制	控制	控制	控制
样本数	5806	2233	3573	2692	3100
R^2	0.437	0.440	0.479	0.457	0.455

注：*、**、*** 分别代表在 0.10、0.05 和 0.01 的显著性水平上显著；括号中为 t 值。

（3）被解释变量前导一期处理。

考虑到兄弟姐妹共同治理对家族企业创新的影响具有一定的时间滞后性，本部分对被解释变量（R&D）作前导一期处理（$R\&D_{t+1}$）后重新回归，回归结果如表 5-9 所示。回归结果与前面保持一致，说明在考虑了时间滞后性后，本章结果依然稳健。

表 5-9　被解释变量前导一期回归结果

变量	假设 H5-1	假设 H5-2		假设 H5-3	
		制度环境差	制度环境好	儒家文化淡薄	儒家文化浓厚
	$R\&D_{t+1}$	$R\&D_{t+1}$	$R\&D_{t+1}$	$R\&D_{t+1}$	$R\&D_{t+1}$
Sibling	-0.240** (-2.30)	0.008 (0.05)	-0.388*** (-3.11)	-0.526*** (-3.21)	0.086 (0.63)
Age	-0.688*** (-5.14)	-0.462** (-2.09)	-0.865*** (-4.97)	-1.307*** (-5.83)	-0.102 (-0.63)
Size	-0.540*** (-7.15)	-0.633*** (-4.80)	-0.587*** (-6.43)	-0.398*** (-3.46)	-0.657*** (-6.76)
LEV	-6.041*** (-15.14)	-6.280*** (-9.22)	-5.930*** (-12.39)	-8.211*** (-12.07)	-4.346*** (-9.75)
ROA	-8.195*** (-6.29)	-8.789*** (-4.14)	-7.247*** (-4.45)	-9.632*** (-4.93)	-6.309*** (-3.62)
Growth	0.246*** (3.06)	0.278** (2.43)	0.191 (1.58)	0.216* (1.81)	0.245*** (2.72)
INS	0.017** (2.31)	0.021 (1.57)	0.014 (1.60)	0.004 (0.37)	0.026*** (2.65)

续表

变量	假设 H5－1	假设 H5－2		假设 H5－3	
		制度环境差	制度环境好	儒家文化淡薄	儒家文化浓厚
	$R\&D_{t+1}$	$R\&D_{t+1}$	$R\&D_{t+1}$	$R\&D_{t+1}$	$R\&D_{t+1}$
Grant	0.618 *** (12.86)	0.461 *** (6.24)	0.745 *** (11.74)	0.675 *** (8.83)	0.533 *** (9.37)
Year	控制	控制	控制	控制	控制
Industry	控制	控制	控制	控制	控制
Constant	7.221 *** (5.02)	11.631 *** (4.62)	5.801 *** (3.50)	5.182 ** (2.19)	9.233 *** (5.18)
样本数	4753	1804	2949	2182	2560
R^2	0.431	0.435	0.482	0.444	0.450

注：*、**、*** 分别代表在 0.10、0.05 和 0.01 的显著性水平上显著；括号中为 t 值。

（4）改变兄弟姐妹共同治理衡量方式。

本章主体部分根据实际控制人家族中是否有兄弟姐妹在公司董事会或高级管理层任职来判断是否为兄弟姐妹共同治理。本部分参考许年行等（2019）的做法，基于董事长构建兄弟姐妹共同治理变量（Sibling2）。具体衡量方式为：若董事长的兄弟姐妹在董事会或高级管理层任职，则确认为兄弟姐妹共同治理，Sibling2 取值为 1；否则确认为非兄弟姐妹共同治理，Sibling2 取值为 0。改变兄弟姐妹共同治理衡量方式后，共有 23.3% 的观测值为兄弟姐妹共同治理。改变兄弟姐妹共同治理衡量方式后回归结果如表 5－10 所示。回归结果与前面保持一致，说明在改变兄弟姐妹共同治理衡量方式后，本章回归结果依然稳健。

表 5－10　　改变兄弟姐妹共同治理衡量方式后回归结果

变量	假设 H5－1	假设 H5－2		假设 H5－3	
		制度环境差	制度环境好	儒家文化淡薄	儒家文化浓厚
	R&D	R&D	R&D	R&D	R&D
Sibling2	－0.281 *** (－2.98)	－0.017 (－0.10)	－0.436 *** (－3.86)	－0.693 *** (－5.02)	0.150 (1.13)
Age	－0.689 *** (－5.61)	－0.487 ** (－2.32)	－0.842 *** (－5.39)	－1.219 *** (－5.92)	－0.157 (－1.09)

续表

变量	假设 H5 - 1	假设 H5 - 2		假设 H5 - 3	
		制度环境差	制度环境好	儒家文化淡薄	儒家文化浓厚
	R&D	R&D	R&D	R&D	R&D
Size	-0.624*** (-9.03)	-0.620*** (-5.32)	-0.718*** (-8.44)	-0.610*** (-5.81)	-0.621*** (-7.09)
LEV	-6.263*** (-17.58)	-6.656*** (-11.40)	-5.940*** (-13.66)	-8.428*** (-14.32)	-4.512*** (-11.08)
ROA	-12.769*** (-9.88)	-13.920*** (-6.59)	-11.670*** (-7.27)	-14.486*** (-7.30)	-10.722*** (-6.43)
Growth	0.273*** (3.24)	0.276** (2.18)	0.269** (2.20)	0.217* (1.68)	0.299*** (3.37)
INS	0.024*** (3.46)	0.016 (1.26)	0.024*** (2.93)	0.017* (1.67)	0.025*** (2.73)
Grant	0.626*** (13.63)	0.484*** (6.60)	0.754*** (12.76)	0.752*** (10.48)	0.474*** (8.79)
Year	控制	控制	控制	控制	控制
Industry	控制	控制	控制	控制	控制
Constant	8.861*** (6.83)	11.671*** (5.04)	7.938*** (5.22)	8.568*** (4.04)	9.216*** (5.80)
样本数	5815	2237	3578	2696	3105
R^2	0.438	0.440	0.482	0.460	0.455

注：*、**、*** 分别代表在 0.10、0.05 和 0.01 的显著性水平上显著；括号中为 t 值。

（5）更换分类变量。

本章采用王小鲁等（2017）的"市场化总指数评分"指标衡量制度环境，并用 2016 年的数据代替 2017 年和 2018 年的数据。参考俞红海等（2010）的方法，根据 2009 ~ 2016 年"市场化总指数评分"的平均增长率，推算 2017 年和 2018 年的"市场化总指数评分"。其余处理与前面一致，从而得到新的衡量制度环境的变量 Market2。本章以明清两代的状元数量衡量一个省份的儒家文化浓厚程度。在主体部分，本章用公司所在省份和每个省份明清两代的状元数量进行匹配。但是文化对个人的影响可能在人生的早期就已经形成。因此本部分用家族企业实际控制人出生省份和每个省份明清两代的状元数量进行匹配，得到每家企业实际控制人出生省份明清两代的状元数量。其余处理与前面一致，从而得到新的衡量儒家文化的变量 Confucian2。

本章运用更换后的分类变量（Market2 和 Confucian2）重新检验了假设 H5 - 2 和假设 H5 - 3，回归结果如表 5 - 11 所示。回归结果与前面保持一致，说明在更换了分类变量后，本章结果依然稳健。

表 5 - 11　更换分类变量后回归结果

变量	假设 H5 - 2		假设 H5 - 3	
	制度环境差	制度环境好	儒家文化淡薄	儒家文化浓厚
	R&D	R&D	R&D	R&D
Sibling	-0.155 (-1.09)	-0.326*** (-2.71)	-0.410*** (-2.73)	-0.155 (-1.24)
Age	-0.406** (-2.05)	-0.895*** (-5.67)	-1.349*** (-6.71)	0.060 (0.41)
Size	-0.600*** (-5.65)	-0.743*** (-7.93)	-0.685*** (-5.91)	-0.597*** (-6.67)
LEV	-6.143*** (-11.31)	-6.350*** (-13.63)	-8.408*** (-13.56)	-3.983*** (-10.07)
ROA	-13.844*** (-6.45)	-12.010*** (-7.42)	-15.572*** (-7.53)	-8.593*** (-5.27)
Growth	0.300** (2.37)	0.286** (2.29)	0.159 (1.14)	0.319*** (3.69)
INS	0.016 (1.34)	0.025*** (2.96)	0.018 (1.62)	0.017* (1.93)
Grant	0.454*** (6.58)	0.799*** (12.55)	0.830*** (10.90)	0.426*** (7.34)
Year	控制	控制	控制	控制
Industry	控制	控制	控制	控制
Constant	11.411*** (5.12)	7.939*** (4.95)	8.749*** (4.07)	8.895*** (5.40)
样本数	2369	3446	2591	2746
R^2	0.431	0.479	0.477	0.426

注：*、**、*** 分别代表在 0.10、0.05 和 0.01 的显著性水平上显著；括号中为 t 值。

5.5 进一步研究

5.5.1 影响机制分析

前面验证了兄弟姐妹共同治理会抑制家族企业创新。那么兄弟姐妹共同治理通过什么机制抑制了家族企业创新？这一问题值得进一步研究。

本章认为在兄弟姐妹共同治理的家族企业中，兄弟姐妹由于矛盾与冲突，信任、认同和相互义务都较弱，导致决策趋于保守，降低了家族企业的风险承担水平，从而抑制了创新。首先，兄弟姐妹由于目标不一致，无法同舟共济共同承担风险。其次，兄弟姐妹争夺资源造成的内耗也削弱了家族企业承担风险的能力。最后，兄弟姐妹较低的组织承诺也降低了家族企业的风险承担水平。家族成员的组织承诺可以促使家族成员自愿为风险项目投入资源，提高家族企业的风险承担水平（傅颖等，2019）。兄弟姐妹由于缺乏凝聚力，组织承诺较低，为企业承担风险投入资源的意愿也比较弱，因此风险承担水平较低。

为了验证风险承担水平在兄弟姐妹共同治理对家族企业创新的影响中的中介效应，参考温忠麟等（2014）的方法，本章构建以下模型：

$$Risk = \alpha + \beta Sibling + \gamma Control + \varepsilon \quad (5-2)$$

$$R\&D = \alpha + \beta 1 Sibling + \beta 2 Risk + \gamma Control + \varepsilon \quad (5-3)$$

其中，Risk 为家族企业的风险承担水平。参考余明桂等（2013）的方法，采用滚动三年期（t－1 年至 t＋1 年）的盈利波动性［σ(ROA)］来衡量家族企业风险承担水平。计算盈利波动性之前，先采用行业均值对每年的盈利（ROA）进行调整。其他变量与前面保持一致。模型（5－2）主要考察兄弟姐妹共同治理（Sibling）和家族企业风险承担水平（Risk）的关系，模型（5－3）主要考察家族企业风险承担水平（Risk）和家族企业研发投入强度的关系（R&D）。

模型（5－2）和模型（5－3）的回归结果如表 5－12 所示。表 5－12

的第一列报告了模型（5-2）的回归结果，兄弟姐妹共同治理（Sibling）的回归系数为-0.005，且在1%的显著性水平上显著，说明兄弟姐妹共同治理降低了家族企业的风险承担水平。表5-12的列（2）报告了模型（5-3）的回归结果，风险承担水平（Risk）的回归系数为3.046，且在5%的显著性水平上显著，说明风险承担水平越高家族企业创新越强；而兄弟姐妹共同治理（Sibling）的回归系数为-0.250，且在1%的显著性水平上显著。模型（5-2）和模型（5-3）的回归结果说明风险承担水平在兄弟姐妹共同治理对家族企业创新的抑制中发挥了部分中介效应。

表5-12　机制分析回归结果

变量	Risk	R&D
Sibling	-0.005*** (-5.45)	-0.250*** (-2.74)
Risk		3.046** (2.11)
Age	-0.001 (-0.59)	-0.681*** (-5.59)
Size	-0.001 (-1.50)	-0.616*** (-8.93)
LEV	-0.005 (-1.05)	-6.275*** (-17.59)
ROA	-0.081*** (-4.03)	-12.480*** (-9.88)
Growth	0.000 (0.10)	0.272*** (3.22)
INS	0.000** (2.20)	0.022*** (3.28)
Grant	0.001 (1.10)	0.623*** (13.57)
Year	控制	控制

续表

变量	Risk	R&D
Industry	控制	控制
Constant	0.081 *** (4.20)	8.552 *** (6.60)
样本数	5815	5815
R^2	0.344	0.439

注：*、**、*** 分别代表在0.10、0.05 和0.01 的显著性水平上显著；括号中为t值。

5.5.2 兄弟姐妹共同治理的异质性

家族企业的创新由于不同的治理模式形成了异质性，那么在兄弟姐妹共同治理这一模式下是否也存在异质性？这一问题值得进一步研究。本部分从兄弟姐妹的人口特征和治理结构两个方面考察兄弟姐妹共同治理下家族企业创新的异质性。

（1）兄弟姐妹人口特征的异质性。

兄弟姐妹的关系嵌入性可能会受到兄弟姐妹人口特征的影响。这一部分以兄弟姐妹共同治理的家族企业为样本，研究兄弟姐妹的代数、性别差异、年龄差异对家族企业创新的影响。为此，本章首先构建以下三个变量：①兄弟姐妹共同治理代数（Generation）。创始人兄弟姐妹共同治理赋值为1，二代兄弟姐妹赋值为0。②兄弟姐妹性别差异（Diff_gender）。异性兄弟姐妹（兄弟姐妹中既有男性也有女性）赋值为1，同性兄弟姐妹（兄弟姐妹中只有男性或只有女性）赋值为0。③兄弟姐妹年龄差异（Diff_age）。采用兄弟姐妹年龄的标准差衡量兄弟姐妹之间的年龄差异，标准差越大表示年龄差异越大。

表5-13 报告了兄弟姐妹共同治理代数、性别差异、年龄差异的回归结果。表5-13 列（1）报告了兄弟姐妹共同治理代数的回归结果，兄弟姐妹共同治理代数（Generation）的回归系数为0.297，且在10%的显著性水平上显著，说明在兄弟姐妹共同治理的家族企业中，一代兄弟姐妹共同治理的家族企业创新更强。列（2）报告了性别差异的回归结果，兄弟姐妹

性别差异（Diff_gender）的回归系数为 -0.343，且在 10% 的显著性水平上显著，说明在兄弟姐妹共同治理的家族企业中，异性兄弟姐妹抑制了家族企业创新。列（3）报告了年龄差异的回归结果，兄弟姐妹年龄差异（Diff_age）的回归系数为 0.078，且在 5% 的显著性水平上显著，说明在兄弟姐妹共同治理的家族企业中，兄弟姐妹的年龄差异越大，家族企业的创新越强。

表 5-13　兄弟姐妹共同治理代数、性别差异、年龄差异回归结果

变量	R&D	R&D	R&D
Generation	0.297* (1.73)		
Diff_gender		-0.343* (-1.86)	
Diff_age			0.078** (2.07)
Age	-0.366** (-2.11)	-0.417** (-2.51)	-0.466*** (-2.72)
Size	-0.537*** (-3.54)	-0.557*** (-3.62)	-0.557*** (-3.65)
LEV	-5.827*** (-8.65)	-5.882*** (-8.91)	-5.797*** (-8.61)
ROA	-12.536*** (-4.95)	-12.507*** (-4.94)	-12.622*** (-4.96)
Growth	-0.069 (-0.57)	-0.082 (-0.68)	-0.075 (-0.62)
INS	0.028* (1.92)	0.025* (1.73)	0.029** (2.01)
Grant	0.487*** (6.63)	0.499*** (6.68)	0.488*** (6.69)
Year	-0.736 (-1.54)	-0.764 (-1.60)	-0.659 (-1.38)
Industry	0.373 (0.64)	0.384 (0.66)	1.068 (1.62)

续表

变量	R&D	R&D	R&D
Constant	6.708 ** (2.35)	7.417 ** (2.57)	6.727 ** (2.35)
样本数	1608	1612	1612
R^2	0.453	0.454	0.454

注：*、**、*** 分别代表在0.10、0.05和0.01的显著性水平上显著；括号中为t值。

实证结果表明，在兄弟姐妹共同治理下，兄弟姐妹的人口特征会影响家族企业的创新。一代兄弟姐妹相对二代兄弟姐妹关系更密切，矛盾和冲突较少，因此更利于家族企业创新。兄弟姐妹的性别也会影响家族企业创新。异性兄弟姐妹形成的性别竞争进一步破坏兄弟姐妹的关系嵌入性。另外，在中国文化背景下，女性出嫁后即成为其他家族的家族成员，代表的是其他家族的利益，因此与本家族的兄弟姐妹利益冲突更大。兄弟姐妹的年龄差异越大，年龄较大的兄弟姐妹会对年龄较小的兄弟姐妹表现出越多的“父爱主义”，从而改善兄弟姐妹的关系嵌入性，促进家族企业创新。

（2）兄弟姐妹治理结构的异质性。

兄弟姐妹的关系嵌入性还可能受到治理结构的影响。这一部分以兄弟姐妹共同治理的家族企业为样本，研究兄弟姐妹的经营管理权配置和所有权配置对企业创新的影响。为此，本章首先构建以下两个变量：①兄弟姐妹经营管理权冲突（Conflict）。兄弟姐妹同时拥有经营管理权，即有两个或以上兄弟姐妹出现在上市公司年报“高级管理人员”名单中，则视为存在管理权冲突，赋值为1，否则赋值为0。②兄弟姐妹持股集中度（HHI）。参考刘白璐和吕长江（2016）的研究，采用兄弟姐妹持股的赫芬达尔指数（HHI）——即兄弟姐妹终极持股相对比例的平方和，来衡量兄弟姐妹的持股集中度。

表5-14报告了经营管理权配置和所有权配置差异的回归结果。表5-14列（1）报告了经营管理权配置的回归结果，兄弟姐妹管理权冲突（Conflict）的回归系数为-0.371，且在5%的显著性水平上显著，说明在兄弟姐妹共同治理的家族企业中，兄弟姐妹的管理权冲突抑制了家族企业创新。

列（2）报告了所有权配置的回归结果，兄弟姐妹持股集中度（HHI）的回归系数为 -1.222，且在1%的显著性水平上显著，说明在兄弟姐妹共同治理的家族企业中，兄弟姐妹的持股集中度抑制了家族企业的创新。

表5-14　　经营管理权、所有权配置差异回归结果

变量	R&D	R&D
Conflict	-0.371** (-2.31)	
HHI		-1.222*** (-3.67)
Age	-0.380** (-2.24)	-0.410** (-2.46)
Size	-0.542*** (-3.58)	-0.589*** (-3.88)
LEV	-5.862*** (-8.70)	-5.192*** (-7.79)
ROA	-12.483*** (-4.93)	-10.852*** (-4.06)
Growth	-0.067 (-0.57)	0.042 (0.42)
INS	0.025* (1.76)	0.028* (1.85)
Grant	0.477*** (6.49)	0.427*** (6.09)
Year	-0.724 (-1.48)	-0.431 (-0.88)
Industry	0.033 (0.05)	0.324 (0.57)
Constant	7.687*** (2.66)	10.185*** (3.46)
样本数	1609	1457
R-squared	0.454	0.478

注：*、**、*** 分别代表在0.10、0.05和0.01的显著性水平上显著；括号中为t值。

实证结果表明，在兄弟姐妹共同治理下，兄弟姐妹的治理结构会影响家族企业创新。家族企业中兄弟姐妹可能由于经营理念不合而产生管理上的冲突（Friedman，1991）。兄弟姐妹同时拥有管理权时冲突更加严重，相对没有经营管理权冲突的兄弟姐妹更不利于企业创新。兄弟姐妹持股较为集中时，一方面，集中所有权会导致自我控制问题，拥有所有权优势的兄弟姐妹可能会把资源配置于自己感兴趣而客观上并不是最佳的项目；另一方面，所有权较少的兄弟姐妹会觉得自身利益被剥夺，对家族企业内部公平性失去信心，从而激化兄弟姐妹之间的矛盾（贺小刚等，2011）。因此兄弟姐妹持股较为集中对创新不利。

5.6 研究结论与启示

家族企业创新是学术界和实务界共同关注的研究问题。与非家族企业相比，家族企业创新呈现出不一样的特点。而在家族企业群体内部，不同的家族企业在创新问题上也具有异质性。本章从治理模式角度考察家族企业创新的异质性，重点关注兄弟姐妹共同治理对家族企业创新的影响。

兄弟姐妹共同治理是家族企业主要的治理模式之一，兄弟姐妹的信任、认同和相互义务普遍不足。本章基于关系嵌入性理论，以家族企业中兄弟姐妹的关系为切入点，研究兄弟姐妹共同治理对家族企业创新的影响。研究发现，兄弟姐妹共同治理显著降低了家族企业的研发投入强度。进一步的机制检验发现，风险承担水平在兄弟姐妹共同治理对家族企业创新的抑制中发挥了部分中介效应。同时，本章把制度环境和儒家文化纳入分析框架，考察正式制度和非正式制度的调节作用。研究发现，相对于制度环境差的地区，在制度环境好的地区兄弟姐妹共同治理对家族企业创新的抑制更加明显；相对于儒家文化浓厚的地区，在儒家文化淡薄的地区兄弟姐妹共同治理对家族企业创新的抑制更加明显。

本章进一步从兄弟姐妹的人口特征和治理结构两个角度研究兄弟姐妹共同治理下家族企业创新的异质性。研究发现，在兄弟姐妹共同治理的家族企业中，相对于二代兄弟姐妹，一代兄弟姐妹共同治理的家族企业创新更强；相对于同性兄弟姐妹，异性兄弟姐妹共同治理的家族企业创新更弱；兄弟姐妹的年龄差异与家族企业创新呈显著正相关。兄弟姐妹的经营管理权冲突抑制了家族企业创新；兄弟姐妹持股越集中，家族企业的创新越弱。

基于研究结论，本章得到如下研究启示：(1) 家族企业应妥善处理兄弟姐妹的矛盾与冲突。兄弟姐妹的矛盾与冲突是制约家族企业创新的重要因素。减少兄弟姐妹的矛盾与冲突有助于提高家族企业的风险承担水平从而促进创新。(2) 引入先进的家族治理机制，有助于调解兄弟姐妹的矛盾与冲突。例如，建立家族办公室，由家族内有威望的长辈主持，合理分配兄弟姐妹的权力、利益，减少兄弟姐妹的纷争。(3) 完善家族治理结构，有助于减少兄弟姐妹之间的恶性竞争。应尽可能把兄弟姐妹安排在非管理职位上以减少兄弟姐妹在管理上的冲突，并且降低兄弟姐妹的持股集中度使兄弟姐妹持股尽可能平均，这些都有利于缓解兄弟姐妹的矛盾和冲突从而提高家族企业的创新水平。(4) 合理规划参与治理的兄弟姐妹的性别和年龄结构有助于改善兄弟姐妹的关系嵌入性。异性兄弟姐妹会形成额外的性别竞争，因此尽可能采取同性兄弟姐妹治理模式有助于提高家族企业的创新水平。兄弟姐妹的年龄差距越大，年长的兄弟姐妹会对年幼的兄弟姐妹表现出越多的关怀，年幼的兄弟姐妹则会对年长的兄弟姐妹表现出越多的尊敬。因此应尽可能安排年龄差异大的兄弟姐妹进入家族企业，有助于改善兄弟姐妹的关系嵌入性，从而促进创新。(5) 家族企业应做好传承计划，减少由继承引发的兄弟姐妹斗争。应尽量只安排一个子女接手家族企业，其他子女可在企业外进行组合创业。(6) 弘扬儒家文化在当代仍具有重要意义。微观上，儒家文化可以促进家族企业内兄弟姐妹的和谐相处；宏观上，儒家文化是对正式制度在价值取向上的补充。

第 6 章

接班人培养路径对家族企业创新的影响

——学校教育还是实践培养?

6.1 引　　言

私营企业是我国国民经济的重要组成部分，占据其总数的 85.4% 的家族企业作为私营企业的代表，为中国近 60% 的就业人口提供就业机会，给国民经济的发展带来重要的支持力量。然而根据《中国私营企业研究》(2010) 调查，截至 2010 年，占据国民经济大半江山的家族企业主的年龄平均已达到 49.95 岁，其中有三分之一的企业主年龄已经超过 50 岁。由于身体和年龄等自然原因，如今家族企业逐渐进入代际传承的高峰期。胡润研究院 2017 年 11 月发布的白皮书显示，86% 的企业家已经开始规划及着手准备与家族企业代际传承相关的事宜，家族企业传承得到企业家的广泛重视。

对于处于传承高峰期的家族企业，在代际传承这一过程中必将面临各种动态复杂的问题，越来越多的企业也意识到仅仅依靠人力及物质资本已经难以满足现在的市场竞争环境，家族企业要想在竞争如此激烈的市场环境中得以生存和发展，时刻保持创新成为企业获取核心竞争力的重要手段。创新投入是企业对其未来成长和发展所进行的资金投入，而创新是企业成长的源泉与内在动力。尽管在 2016 年《中国上市家族企业创新报告》中显示，在过去的 2010 ~ 2014 年这 5 年中，家族企业研发强度从 2010 年的 2.93% 稳步提升至 2014 年的 3.51%，但与非家族企业相比，创新强度仍然存在差距。严若森和杜帅（2018）发现家族企业代际传承将降低企业的创新水平。传承是一个过程而非一个事件，如何确保家族企业在代际传承过程中也能够保持持续不断的创新，实现企业创新水平的稳步提高是理论界与实务界关注和研究的重点（窦军生、贾生华，2008）。家族企业兼具“家族”和“企业”的特点，虽然有些企业主选择将企业传给更有能力的外部职业经理人进行管理，然而“子承父业”仍然是我国家族企业主要的交班方式（陈凌等，2003）。目前大多数学者主要是对家族企业代际传承中的“传什么”“传给谁”和“怎么传”展开思考与探讨（朱建安等，2016；邹立凯等，2019），鲜有研究代际传承完成前对继任者的培养这一过程与企业创新之间的关系。

现有相关文献具备以下特点。

第一，在对家族企业接班人培养路径方面的研究中，学者们主要集中在对接班人培养路径的定义、分类和影响因素方面，最终总结可以发现，中国家族企业接班人培养的特征主要有：重视家庭教育和言传身教；精英培训；基层锻炼。而西方家族企业对接班人培养更多的是强调加强对接班人自身能力方面的训练。企业规模的大小、企业主个人特征、接班人的能力、接班人接班意愿等都是影响接班人培养路径选择的重要因素。

第二，在对家族企业创新的研究中，学者们主要从公司治理及家族关系出发，探究家族与企业中对企业创新产生影响的关键因素。家族参与管理是家族企业突出的特征，因此学者们从家族成员个人特质、控制权比率及家族亲缘关系等出发，研究其与企业创新活动产生的不同影响。

相对于之前文献，本章主要创新点如下：

第一，突破以往只关注家族企业代际传承后创新投入的变化以及不同的传承模式对创新影响研究的思维，本章更多地关注于代际传承前创始人对接班人进行何种培养模式将有利于企业创新投入。从接班人培养路径角度进行分析，试图研究其与企业创新之间的关系，为家族企业在代际传承前如何培养接班人方面的研究提供新的视角和方向。

第二，以往研究割裂地把视角关注在接班人身上，而忽视了创始人在接班人培养中也起到至关重要的作用。本章在研究接班人培养路径的同时，引入创始人视角，将创始人与接班人整合起来进行考虑，研究两者的相互作用对企业创新的影响。创始人在对接班人潜移默化地传授自己的价值理念和管理理念，通过给接班人提供良好的教育机会这种学校教育培养时，创始人是否也能够在此做出一定的改进，与接班人共同进步，学习先进的科学技术，不断更新自己的知识及管理理念，与接班人一起为企业创造更大的价值。因此选取创始人的教育水平作为调节变量，分析可以得出创始人与接班人之间在学历上的匹配度对接班人不同培养模式与创新之间的关系的影响。

第三，政治资本作为接班人进入企业能够对企业的资源结构变化产生重要影响的关键资源，以往研究多从创始人的政治资本进行研究，本章引入接班人政治资本，探究接班人政治资本在创始人对接班人不同培养路径与企业创新之间关系的影响。创始人在对接班人进行学校教育及工作能力培养的过程中，也不应忽视政治资本这一重要的社会资源。接班人通过提高自己的政治资本，可以为后续进入家族企业建立自己的个人合法权威提供支持，促进企业创新水平的提高。

6.2 研究假设的提出

借鉴 Handler（1999）、Garcia（2002）等学者研究家族企业接班人培养路径的视角，本章也同样对接班人培养路径按照培养阶段进行划分，将接班人培养划分为两个路径：学校教育培养和工作能力培养。

6.2.1 接班人学校教育培养路径对企业创新的影响

（1）接班人学校教育培养路径与企业创新的关系。

基于合法性理论，学校教育培养有助于提升接班人在企业中的合法性和权威，从而促进企业创新。合法性理论认为，合法性是个人权威构建的重要影响因素，是其发挥职位权利的重要支持力量。新上任的接班人已经具备了能够继承家族财产权利的法律合法性（Davis et al.，1997），然而这种法律身份方面的合法性并不能替代接班人在组织方面的合法性。创始人对接班人进行培养的一个重要目的是使接班人获得家族与企业各利益相关者的信任和支持。学校教育作为正式化的学习方式，有助于接班人获得知识并提升个人能力，从而形成自身特殊的人力资本。相关研究显示，高管教育水平对企业创新有重要影响（Ayyagari et al.，2011）。学历的高低均可以作为对一个人能力的评价标准，学历越高的接班人越可能被组织内部成员认为是可信的（Barach et al.，1988），越容易获得企业中原有高管的认可，越有利于接班人在企业中培养权威，顺利协调组织资源，降低其在推进创新中遇到的阻碍，进而提高家族企业的创新水平。

基于资源基础观理论，学校教育培养有助于拓展接班人资源，从而促进企业创新。资源基础观理论（RBV）认为，独特的资源是企业核心竞争力的重要来源，能够形成企业独特的竞争优势（Barney，1991）。例如，企业的创新活动需要大量资金的支持，仅仅依靠自有资金较难维持创新战略实施，需要向外部进行融资。拥有高学历的接班人在学校学习的过程中，通过日常的学习交流，能够结识不同专业的高学历优质人员，这不仅能够给企业引进更多优质人才资源提供基础，同时也能够帮助企业缓解部分融资压力，为日后创新战略的开展提供支持。接受过高等学校教育培养的接班人进入企业后，更可能运用自己的关系网络进行外部人才的吸引及资金的融通，给企业的创新提供技术及经济方面的支持，进而推动企业创新战略的有效开展。

综上所述，提出研究假设 H6－1。

假设 H6－1：接班人教育水平与企业创新正相关。

（2）创始人教育水平对接班人学校教育培养路径与家族企业创新关系的调节作用。

基于合法性理论，创始人教育水平有助于缓解创始人与接班人之间的分歧和冲突，有利于高学历的接班人提升在企业中的权威，促进企业创新。

相比于接班人，创始人在给企业做出决策时更多的是依赖于原有的实战经验，更加注重人情世故方面的处理和运用；而企业的接班人大多接受过专业化的教育培养，更倾向于利用自己所学的专业管理理念进行企业的战略决策，对市场变化敏感性较强，具有更加开放性的思维，这种思维使得其更可能在企业内推行新的管理理念和创新意识。假设创始人的教育水平较低，由于创始人与接班人接受的教育水平不同，进而形成一二代之间异质的管理观念冲突，而这种冲突无疑不利于接班人在企业中个人权威的建立。当创始人的教育水平较高时，由于创始人与接班人在教育方面的代际差异缩小，管理观念的冲突得到缓和，接班人权威合法性得以提升，增强企业创新。

基于资源基础观理论，创始人教育水平越高，将越能够理解接班人战略决策的想法和思考问题的方式，能够为教育水平高的接班人调动企业资源进行创新提供支持。相比于接班人，创始人大多缺乏良好的教育背景，专科类学校教育经历居多，而接班人大多经历过良好的教育培养，本科及以上学历占大多数，由此创始人与接班人在学校教育方面形成较大的差距，这种差距将不利于两者之间的沟通。当创始人与接班人均处于相对较高的教育水平时，创始人越能理解接班人关于创新等战略的思考，为接班人调动企业资源进行创新提供支持，从而有助于促进家族企业创新。

综上所述，提出以下关于创始人教育水平对接班人学校教育培养路径与企业创新之间调节作用的假设：

假设 H6－2：创始人教育水平将显著强化接班人教育水平与企业创新的正相关关系。

（3）接班人政治资本对接班人学校教育培养路径与家族企业创新关系的调节作用。

基于合法性理论，接班人政治资本有助于提高利益相关者对接班人认可度，帮助高学历接班人在企业中树立个人权威。政治资本作为一种非正式制度的替代机制，对民营企业的生存和发展具有重要的作用。虽然接班人比创始人具有更高的学历以及国际视角等，但是政治资本、社会关系等专有资产通常低于其父辈，而这些又通常被用来评价接班人是否“合格”

的依据（周燕、葛建华，2011）。这种代际差异增强了接班人被视为“合格”继任者的难度，政治资本等专有资产的“缺失”使得接班人更难获得利益相关者的认可。当接班人政治资本水平越高时，越有利于提高其在企业中的认可度和树立个人权威，从而促进企业创新。

基于资源基础观理论，高学历接班人政治资本越高，协调组织资源能力越强，越能给创新活动提供支持。目前我国市场化程度不够完善、法律制度不健全、产权保护力度还有待加强，政治资本则成为关乎企业生存与发展的重要社会资源。当高学历接班人同时具有较高的政治资本时，获取资源的途径更加广泛，协调资源能力更强，更可能促进企业创新等长期战略的实施。

假设 H6－3：接班人政治资本将显著强化接班人教育水平与企业创新的正相关关系。

6.2.2 接班人外部工作能力培养路径对家族企业创新的影响分析

（1）接班人外部工作能力培养路径与企业创新的关系。

基于合法性理论，接班人外部工作经历有助于提升接班人的权威合法性，进而促进企业创新。合法性理论认为，合法性越强的接班人在进入企业后越能够获得企业内高管的认可，同时在相关战略的推行方面所受的阻碍将减少。接受过高等教育培养的接班人虽然已经积累了相应的管理知识，但是由于缺乏实战经验，其获得企业内高管的认可度有待提高。只有接班人具备足够的经营企业的知识和技能，他才可以被认为是可信的接班人（Barach et al.，1988）。拥有外部工作经历的家族接班人比没有外部工作经历的接班人更早地接触到社会，了解经营之道，同时外部工作经历能够显著影响企业绩效水平（刘学方，2007）。接班人的这些工作经历和管理经验的积累不仅能够促进他们快速成长，拓展对商业环境的视野，同时外部工作经历能够帮助接班人锻炼自身的实践工作能力，防止企业高管因为接班人“初生牛犊”而对其工作能力产生怀疑，提高接班人在企业的合法性，进而促进企业创新等长期战略的开展与实施。

基于资源基础观理论，接班人外部工作经历有助于扩展接班人资源，进而促进企业创新活动的顺利实施。资源基础观理论认为，当企业具有区别于其他企业的稀缺资源时，这些资源能够给企业提供新的活力，进一步通过对该资源的管理还能够强化这一资源效能（何轩、朱沆，2007）。接班人外部工作经历可以让他们提前结识更多生意上的合作伙伴，为企业日后战略的顺利开展提供便利，这不仅可能给企业带来更多商业合作机会，同时还可能缓解企业的融资压力。有研究发现，接班人协调资源的能力将显著提高企业绩效（于斌斌，2012），这也为企业创新提供更多的资源。同时，创始人对接班人外部工作能力的培养，使得接班人进入企业后，给企业带来新的管理资源，不断开创新的管理模式，改善公司的治理水平，促进企业长期战略的实施。因此接受过外部工作能力培养的接班人进入企业后，更可能获得外部融资机会，吸引外部投资，提供企业创新所需的资金及技术等资源，进而有利于企业创新活动的顺利实施。综上所述，提出以下研究假设：

假设 H6－4：接班人外部工作经历与企业创新正相关。

（2）创始人教育水平对接班人外部工作经历与家族企业创新关系的调节作用。

基于合法性理论，创始人教育水平越高，越有助于缓解企业高管元老与接班人之间的分歧和冲突，提升接班人在企业中的权威。拥有外部工作经历的接班人在进入家族企业后，虽然在一定程度上能够降低原有高管对其个人能力的质疑，然而由于工作环境及企业规章制度等的变化，可能与家族企业原有高管在价值观和管理方式上产生矛盾和冲突等问题，这时候需要调节和协调这些矛盾和冲突。创始人作为接班人与企业高管元老之间连接的纽带，在其中可以起到一定的沟通桥梁作用。如果创始人同样接受了高等教育培养，创始人接受异质性的管理观念越强，越愿意接受其他新兴的管理理念。此时，创始人更容易在接班人与高管元老之间搭起一座桥梁，减少接班人与企业高管元老之间的冲突，提升接班人的权威合法性，从而促进企业创新。

基于资源基础观理论，创始人教育水平越高，创始人将越可能对接班人所提战略决策提供支持，进而为接班人调动企业资源进行创新提供支持。在接班人正式进入家族企业时，拥有外部工作经历的接班人能够给企业带来独特知识资源和领导能力，进而有效改善公司治理的水平。当创始人同样具有高等教育水平时，更容易理解和支持接班人所提出的战略决策，出于对创始人的个人信任，企业高管元老对接班人所作出的战略决策提供支持，企业资源能够得到更充分的调配，从而增强企业创新能力。

假设 H6－5：创始人教育水平将显著强化接班人外部工作经历与企业创新的正相关关系。

（3）接班人政治资本对接班人外部工作经历与家族企业创新关系的调节作用。

基于合法性理论，接班人政治资本有助于提高利益相关者对接班人认可度，提高拥有外部工作经历的接班人在企业中的权威合法性。创始人的管理能力、领导风格和能力等个人特征与资源禀赋被认定为“领袖”的基本要件（周燕、葛建华，2011），接受过外部工作能力培养的接班人虽然在一定程度上能够降低原有高管对接班人能力的质疑，然而在家族企业对社会关系网络依赖性较强的背景下，接班人在政治资本这一社会资源的缺失仍然会对其在企业内建立自身权威合法性造成阻碍。于斌斌（2012）指出，接班人社会网络、政府关系等将显著影响家族企业继承绩效。当接班人具有较高的政治资本时，有助于发挥其在外部工作积累的管理才能，提高接班人的认可度和权威性，提高企业创新能力。

基于资源基础观理论，拥有外部工作经历的接班人政治资本越高，越有利于资源的吸收和调动，给创新活动提供支持。接班人在其他企业的工作经历已经使其积累了一定的人脉关系及重要的社会资源，然而政治资本是关乎民营企业生存和发展的重要资源，当拥有外部工作经历的家族企业接班人同时拥有较高的政治资本时，越有利于吸收和调动有利于企业发展的资源，促进企业创新。

假设 H6－6：接班人政治资本将显著强化接班人外部工作经历与企业创新的正相关关系。

6.3 研究设计

6.3.1 样本选取及数据来源

（1）样本选取。

本章以沪深两市2018年末接班人已经进入管理层的家族企业为研究对象。对家族企业的界定参考苏启林（2004）、陈德球等（2013）的研究，从国泰安（CSMAR）数据库中获取民营企业数据，依据以下标准筛选家族企业：①最终控制者能追踪到自然人或家族；②最终控制者直接或间接持有的公司必须是被投资上市公司第一大股东。为了保证数据的客观准确性，对初始数据做如下处理：①剔除金融、保险、证券公司等金融类受管制类公司；②剔除观测年度为ST、ST*的上市家族企业；③剔除相关数据缺失或异常的观测值。

判断接班人是否已经进入家族企业的标准为：在2018年末创始人的子代亲属已经在公司的董事会或者管理层中担任职位，其中亲属关系的确定主要是指父子（女）、母子（女）、女婿、儿媳、叔侄、外甥、翁婿。首先，通过CSMAR以及CCER数据库下载的高管个人资料中进行查找；其次，为确保数据的完整可靠性，进一步通过下载公司年报，查找相关的招股说明书等，并且通过新浪财经、金融界、东方财富等搜索引擎对上述亲属关系进行补充和验证。

（2）数据来源。

家族企业创新数据主要来源于CSMAR中研发费用明细数据库，对于其中缺失的部分通过查找年报进行补充；家族企业接班人培养路径中的接班人学历经历以及工作经历主要是从CSMAR中高管个人资料数据库得到，同时通过查找上市公司年报中高管信息一栏及招股说明书进行确定，进一步通过新浪财经、金融界、东方财富等财经类网站进行手工搜集补充；控制变量则主要来源于CSMAR中的公司研究系列数据库及相关的财务数据。

同时，对书中所有的实证分析，如描述性统计、相关性分析和回归分析等均采用 Stata 13 进行处理。

判断接班人是否已经进入家族企业的具体步骤为：①首先对实际控制人有亲属关系的人员进行确认。确认实际控制人亲属关系方法有以下几种：在百度等搜索引擎中输入“巨潮资讯网”，然后根据公司代码进行筛选，查看公司年报以及招股说明书，看是否有披露高管成员亲属关系的说明，若没有，则进一步在百度等搜索引擎中输入“公司代码和招股说明书”，在“金融界”等页面中输入“亲属”进行查找，同时通过 CSMAR 以及 CCER 数据库下载的高管个人资料中进行查找，确保数据尽可能完整。②在亲属关系确定以后，进一步确定接班人是否已经进入家族企业。具体为先从 CSMAR 数据库中下载“高管个人（简历）资料”，在下载的资料中进行公司代码的筛选，然后再输入实际控制人姓名、亲属（与实际控制人的关系）姓名，查看其在公司中担任的职务和背景资料，若家族企业有亲属进入高管，并且担任董事长、总经理等重要职位，则判断为接班人已经进入家族企业，否则为接班人没有进入家族企业。同时还将已经确定为有接班人进入的家族企业与在 CSMAR 中下载的高管变更文件进行对比，进一步确定数据的准确性。

上市公司所有相关的财务及公司治理数据均来自国泰安 CSMAR 和 CCER 数据库，同时在实证过程中，为避免极端值的影响，运用 Stata 13 对所有连续变量进行 1% 的 Winsor 处理后再进行后面的实证分析检验。

6.3.2　变量定义与测度

（1）被解释变量。

目前衡量企业创新的指标多种多样，各有不同。因此本章通过阅读学者以前的实证研究文献，参考邹立凯等（2019）、虞义华（2018）、黄海杰等（2018）、张妮等（2017）、顾露露等（2017）、赵晶等（2016）对企业创新的定义，用研发投入/公司总资产（Rdassets）作为衡量企业创新的指标，计算出来的值越大，说明企业越注重创新，研发水平也越高。

（2）解释变量。

本章解释变量共有两个：①接班人教育水平。参考朱晓文等（2019）对接班人教育水平（educ2）定义：当接班人学历为博士时，赋值为5；硕士赋值为4；本科赋值为3；高中及大专赋值为2；初中及中专或以下赋值为1；②接班人外部工作经历。对接班人外部工作经历（work2）定义为：当接班人在进入企业前有外部工作经历时则赋值为1，否则赋值为0。

（3）控制变量。

参照黄海杰等（2018）、邹立凯等（2019）的研究，同时结合我国现行制度背景，选择以下影响企业创新的因素作为控制变量：①公司规模（size），公司总资产的自然对数值；②资本结构（lev），企业的资产负债率；③经营能力（operate），总资产周转率；④发展能力（develop），企业的营业收入增长率；⑤盈利能力（profit），企业的资产报酬率。同时参照Xu等（2015）、赵晶等（2016）的研究，本章还控制了“两职合一”（duality），即当董事长与总经理为一人时取值为1，否则为0，以控制家族权威与股权的影响，进一步还控制了行业效应（YR）和年度效应（IND）的影响。

6.3.3 模型构建

为了检验本章的假设，设置以下实证研究模型：

$$\begin{aligned}Rdassets = {} & \beta_0 + \beta_1 \times educ2 + \beta_2 \times size + \beta_3 \times lev + \beta_4 \times operate + \beta_5 \times \\ & develop + \beta_6 \times profit + \beta_7 \times duality + \beta_8 \times IND + \beta_9 \times YR + \varepsilon \end{aligned} \tag{6-1}$$

$$\begin{aligned}Rdassets = {} & \beta_0 + \beta 1 \times work2 + \beta_2 \times size + \beta_3 \times lev + \beta_4 \times operate + \beta_5 \times \\ & develop + \beta_6 \times profit + \beta_7 \times duality + \beta_8 \times IND + \beta_9 \times YR + \varepsilon \end{aligned} \tag{6-2}$$

其中，educ2为接班人教育水平，work2为接班人外部工作经历，size为企业规模，lev为企业资本结构，operate为企业经营能力，develop为企业发展能力，profit为企业盈利能力，duality为“两职合一”。为了控制行业和年度差异，引入行业虚拟变量 IND、年度虚拟变量 YR，ε 为随机误差项。

此外，为了验证本章两个调节变量的影响，即创始人教育水平和接班人政治资本对接班人培养路径与企业创新之间的调节效应，本章借鉴以往相关文献的做法，在前面基础上分别引入创始人教育水平（educ1）和接班人政治资本（P2）作为调节变量，当创始人学历为博士时，赋值为5；硕士赋值为4；本科赋值为3；高中及大专赋值为2；初中及中专或以下赋值为1；当接班人政治资本等级为国家级时，赋值为4；省级赋值为3；市级赋值为2；县级及以下赋值为1；无担任赋值为0。具体各变量的取值说明如表6－1所示。

表6－1　变量及其定义一览表

变量类型	变量名称		符号	定义
被解释变量	企业创新	研发密度1	Rdassets	研发投入/公司总资产
解释变量	学校教育培养路径	接班人教育水平	educ2	接班人教育水平，1＝初中或中专及以下，2＝高中或大专，3＝本科，4＝硕士，5＝博士
	工作能力培养路径	接班人外部工作经历	work2	接班人是否有外部工作经历，若有，取值为1，否则为0
调节变量	创始人教育水平		educ1	创始人教育水平，1＝初中或中专及以下，2＝高中或大专，3＝本科，4＝硕士，5＝博士
	接班人政治资本		P2	接班人政治资本，0＝无担任，1＝县级及以下，2＝市级，3＝省级，4＝国家级
控制变量	公司规模		size	公司总资产的自然对数值
	资本结构		lev	企业的资产负债率
	经营能力		operate	总资产周转率
	发展能力		develop	企业的营业收入增长率
	盈利能力		profit	企业的资产报酬率
	“两职合一”		duality	董事长与总经理为一人，取值为1，否则为0
	年份		YR	控制年份效应
	行业		IND	控制行业效应

6.4 实证结果及分析

6.4.1 描述性统计分析

表6－2为2009～2018年各变量的描述性统计表。从企业创新指标来看，我国家族企业创新在研发密度1（Rdassets）中平均值为2.0128，其中最小值为0.0026，最大值为6.9939，最大值与最小值之间相差较大，说明我国上市家族企业在创新研发水平上存在较大差距。educ2表示接班人的学历水平，从表6－2可以看出，接班人学历均值为3.2660，说明如今继承人的教育水平普遍较高，基本都处在本科及以上。

表6－2　描述性统计分析

变量	N	mean	sd	min	p25	p50	p75	max
Rdassets	2365	2.0128	1.2945	0.0026	1.1399	1.8810	2.6313	6.9939
educ2	2365	3.2660	0.9142	1.0000	3.0000	3.0000	4.0000	5.0000
work2	2365	0.5581	0.4967	0.0000	0.0000	1.0000	1.0000	1.0000
size	2365	21.6714	0.8882	20.0697	20.9993	21.5928	22.2149	24.2039
lev	2365	0.3432	0.1781	0.0491	0.1966	0.3315	0.4738	0.7758
operate	2365	0.6461	0.3829	0.1419	0.3941	0.5724	0.7943	2.5591
develop	2365	0.1795	0.3133	－0.4047	0.0105	0.1259	0.2815	1.6829
profit	2365	0.0655	0.0568	－0.1496	0.0345	0.0617	0.0951	0.2331
duality	2365	0.3285	0.4698	0.0000	0.0000	0.0000	1.0000	1.0000

6.4.2 多元回归分析

（1）接班人学校教育培养路径对家族企业创新的多元回归分析。

从表6－3实证结果可以看出，家族企业接班人学历水平（educ2）与企业创新（Rdassets）的回归系数为0.117，且在1%统计水平上显著为正，假设 H6-1 得到验证。创始人的教育水平（educ1）与接班人教育水平（educ2）的交乘项显著为正，说明当创始人教育水平越高时，家族企业接班人的教育水平对企业创新的正向促进作用越强，本章的假设 H6-2 得到验证。接班人政治资本（P2）与接班人的教育水平（educ2）之间的交乘项系数分别为 0.099，并且在 1% 水平上显著为正，说明接班人政治资本有利于促进接班人教育水平与企业创新之间的正相关关系，假设 H6-3 得到验证。

表 6-3　　　　接班人学校教育与家族企业创新的多元回归分析

被解释变量	企业创新（Rdassets）		
	（1）	（2）	（3）
educ2	0.117*** (4.69)	0.020 (0.57)	0.098*** (3.72)
educ1		-0.149*** (-2.82)	
educ2 × educ1		0.052*** (3.22)	
P2			-0.369** (-2.51)
educ2 × P2			0.099*** (2.58)
size	-0.190*** (-5.41)	-0.180*** (-5.41)	-0.185*** (-5.25)
lev	-1.072*** (-6.48)	-1.093*** (-6.61)	-1.091*** (-6.58)
operate	1.159*** (11.26)	1.149*** (11.19)	1.164*** (11.21)
develop	-0.303*** (-3.88)	-0.299*** (-3.81)	-0.305*** (-3.89)
profit	2.312*** (3.64)	2.274*** (3.57)	2.295*** (3.62)
duality	-0.019 (-0.38)	-0.013 (-0.27)	-0.022 (-0.46)

续表

被解释变量	企业创新（Rdassets）		
	(1)	(2)	(3)
YR	控制	控制	控制
IND	控制	控制	控制
_cons	3.746 *** (4.83)	4.002 *** (5.15)	3.684 *** (4.74)
R^2	0.2687	0.2722	0.2705
N	2365	2365	2365

注：*、**、*** 分别表示在 10%、5%、1% 水平上显著。

（2）接班人工作能力培养路径对家族企业创新的多元回归分析。

从表 6-4 实证结果可以看出，接班人的外部工作经历（work2）与企业创新（Rdassets）之间呈现正相关的关系，并且在 5% 的水平下显著，假设 H6-4 得到验证。创始人的教育水平（educ1）与接班人的外部工作经历（work2）之间的交乘项并没有通过显著性检验，即假设 H6-5 没有得到验证。接班人政治资本（P2）与接班人外部工作经历（work2）之间的交乘项和研发密度 1（Rdassets）的关系不显著，假设 H6-6 没有得到验证。

表 6-4　　接班人外部工作经历与家族企业创新的多元回归分析

被解释变量	企业创新（Rdassets）		
	(1)	(2)	(3)
work2	0.094 ** (1.99)	0.054 (0.70)	0.091 * (1.81)
educ1		0.028 (1.29)	
work2 × educ1		0.016 (0.52)	
P2			0.014 (0.27)
work2 × P2			0.005 (0.08)

续表

被解释变量	企业创新（Rdassets）		
	（1）	（2）	（3）
size	−0.183*** （−5.19）	−0.176*** （−5.02）	−0.184*** （−5.22）
lev	−1.053*** （−6.31）	−1.078*** （−6.47）	−1.050*** （−6.30）
operate	1.169*** （11.40）	1.170*** （11.44）	1.169*** （11.38）
develop	−0.298*** （−3.82）	−0.296*** （−3.79）	−0.299*** （−3.84）
profit	2.378*** （3.73）	2.324*** （3.65）	2.382*** （3.71）
duality	−0.033 （−0.67）	−0.041 （−0.84）	−0.031 （−0.63）
YR	控制	控制	控制
IND	控制	控制	控制
_cons	3.857*** （5.01）	3.693*** （4.78）	3.880*** （5.04）
R^2	0.2634	0.2651	0.2635
N	2365	2365	2365

注：*、**、*** 分别表示在10%、5%、1%水平上显著。

6.4.3　稳健性检验

（1）缩尾。

为进一步检验本章结论的稳健性，对样本中所有的连续变量缩尾2%，并按照原来的模型进行回归，对本章结果进行稳健性检验。

结果如表6-5所示，接班人教育水平（educ2）与企业创新的关系在1%的水平上显著为正，接班人教育水平与创始人学历的交乘项显著为正，接班人政治资本与接班人的教育水平的交乘项显著为正。回归结果与前面保持一致。

表 6－5　　接班人学校教育与家族企业创新的多元回归分析

被解释变量	企业创新（Rdassets）		
	（1）	（2）	（3）
educ2	0. 111 *** （4. 56）	0. 021 （0. 63）	0. 098 *** （3. 86）
educ1		－0. 147 *** （－2. 88）	
educ2 × educ1		0. 052 *** （3. 37）	
P2			－0. 379 *** （－2. 62）
educ2 × P2			0. 104 *** （2. 78）
size	－0. 177 *** （－5. 31）	－0. 181 *** （－5. 44）	－0. 177 *** （－5. 28）
lev	－1. 050 *** （－6. 67）	－1. 193 *** （－7. 58）	－1. 191 *** （－7. 59）
operate	1. 107 *** （11. 55）	1. 433 *** （13. 84）	1. 450 *** （13. 84）
develop	－0. 289 *** （－3. 88）	－0. 326 *** （－3. 94）	－0. 331 *** （－4. 01）
profit	2. 259 *** （3. 95）	2. 006 *** （3. 44）	2. 019 *** （3. 48）
duality	－0. 017 （－0. 37）	－0. 001 （－0. 02）	－0. 009 （－0. 19）
YR	控制	控制	控制
IND	控制	控制	控制
_cons	3. 505 *** （4. 74）	3. 685 *** （5. 00）	3. 374 *** （4. 57）
R^2	0. 2721	0. 2998	0. 2982
N	2365	2365	2365

注：*、**、*** 分别表示在 10%、5%、1% 水平上显著。

如表6－6所示，接班人外部工作经历与企业创新之间的相关系数为0.089，在5%水平上显著。创始人的教育水平（educ1）与接班人的外部工作经历（work2）之间的交乘项并没有通过显著性检验。接班人政治资本（P2）与接班人外部工作经历（work2）之间的交乘项和研发密度1（Rdassets）的关系不显著。回归结果与前面保持一致。

表6－6　　接班人外部工作经历与家族企业创新的多元回归分析

被解释变量	企业创新（Rdassets）		
	(1)	(2)	(3)
work2	0.089 ** (2.00)	0.066 (0.90)	0.088 * (1.87)
educ1		0.033 (1.58)	
work2 × educ1		0.010 (0.35)	
P2			0.013 (0.27)
work2 × P2			0.019 (0.31)
size	−0.170 *** (−5.09)	−0.168 *** (−5.01)	−0.176 *** (−5.25)
lev	−1.031 *** (−6.50)	−1.176 *** (−7.42)	−1.145 *** (−7.22)
operate	1.116 *** (11.70)	1.451 *** (14.00)	1.446 *** (13.86)
develop	−0.285 *** (−3.83)	−0.319 *** (−3.88)	−0.324 *** (−3.95)
profit	2.321 *** (4.04)	2.064 *** (3.54)	2.120 *** (3.61)
duality	−0.030 (−0.66)	−0.020 (−0.63)	−0.018 (−0.39)
YR	控制	控制	控制

续表

被解释变量	企业创新（Rdassets）		
	（1）	（2）	（3）
IND	控制	控制	控制
_cons	3.610*** （4.93）	3.371*** （4.60）	3.576*** （4.90）
R^2	0.2670	0.2919	0.2902
N	2365	2365	2365

注：*、**、*** 分别表示在10%、5%、1%水平上显著。

（2）更换被解释变量。

借鉴党力等（2015）中运用研发投入金额［LN（R&D）］作为衡量企业研发投入的指标，当该数值越大时，说明企业创新投入越高。在进行回归分析时，将企业研发费用进行对数化处理，并进行1%的缩尾。

回归结果如表6－7和表6－8所示，研究结论保持一致。

表6－7　接班人学校教育与家族企业创新的多元回归分析

被解释变量	企业创新（Rdassets）		
	（1）	（2）	（3）
educ2	0.049** （2.31）	－0.028 （－0.87）	0.025 （1.08）
educ1		－0.100** （－2.27）	
educ2 × duc1		0.039*** （2.82）	
P2			－0.422*** （－3.00）
educ2 × P2			0.117*** （3.31）
size	0.836*** （29.45）	0.838*** （29.61）	0.840*** （29.45）
lev	－0.820*** （－5.47）	－0.842*** （－5.57）	－0.841*** （－5.67）

续表

被解释变量	企业创新（Rdassets）		
	（1）	（2）	（3）
operate	0. 515 *** （6. 38）	0. 508 *** （6. 31）	0. 521 *** （6. 37）
develop	-0. 156 ** （ -2. 27）	-0. 153 ** （ -2. 21）	-0. 159 ** （ -2. 31）
profit	1. 539 *** （3. 85）	1. 503 *** （3. 76）	1. 525 *** （3. 83）
duality	0. 006 （0. 15）	0. 007 （0. 17）	0. 003 （0. 08）
YR	控制	控制	控制
IND	控制	控制	控制
_cons	-3. 253 *** （ -4. 75）	-3. 107 *** （ -4. 50）	-3. 304 *** （ -4. 81）
R^2	0. 4761	0. 4786	0. 4789
N	2365	2365	2365

注：*、**、*** 分别表示在 10%、5%、1% 水平上显著。

表 6-8　　接班人外部工作经历与家族企业创新的多元回归分析

被解释变量	企业创新（Rdassets）		
	（1）	（2）	（3）
work2	0. 135 *** （3. 40）	0. 159 ** （2. 29）	0. 121 *** （2. 88）
educ1		0. 038 ** （1. 99）	
work2 × educ1		-0. 013 （ -0. 53）	
P2			-0. 012 （ -0. 24）
work2 × P2			0. 050 （0. 86）

续表

被解释变量	企业创新（Rdassets）		
	(1)	(2)	(3)
size	0.836*** (29.47)	0.839*** (29.84)	0.834*** (29.16)
lev	-0.780*** (-5.36)	-0.817*** (-5.45)	-0.796*** (-5.34)
operate	0.518*** (6.44)	0.518*** (6.47)	0.517*** (6.39)
develop	-0.153** (-2.24)	-0.152** (-2.22)	-0.156** (-2.29)
profit	1.592*** (3.96)	1.580*** (3.94)	1.582*** (3.95)
duality	-0.000 (-0.01)	-0.007 (-0.17)	0.001 (0.02)
YR	控制	控制	控制
IND	控制	控制	控制
_cons	-3.200*** (-4.71)	-3.334*** (-4.89)	-3.169*** (-4.65)
R^2	0.4776	0.4788	0.4780
N	2365	2365	2365

注：*、**、*** 分别表示在10%、5%、1%水平上显著。

（3）滞后被解释变量。

借鉴虞义华等（2018）的方法，对样本中的有关企业创新的解释变量作滞后一期处理，其他变量与前面保持一致，回归结果如表6-9和表6-10所示，得到的稳健性结果与前面保持一致。

表6-9　接班人学校教育与家族企业创新的多元回归分析

被解释变量	企业创新（Rdassets）		
	(1)	(2)	(3)
educ2	0.136*** (4.83)	0.058 (1.51)	0.114*** (3.82)

续表

被解释变量	企业创新（Rdassets）		
	(1)	(2)	(3)
educ1		-0.123** (-2.03)	
educ2 × educ1		0.042** (2.33)	
P2			-0.382** (-2.45)
educ2 × P2			0.103** (2.55)
size	-0.193*** (-5.02)	-0.191*** (-5.00)	-0.188*** (-4.87)
lev	-0.987*** (-5.53)	-1.006*** (-5.63)	-1.005*** (-5.63)
operate	1.061*** (9.80)	1.052*** (9.72)	1.065*** (9.72)
develop	-0.470*** (-5.16)	-0.470*** (-5.13)	-0.471*** (-5.16)
profit	3.655*** (6.18)	3.594*** (6.03)	3.631*** (6.14)
duality	-0.023 (-0.42)	-0.019 (-0.35)	-0.027 (-0.49)
YR	控制	控制	控制
IND	控制	控制	控制
_cons	4.145*** (4.92)	4.331*** (5.14)	4.087*** (4.83)
R^2	0.2646	0.2669	0.2668
N	1886	1886	1886

注：*、**、*** 分别表示在 10%、5%、1% 水平上显著。

表 6-10　接班人外部工作经历与家族企业创新的多元回归分析

被解释变量	企业创新（Rdassets）		
	(1)	(2)	(3)
work2	0.085* (1.66)	0.090 (1.08)	0.084 (1.51)
educ1		0.038 (1.57)	
work2 × educ1		-0.005 (-0.13)	
P2			0.025 (0.49)
work2 × P2			0.003 (0.05)
size	-0.181*** (-4.69)	-0.175*** (-4.57)	-0.183*** (-4.75)
lev	-0.967*** (-5.36)	-0.991*** (-5.50)	-0.964*** (-5.35)
operate	1.072*** (9.95)	1.072*** (9.96)	1.073*** (9.91)
develop	-0.459*** (-5.04)	-0.458*** (-5.04)	-0.460*** (-5.06)
profit	3.705*** (6.22)	3.665*** (6.17)	3.705*** (6.17)
duality	-0.037 (-0.68)	-0.044 (-0.80)	-0.034 (-0.61)
YR	控制	控制	控制
IND	控制	控制	控制
_cons	4.206*** (5.02)	4.034*** (4.82)	4.253*** (5.07)
R^2	0.2565	0.2581	0.2568
N	2365	2365	2365

注：*、**、*** 分别表示在 10%、5%、1% 水平上显著。

（4）更换样本选择范围。

由于企业创新是一项长期投资，接班人进入企业对企业创新的影响可能需要一段时间才能显现出来，因此以总样本中接班人进入后满5年的家族企业为研究对象，对本章的结论进行稳健性检验，实证结果与前面的结果一致，本章结论具有可靠性，如表6－11和表6－12所示。

表6－11　　接班人学校教育与家族企业创新的多元回归分析

被解释变量	企业创新（Rdassets）		
	(1)	(2)	(3)
educ2	0.138 *** (4.67)	0.035 (0.94)	0.122 *** (3.85)
educ1		−0.184 *** (−2.72)	
educ2 × educ1		0.061 *** (3.01)	
P2			−0.201 (−1.17)
educ2 × P2			0.063 (1.47)
size	−0.232 *** (−5.06)	−0.223 *** (−4.89)	−0.233 *** (−5.02)
lev	−1.066 *** (−5.49)	−1.119 *** (−5.74)	−1.072 *** (−5.52)
operate	1.213 *** (10.82)	1.198 *** (10.64)	1.221 *** (10.91)
develop	−0.349 *** (−3.58)	−0.351 *** (−3.57)	−0.352 *** (−3.61)
profit	3.262 *** (4.27)	3.166 *** (4.12)	3.252 *** (4.25)
duality	−0.045 (−0.79)	−0.037 (−0.65)	−0.040 (−0.70)
YR	控制	控制	控制
IND	控制	控制	控制

续表

被解释变量	企业创新（Rdassets）		
	（1）	（2）	（3）
_cons	4.544 *** （4.66）	4.674 *** （4.83）	4.585 *** （4.67）
R^2	0.2841	0.2879	0.2852
N	1833	1833	1833

注：*、**、*** 分别表示在10%、5%、1%水平上显著。

表6-12　接班人外部工作经历与家族企业创新的多元回归分析

被解释变量	企业创新（Rdassets）		
	（1）	（2）	（3）
work2	0.098 * （1.83）	0.202 *** （2.47）	0.083 （1.43）
educ1		0.069 *** （2.93）	
work2 × educ1		-0.049 （-1.44）	
P2			0.018 （0.30）
work2 × P2			0.061 （0.90）
size	-0.221 *** （-4.82）	-0.219 *** （-4.81）	-0.230 *** （-4.98）
lev	-1.026 *** （-5.24）	-1.041 *** （-5.35）	-1.019 *** （-5.21）
operate	1.216 *** （10.92）	1.214 *** （10.86）	1.220 *** （11.01）
develop	-0.331 *** （-3.40）	-0.327 *** （-3.36）	-0.336 *** （-3.45）
profit	3.337 *** （4.34）	3.347 *** （4.35）	3.333 *** （4.31）
duality	-0.057 （-1.00）	-0.061 （-1.06）	-0.049 （-0.84）
YR	控制	控制	控制

续表

被解释变量	企业创新（Rdassets）		
	(1)	(2)	(3)
IND	控制	控制	控制
_cons	4.625*** (4.76)	4.449*** (4.61)	4.791*** (4.91)
R^2	0.2770	0.2796	0.2783
N	1833	1833	1833

注：*、**、*** 分别表示在10%、5%、1%水平上显著。

6.4.4 内生性检验

（1）倾向得分匹配法（PSM）。

考虑到由于遗漏变量而引起的内生性问题对本章结论可能产生的影响，本章采用倾向得分匹配法（PSM）来进一步分析遗漏变量产生的可能影响。在进行实证回归前，对接班人教育水平进行重新定义，当接班人学历水平为本科及以上时定义为高学历，educ22 取值为1，否则取0。

在第一阶段回归中，分别以接班人教育水平（educ22）和外部工作经历（work2）为被解释变量，参考 Xu 等（2015）引入家族企业创始人年龄（founder_age），同时以创始人性别（sex1）、接班人年龄（age2）、公司规模（size）、资本结构（lev）指标作为协变量，用 Logit 模型进行 1∶1 匹配，其中创始人年龄（founder_age）定义为，当创始人年龄大于60时取1，否则取0。表6-13 列示了假设 H6-1 和假设 H6-2 的第一阶段回归结果。

最终倾向得分匹配法的结果如表6-14 所示。衡量家族企业创始人对接班人学校教育培养路径指标接班人教育水平（educ22）与企业研发密度1（Rdassets）在1%水平上显著，系数为0.376；衡量家族企业创始人对接班人工作能力培养路径的指标接班人外部工作经历（work2）与企业研发密度1（Rdassets）回归结果也在1%水平上显著为正，系数为0.132，倾向得分匹配估计得出的结果与基准模型保持一致，本章的主假设得到进一步验证，接班人教育水平及外部工作经历与企业创新正相关。

表 6 - 13　　倾向得分匹配法检验分析结果

被解释变量	第一阶段回归（educ22）		第一阶段回归（work2）	
	系数	t 值	系数	t 值
founder_age	0. 174	1. 00	-0. 273 ***	-2. 25
sex1	-0. 358	-1. 35	0. 229	1. 22
age2	-0. 079 ***	-6. 19	0. 056 ***	6. 07
size0	0. 043	0. 48	0. 019	0. 31
lev0	1. 661 ***	3. 77	-0. 382	-1. 28
_cons	3. 440 *	1. 86	-2. 235 *	-1. 74
YR	控制		控制	
IND	控制		控制	
R^2	0. 0449		0. 0176	
N	1906		1912	
未匹配	0. 081 ***	4. 84	0. 058 **	2. 36
ATT	0. 099 ***	5. 32	0. 076 **	2. 12

注：*、**、*** 分别表示在 10%、5%、1% 水平上显著。

表 6 - 14　　倾向得分匹配法检验分析结果

被解释变量	企业创新（Rdassets）			
	系数	t 值	系数	t 值
educ22	0. 376 ***	6. 17		
work2			0. 132 ***	2. 70
size	-0. 202 ***	-5. 48	-0. 189 ***	-5. 13
lev	-1. 024 ***	-5. 86	-1. 052 ***	-6. 15
operate	1. 323 ***	11. 46	1. 202 ***	11. 14
develop	-0. 284 ***	-3. 42	-0. 300 ***	-3. 71
profit	1. 827 ***	2. 80	2. 319 ***	3. 48
duality	-0. 015	-0. 29	-0. 010	-0. 20
YR	控制		控制	
IND	控制		控制	
_cons	3. 904 ***	4. 78	3. 614 ***	4. 50
R^2	0. 2842		0. 2668	
N	2128		2192	

注：*、**、*** 分别表示在 10%、5%、1% 水平上显著。

（2）两阶段最小二乘法（2SLS）。

采用两阶段最小二乘法来控制接班人培养路径与企业创新之间关系的内生性。参考 Xu 等（2015）的研究，采用家族企业创始人年龄（founder_age）作为工具变量进行回归。其中 founder_age 为虚拟变量，当创始人年龄大于60 时取1，否则取0，实证结果如表6-15 所示。在控制了样本的相关变量后，接班人教育水平指标与企业创新的回归结果仍然显著为正，与主假设结果一致，即接班人教育水平有助于提高企业的创新水平。

表6-15　　两阶段最小二乘法检验分析结果

被解释变量	第一阶段回归		第二阶段回归	
	系数	t 值	系数	t 值
educ2			0.385 **	2.30
founder_age	0.140 ***	3.60		
size	0.082 ***	3.06	-0.162 ***	-4.37
lev	0.095	0.73	-1.049 ***	-6.05
operate	0.110 ***	2.17	0.685 ***	6.12
develop	0.0293	0.46	-0.092	-1.16
profit	0.464	1.21	1.811 **	2.58
duality	-0.102 **	-2.50	0.048	0.85
YR	控制		控制	
IND	控制		控制	
_cons	0.992 **	1.75	4.071 ***	4.75
R^2	0.0533		0.0721	
N	2365		2365	

注：*、**、*** 分别表示在10%、5%、1%水平上显著。

进一步引入接班人年龄（age2）作为检验接班人工作能力培养路径与企业创新回归的工具变量，第一阶段将接班人外部工作经历（work2）作为因变量进行分析，将可能影响此决定的变量作为自变量进行回归。一般而言，接班人年龄越大，越可能具有丰富的外部工作经验，但是接班人年龄对企业创新水平影响较小。

实证结果如表6-16 所示，在引入工具变量接班人年龄（age2）后，接班人外部工作经历指标与企业创新的回归系数为1.021，在1%水平下显著，与主假设结果一致，即接班人外部工作经历有助于提高企业的创新水平，说明本章的结论较为可靠。

表6-16　　两阶段最小二乘法检验分析结果

被解释变量	第一阶段回归		第二阶段回归	
	系数	t值	系数	t值
work2			1.021***	2.83
age2	0.010***	7.59		
size	0.023	1.49	-0.216***	-5.35
lev	-0.119	-1.56	-0.876***	-4.36
operate	0.0318	1.02	1.110***	9.82
develop	-0.030	-0.82	-0.274***	-3.09
profit	-0.200	-0.88	3.061***	4.02
duality	0.003	0.11	-0.047	-0.85
YR	控制		控制	
IND	控制		控制	
_cons	-0.293	-0.90	4.080***	4.94
R^2	0.1032		0.1485	
N	2079		2079	

注：*、**、***分别表示在10%、5%、1%水平上显著。

6.5 进一步研究

6.5.1 学校教育培养路径的进一步研究

（1）接班人不同学校教育培养路径的比较分析。

根据高层梯队理论，管理者在学历、专业背景等个人特征上的差异会影响其对事物的认知行为以及形成不同的价值取向（Nelson，2005；姜付秀、伊志宏等，2009；李焰、秦义虎等，2011；张兆国、刘永丽等，

2011)。因此本章基于学校教育的地点和学科进行分类比较。首先，选取接班人海外留学经历（oversea2）作为衡量培养地点变量，当接班人具有海外留学经历时，oversea2 取值为 1，否则取值为 0。其次，在接班人学科背景方面，参考朱晓文和朱晓文（2019）对二代接班人学科背景的定义：当接班人为理工技术类学科背景时，science2 取值为 1，否则为 0。表 6－17 列示了回归结果。

表 6－17　家族企业接班人学校教育培养路径与企业创新的多元回归分析

被解释变量	企业创新（Rdassets）			
	系数	t 值	系数	t 值
oversea2	0.280***	4.85		
Science2			－0.070	－1.27
size	－0.185***	－5.27	－0.164***	－4.16
lev	－1.094***	－6.53	－1.141***	－6.07
operate	1.163***	11.34	1.159***	10.43
develop	－0.295***	－3.80	－0.344***	－4.07
profit	2.181***	3.49	2.503***	3.70
duality	－0.020	－0.41	0.024	0.45
YR	控制		控制	
IND	控制		控制	
_cons	3.950***	5.10	4.014***	4.76
R^2	0.2708		0.2513	
N	2365		2056	

注：*、**、*** 分别表示在 10%、5%、1% 水平上显著。

从表 6－17 可以看出，家族企业接班人的海外留学经历（oversea2）与衡量企业创新的变量研发密度 1（Rdassets）的回归系数为 0.280，同样也在 1% 的水平上显著为正，说明当接班人拥有海外留学经历时，企业更有可能进行创新活动，更能够促进企业创新活动的实施和开展。而接班人学科背景（science2）与企业创新（Rdassets）的回归结果没有通过显著性水平检验。

（2）创始人与接班人学科背景匹配度研究。

不同学科背景出身的人在处理问题的方式以及认知基础、进行决策方面也存在不同（Wang and Cheng，2014）。创始人和接班人的学科背景匹配度可否影响企业创新呢？

本章以创始人和接班人为研究视角，引入虚拟变量 same 表示创始人与接班人是否有相同的学科背景，如果有则取 1，否则取 0。在判断创始人与接班人的学科背景时，同样参考朱晓文和吕长江（2019）对一二代学科背景的定义：将一二代学科背景分为理工技术科和经管文科类两个类别，当创始人与接班人均为理工技术科或者经管文科类则定义为一二代具有相同的学科背景，science 取值为 1，否则为 0。其余控制变量的选取与定义与前面保持一致。

从表 6-18 可以看出，当创始人与接班人具有相同的学科背景时，自变量学科匹配度与企业创新的回归系数为 0.264，且在 1% 显著性水平上显著，说明当创始人与接班人具有相同的学科背景时，企业创新水平更强。

表 6-18　创始人与接班人学科背景匹配度与企业创新的多元回归分析

被解释变量	企业创新（Rdassets）	
	系数	t 值
same	0.264***	5.07
size	-0.164***	-4.23
lev	-1.149***	-6.15
operate	1.177***	10.67
develop	-0.357***	-4.27
profit	2.516***	3.70
duality	0.022	0.42
YR	控制	
IND	控制	
_cons	3.964***	4.76
R^2	0.2604	
N	2056	

注：*、**、*** 分别表示在 10%、5%、1% 水平上显著。

然而，哪种类型的学科匹配更有利于提高企业创新呢？因此本章对创始人与接班人之间学科背景进行分组检验。总共分为 4 个组，表 6-18 中列（1）表示创始人与接班人均为理工科时变量 type 取 1，否则取 0；列（2）表示创始人为理工科、接班人为经管类文科时变量 type 取 1，否则取 0；列（3）表示创始人为经管类文科、接班人为理工科时变量 type 取 1，否则取 0；列（4）表示创始人与接班人均为经管类科时变量 type 取 1，否则取 0。

实证结果如表 6－19 所示。当创始人与接班人同时均为理工科的背景时，自变量 type 与企业创新回归系数为 0.247，且在 1% 水平上显著，说明当创始人与接班人均为理工科时企业创新水平更强。在创始人为文科背景、接班人为理工科背景的分组中，自变量 type 与企业创新回归系数为 －0.480，在 1% 水平上显著，说明家族企业父文子理的学科错配不利于提高企业创新。其他两类学科背景匹配均没有通过显著性测试。

因此当创始人与接班人均为理工科背景时，企业创新能力更强。

表 6－19　创始人与接班人学科背景匹配度与企业创新的多元回归分析

被解释变量	企业创新（Rdassets）			
	(1)	(2)	(3)	(4)
type	0.247*** (4.36)	0.009 (0.16)	－0.480*** (－7.85)	0.089 (1.35)
size	－0.158*** (－4.08)	－0.163*** (－4.14)	－0.156*** (－4.03)	－0.165*** (－4.19)
lev	－1.136*** (－6.06)	－1.136*** (－6.04)	－1.176*** (－6.32)	－1.140*** (－6.08)
operate	1.179*** (10.41)	1.159*** (10.35)	1.218*** (11.27)	1.159*** (10.42)
develop	－0.354*** (－4.29)	－0.336*** (－4.06)	－0.363*** (－4.51)	－0.333*** (－4.04)
profit	2.589*** (3.79)	2.530*** (3.73)	2.378*** (3.56)	2.502*** (3.71)
duality	0.0162 (0.31)	0.0202 (0.38)	0.0397 (0.76)	0.0221 (0.42)
YR	控制	控制	控制	控制

续表

被解释变量	企业创新（Rdassets）			
	(1)	(2)	(3)	(4)
IND	控制	控制	控制	控制
_cons	3.895 *** (4.67)	3.997 *** (4.69)	3.832 *** (4.59)	4.032 *** (4.78)
R^2	0.2583	0.2511	0.2694	0.2518
N	2056	2056	2056	2056

注：*、**、*** 分别表示在 10%、5%、1% 水平上显著。

6.5.2 家族企业接班人工作能力培养的进一步研究

前面我们已经得出接班人外部工作经历有利于促进企业创新，那么接班人具有相同行业的外部工作经历是否更有利于创新呢？因此进一步引入虚拟变量 SI，其中 SI 用两种形式表示：第一，当接班人具有与家族企业相同行业的外部工作经历时取 1，否则取 0；第二，当接班人具有与创始人相同行业的外部工作经历时取 1，否则取 0。表 6－20 列示了实证结果，变量 SI 与企业创新显著正相关，说明具有与家族企业或者创始人同行业外部工作经历的接班人更有利于促进企业创新。

表 6－20　　接班人外部工作经历与企业创新的多元回归分析

被解释变量	企业创新（Rdassets）			
	系数	t 值	系数	t 值
SI	0.286 ***	5.48	0.311 ***	6.21
size	－0.189 ***	－5.33	－0.190 ***	－5.36
lev	－1.001 ***	－5.97	－0.992 ***	－5.92
operate	1.175 ***	11.48	1.180 ***	11.53
develop	－0.303 ***	－3.90	－0.301 ***	－3.88
profit	2.320 ***	3.67	2.337 ***	3.68
duality	－0.069	－1.44	－0.075	－1.56
YR	控制		控制	

续表

被解释变量	企业创新（Rdassets）			
	系数	t值	系数	t值
IND	控制		控制	
_cons	3.929 ***	5.10	3.932 ***	5.10
R^2	0.2722		0.2748	
N	2365		2365	

注：*、**、*** 分别表示在10%、5%、1%水平上显著。

6.5.3 家族企业接班人培养路径交互效应研究

本章进一步研究接班人学校教育培养路径和外部工作能力培养路径对企业创新的交互效应。实证结果如表6-21所示，变量接班人教育水平（educ2）和外部工作经历（work2）的交乘项系数与企业创新的系数为0.134，且在1%水平上显著，说明接班人教育水平与外部工作经历可以共同促进企业创新水平的提高。

表6-21　　　　接班人培养路径交互效应的多元回归分析

被解释变量	企业创新（Rdassets）	
	系数	t值
educ2	0.042	1.26
work2	-0.356 **	-2.21
educ2 × work2	0.134 ***	2.77
size	-0.193 ***	-5.47
lev	-1.056 ***	-6.37
operate	1.152 ***	11.18
develop	-0.299 ***	-3.84
profit	2.335 ***	3.66
duality	-0.020	-0.41
YR	控制	
IND	控制	
_cons	3.999 ***	5.14

续表

被解释变量	企业创新（Rdassets）	
	系数	t 值
R^2	0. 2718	
N	2365	

注：*、**、*** 分别表示在 10%、5%、1% 水平上显著。

6.5.4 接班人培养路径对家族企业创新的影响机制

根据前面的理论推导，接班人学校教育培养和工作能力培养均可以通过提高接班人权威合法性和缓解融资约束进而来提高企业创新水平，因此接下来将参考周楷唐等（2017）的机制分析，来直接检验这两种作用机制是否成立。同时，由于企业创新效果通常需要较长时间才能显现，因此参照李新春等（2015）的方法，采用接班人接班时间超过三年的样本进行机制检验。

（1）接班人教育水平对企业创新的影响机制。

首先，在接班人权威合法性方面，引入平衡性指数（SI）作为检验接班人教育水平与企业创新的中介变量，其中平衡性指数（SI）是通过借鉴 Crutchley 等（2002）的方法计算得出，计算出来的指标数值越大表示高管团队成员变更越少，重组幅度越小，接班人权威越难构建；其次，企业融资约束机制方面，借鉴黎文靖和李茫茫（2017）构建的 KZ 指数的方法，将 KZ 指数作为衡量企业融资约束的指标，计算出来的指标数值越大，表示企业面临的融资约束程度越高。将接班人教育水平与上述两个中介变量进行回归，回归结果如表 6－22 所示。

表 6－22　接班人学校教育水平与企业创新的机理回归分析

被解释变量	SI		KZ	
	系数	t 值	系数	t 值
educ22	－0. 013 *	－1. 70	－0. 045 *	－1. 74
size	0. 002	0. 48	－0. 193 ***	－5. 10
lev	0. 008	0. 35	1. 890 ***	9. 94

续表

被解释变量	SI		KZ	
	系数	t 值	系数	t 值
operate	-0.002	-0.14	-0.185 *	-1.82
develop	-0.020	-1.47	0.413 ***	3.52
profit	0.045	0.60	-2.581 ***	-4.12
duality	-0.005	-0.78	-0.080	-1.56
YR	控制		控制	
IND	控制		控制	
_cons	0.735 ***	7.43	4.577 ***	5.86
R^2	0.1650		0.1572	
N	2186		2086	

注：*、**、*** 分别表示在 10%、5%、1% 水平上显著。

如表 6-22 所示，接班人教育水平指标（educ22）与企业高管团队稳定性指标（SI）的回归系数为 -0.013，t 值为 -1.70，说明教育水平越高的接班人在进入企业后重组幅度越大，越可能通过对原有的高管人员进行重组进而提高个人权威合法性；接班人的教育水平变量（educ2）与企业融资约束（KZ）的回归系数为 -0.045，在 10% 水平上显著，说明接班人教育水平能够缓解企业融资约束。

（2）接班人外部工作经历对企业创新的影响机理分析。

首先，在接班人权威合法性方面，引入接班人权威构建指标（Change）用来检验接班人外部工作经历与企业创新的中介变量，参考李新春等（2015）对接班人合法性的界定，接班人进入企业满三年后，当创始人职位降低、任职减少或退出董事会和高管层，或者接班人职位提升或任职增加时，则 change 记为 1；否则取值为 0；其次，用 SA 指数作为检验接班人外部工作经历与企业创新的中介变量，SA 指数则借鉴 Hadlock 和 Pierce（2010）构建的方法，同时结合前人（鞠晓生等，2013；姜付秀等，2016）的研究，将 SA 指数作为企业融资约束的代理变量，计算出来的指标绝对值越大，表示企业面临的融资约束越严重（鞠晓生等，2013，吴秋生、黄贤环，2017），回归结果如表 6-23 所示。

表 6-23　　接班人外部工作经历与企业创新的机理回归分析

被解释变量	Change		SA	
	系数	t 值	系数	t 值
work2	0.122***	5.85	-0.034***	-5.13
size	0.082***	5.02	-0.102***	-17.48
lev	-0.178**	-2.28	-0.176***	-6.80
operate	0.209***	4.85	-0.003	-0.18
develop	0.043	0.86	0.0546***	3.58
profit	-1.304***	-4.56	0.007	0.08
duality	0.034	1.48	0.010	1.49
YR	控制		控制	
IND	控制		控制	
_cons	-1.115***	-3.34	-0.943***	-7.87
R^2	0.0873		0.4189	
N	2186		2186	

注：*、**、*** 分别表示在 10%、5%、1% 水平上显著。

如表 6-23 所示，接班人的外部工作经历变量（work2）与接班人权威合法性指标（Change）的回归系数为 0.122，在 1% 水平上显著，说明接班人外部工作经历能够提高其在企业的权威合法性。接班人的外部工作经历变量（work2）与企业融资约束（SA）的回归系数为 -0.034，且在 1% 水平上显著，说明接班人外部工作经历能够缓解企业融资约束。

6.6 结论与启示

6.6.1 主要结论

本章以上市家族企业作为研究样本，通过实证研究分析接班人学校教育培养和工作能力培养这两条培养路径对家族企业创新的影响。本章得出以下结论：

（1）在我国发生代际传承的上市家族企业样本中，接班人教育水平和外部工作经历，均与企业创新呈现显著的正相关关系。

（2）创始人的教育水平能够显著强化接班人教育水平与企业创新之间的正相关关系，但是对接班人外部工作经历与企业创新之间关系方面的调节作用没有通过显著性检验。

（3）接班人的政治资本正向促进接班人教育水平与企业创新之间的正相关关系，但是对接班人外部工作经历与企业创新之间关系方面的调节作用没有通过显著性检验。

（4）进一步研究发现，当接班人和创始人拥有相同的学科背景，特别是同为理工科背景时，企业创新水平更强；当接班人拥有与家族企业同行业外部工作经历比跨行业外部工作经历更有利于提高企业创新水平；当创始人与接班人拥有同行业外部工作经历时，企业创新水平更高；接班人教育水平与外部工作经历可以共同促进企业创新。

（5）机制分析发现，接班人教育水平和外部工作经历通过提高接班人权威合法性和缓解企业融资约束，进而提高企业创新水平。

6.6.2　主要启示

（1）强化对接班人的培养意识，加强对接班人培养的重视程度。

随着家族企业传承高峰期的到来，如何实现企业的顺利传承成为企业当前关注的重点。本章的研究证实了学校教育和外部培养对创新的促进作用。在接班人正式步入社会前，创始人可以对接班人进行高等教育的学习教育培养，让接班人学到丰富的学科知识。接班人给企业带来的这些新鲜“血液”及新的价值管理理念，将不断推动企业开展创新活动。同时，接受过外部工作能力培养的接班人更可能使其在企业中获得信任，对其日后顺利交接班和权威合法性的构建提供支持。因此创始人要想企业基业“长青”，较早地对接班人进行专业化的培养，形成对接班人的培养意识至关重要。

（2）创始人树立良好的学习榜样，激励接班人努力提高自身水平。

家族企业是“家族”与“企业”的统一，良好的家族氛围有利于促进创始人与接班人之间的沟通。家族企业主在培养接班人的同时，也不应忽视自己能力的提升。创始人在对接班人进行学校教育培养，使得接班人以后能够成为高学历人才的同时，也不应该忘记自身专业知识的学习，提高自身素养及专业知识能力，与接班人在思想及管理理念上保持统一性，减少两代人在思想观念上的冲突，共同积极探索企业长期创新发展战略，提高企业创新研发活动的积极性，实现企业的价值升值和长期稳步增长。

（3）对接班人进行学校教育培养的同时，要加强对接班人政治资本的培养。

目前我国市场化程度还不够完善，法律制度还不够健全，政治资本作为一种非正式制度的替代机制，是企业重要而特殊的无形资产，对民营企业的生存和发展具有重要的作用。因此为了提高接班人在企业中的权威合法性，仅对接班人个人在专业知识及外部实践经验方面的培养是不够的，政治资本等特殊资产的培养也至关重要。创始人不仅要重视对接班人教育方面的培养，同时也要在日常工作中帮助接班人建立政治关系，将自己政治资本等方面的无形资产延续到接班人，提高接班人个人能力权威，为接班人在企业中更好地发挥自身能力提供支持，促进企业创新战略的实施。

（4）对接班人进行海外留学培养，有意识地对接班人进行理工科方面的教育培养。

目前创始人不仅注重对接班人进行高教育培养，不少创始人可能还会选择将接班人送往海外进行留学深造，让接班人接受先进的管理理念，培养接班人的国际化视野。同时，创始人应该意识到，要想自己亲自创办的企业能够不断延续，实现企业的基业长青，应有意识地对接班人进行理工科方面的教育培养，使接班人较早形成对企业所处行业的整体意识，对日后接班人的顺利接班尤为重要。

（5）加强对接班人进行外部同行业社会锤炼，减少两代在经营管理理念方面的冲突。

当接班人具有与创始人相同的外部工作经历时，更能够加深接班人对企业的认知及组织认同感和情感承诺，同时与创始人相同的社会经历能够增强其对父辈战略决策的认同感，降低两代在经营管理理念方面的冲突。因此创始人在对接班人进行培养的过程中，要注重加强对接班人进行外部同行业的社会锤炼。

第 7 章

家族企业交班方式对接班人创新绩效的影响

——基于烙印理论视角的研究

7.1 引　　言

家族企业是我国民营企业的中坚力量，其发展也会引起社会的广泛关注。2016 年国际家族企业协会全球峰会披露的数据表明，在未来 5 年到 10 年内，我国有近 300 万家族企业面临代际传承问题，家族企业的传承问题也必将成为以后观察中国民营企业发展的一个重要角度（韩朝华等，2005）。然而，“富不过三代”的魔咒依旧存在于家族企业内。相关研究表明，仅有 30% 的家族企业能够顺利实现二代传承，仅剩 10% ~15% 的家族企业能顺利实现三代传承（窦军生、贾生华，2008）。这意味着传承问题决定了家族企业往后的命运，家族企业传承决策误差会给家族企业带来致命性打击。对于家族企业来说，家族传承的重点在于实现核心要素的传承，这些核心要素是维持家族企业持续经营的关键因素，如家族社会资本和父辈经验（Burkart，2003）。

然而，我国家族企业普遍面临代际传承和经济转型的双重挑战。我国绝大部分家族企业的代际传承会与我国经济转型升级同时期进行（吴炯、李保杰，2015），这说明我国家族企业需要面对更多的不确定性与挑战。这种不确定的发展情境促使家族企业通过企业创新实现持续繁荣与发展（Jaskiewicz et al.，2015），而家族社会资本能为企业创新提供资源优势，有助于推进家族企业的创新发展和传承进程。对于家族企业来说，父辈为家族企业倾注了更多的财务、情感资本，大部分父辈创始人都为家族企业的发展倾尽心力。父辈领导人对选定接班人、决定接班人启动时间、如何传承以及传承细节等问题有绝对话语权。同时，在现实的代际传承状况下，父辈领导人为避免业绩下滑和股价下跌等不利影响会选择牺牲个人利益为保障二代接班人独掌大权后的业绩稳定制造“秘密储备”（魏春燕、陈磊，2015），如为接班人选择“辅佐大臣”（胡宁，2016）。由此可知，在父辈主导下的代际传承是最稳妥、最保险的。然而，父辈帮扶上位是否对接班人上位后的创新发展也同样有利呢？这是一个值得思考的问题。

现有的与家族企业接班人交班方式相关的研究，主要聚焦于接班人选确定与接班人对企业产生的影响两个方面展开研究。在接班人选确定方面，现有文献主要聚焦于研究选“内部”还是“外部”接班人更有利于家族企业发展。一方面，有学者认为，家族企业的人力资源政策具有裙带主义色彩，专业技能不是衡量家族成员是否能进入家族企业任职的首要标准，家族内部继承人更可能因其家族身份获得雇佣机会（Su and Lee，2013）。因而，家族企业为维护家族控制更愿意选择内部接班人。另一方面，也有学者认为引入外部经理人能使企业注重外部渠道信息，降低企业内外部的信息不对称程度（许静静，2015），从而显著缓解企业的融资约束（王藤燕、金源，2020）、降低企业的第二类代理成本（李欢等，2014）、提升企业管理水平，从而使企业能更好地把握投资机会，提升企业声誉，更利于家族企业未来发展。在接班人对企业产生的影响方面，现有的文献主要集中于分析二代接班人涉入管理对企业创业创新、企业价值、企业多元化的影响。例如，有学者认为家族二代接班人进入企业任职能提升企业的会计信息质量（Fan et al.，2012）、减少企业的掏空行为（Xu et al.，2015），从而有利于改善企业的业绩。另一部分持相反意见的学者认为家族企业传承会对企业价值产生负面影响（Bennedsen et al.，2015）。此外，也有学者认为代际互动对创新的影响具有双重性，持双重观点的学者认为家族企业代际传承过程中的继任者短视行为会抑制企业创新活动（程晨，2018），但接班人进入企业后会倾向于减少关联交易，提高企业的会计信息质量、缓解代理冲突，进而有利于促进家族企业的创新发展（黄海杰等，2018）。

然而，对家族企业接班人来说，代际传承是形成烙印的敏感阶段，父辈领导人对接班人的影响是复杂的、动态变化的。但遗憾的是，现有的关于家族企业接班人交班方式的相关研究大多从静态的单一角度分析接班人上任对企业产生的影响。因此本章将围绕家族企业代际传承话题，运用烙印理论分析家族企业不同交班方式对接班人自治后的创新绩效的影响，并从接班人自治时长与家族管理权的角度进行调节效应分析。同时，本章将在进一步研究部分探究帮扶式交班对接班人创新绩效的影响路径，并探究接班人能力禀赋的变化与接班人手足关系在缓解帮扶式交班对接班人创新绩效负向影响的作用，以验证不同情境下家族企业交班方式对接班人创新绩效的不同影响效果。

本章研究的创新之处在于：第一，基于家族企业交班方式与接班人自治的角度，拓展了家族企业创新主题的研究。现有研究忽略了创一代与接班人之间的代际互动因素对创新绩效的影响，特别是忽略了不同交班特征对接班人创新活动的不同影响。本章将探究不同交班方式下接班人创新效果的差异，并在此基础上对家族特征、接班人特征进行异质性分析讨论。第二，结合烙印理论，丰富我国本土家族企业代际传承的后果研究。家族企业代际传承过程具有动态性和重复性的特点，运用烙印理论分析家族企业传承过程，有助于打破现有家族企业代际传承单一性的刻板印象。同时，结合烙印理论有利于解释接班人的认知框架为何、如何随家族传承进程的推移而变化、发展。本章将烙印理论与家族企业特性结合，分析创一代对接班人的“烙印”影响，丰富了我国本土家族企业代际情境下的烙印理论研究。第三，将研究视角由家族企业代际传承前切换至代际传承后，丰富家族企业代际传承的理论研究。现有关于家族企业代际传承的研究文献主要聚焦于接班人涉入管理与接班人继任过程这两个方面，而对接班人独立自治后的研究较少。虽说二代接班人是否能够顺利继任并实现企业平稳发展是传承的关键，但传承后的企业发展更是企业“新生命”的开端，完善家族企业代际传承后阶段的研究具有现实意义。

7.2 理论分析与研究假设

7.2.1 家族企业交班方式对企业创新绩效的影响

烙印理论指出，烙印是个体在敏感阶段（如特定的年龄或人生阶段）的特殊学习过程。个体为了降低特定敏感时期的不确定性，会形成与敏感时期环境相适应的内在特质，这种内在特质即是烙印（周怀康等，2021）。人们是否能发现机会与其“携带”的烙印有关，烙印又源自过往的经历，这说明人们对机会的发现与其过往经历有关（戴维奇等，2016）。外界环境对个体的烙印影响会呈现出以下两个特点：第一，个体的烙印产生于特定敏感期。特定敏感期是指外部环境使个体产生烙印的过程一般发生于特定的时期。组织与个体在发展的各阶段总会存在一个或多个“环境敏感期”（Pieper et al.，2015），焦点主体的状态发生过渡或转换的时期（Marquis and Tilcsik，2013），如高管角色发生重大变化的时期（程令国、张晔，2011）。第二，烙印具有持续性。不管个体所处的环境是否发生变化，个体在敏感期受到的烙印影响会持续影响个体的行为方式（Marquis and Tilcsik，2013）。

对家族企业来说，创始人特征会对家族企业产生巨大影响。创始人在其成长发展或创业期所具有的价值观、规范、实践行为等会持续存在于家族企业中，并形成特定的行为模式传统（Johnson，2007）。同时，创始人往往拥有较完整的创业情境图式用于解释模糊和变化的创业情境，并以此影响个体或组织，成为个体或组织的学习对象。而接班人就是向创始人学习的对象之一，创始人行为模式传统会影响接班人上位后对市场机会的识别能力。然而，虽然父辈经验是接班人重要的知识资源，接班人能利用父辈经验为企业带来竞争优势，但也可能使企业陷入烙印惯性的困境之中（王向阳等，2011）。对于帮扶式交班的家族企业来说，接班人面临的“烙印”困境的概率会大大增加。这是因为，帮扶式交班则意味着交班人与接班人有较长的“共治”时间，刚刚进入家族企业的接班人需要在父辈领导人的带领下锻炼自身的领导与管理能力。此时，接班人处于成长和发展的敏感时期，更容易形成相应的烙印印记。当交班人完成权力交接并退出企业后，接班人在“共治”敏感期所受到的“父辈”印记会影响接班人自治后的管理行为，且无论环境如何改变，这些由“父辈印记”所形成的特征都将持续存在（Simsek et al.，2015）。当接班人自治后，接班人在“共治”期产生的印记会通过决策制定反映到组织层面，形成烙印选择惯性。

第一，家族企业父辈领导人与接班人的共治经历会使接班人形成特定的认知烙印，从而减少企业的创业导向，对接班人自治后的创新绩效产生负面影响。

一方面，父子共治期会使接班人形成特定的认知烙印。首先，为避免“新”“老”交换冲突，快速提升能力，接班人会倾向于延续“父辈的路”。受中国传统“父慈子孝”文化传统的影响，当接班人与父辈领导人存在父子共治期时，即使接班人成为家族企业新领导者，父辈领导人仍然会在“幕后”关注着接班人的行为，此时大幅度地进行战略变革会削弱父辈的声望和权威，是一种“不孝”的行为（赵晶等，2015）。新任接班人为维护父辈的权威，并避免与企业“老臣”的正面冲突，维护家族的整体利益，接班人往往会选择继续遵从父辈领导人的经营思维，而减少“主动”识别新机会的倾向。其次，新上任的接班人处于认知“易感”阶段，易受父辈影响而形成认知烙印。而高强度、高要求的能力储备要求与动态变化的外部环境使接班人处于“易感”的敏感期，进而使父辈“传统”更容易对接班人形成认知烙印，持续影响接班人（Marquis and Tilcsik，2013）。

另一方面，接班人与父辈的共治经历所产生的认知烙印会降低企业的创业导向。超越企业可控的资源、积极寻求发展机会是公司创业创新精神的核心要义，这类企业往往愿意承担创新的风险，并不断尝试提高捕捉市场发展机会的能力（马鸿佳等，2009）。同样地，创业导向要求企业重视新机会、新想法和新技术，通常来自高层管理者的信念、认知和心智模式，倡导企业从事实验性以及创造性活动，并通过整合组织资源来促进创造性成果的实现。由此可知，创业、创新始于机会的识别与开发，家族企业想要创新发展就必须注重培养机会识别能力，形成企业的“主动”识别意识，但这种“主动”识别能力恰是帮扶式上位的接班人所缺乏的。因此帮扶式交班上位的接班人更可能遵循父辈的经验传统，而不愿主动改变思维，主动寻求新的发展机遇，其创业导向大大下降。此外，接班人对父辈经验的烙印依赖会使家族企业倾向于单一地维持当下的运营能力，甚至消极经营（Richard et al.，2004），这不但不利于企业未来的创新发展，反而会使企业的创新绩效大打“折扣”。

第二，帮扶式交班会对接班人形成决策烙印，进而降低家族企业的风险承担水平，不利于接班人自治后的创新发展。

一方面，父子共治期会使接班人形成特定的决策烙印。首先，帮扶式上位的接班人遵从父辈或家族“传统”而产生的“守业情结”会阻碍企业创新发展。当下，我国大部分家族企业仍以“子承父业”模式进行代际传承（陈凌、应丽芬，2003），企业家非常重视社会情感财富（Socioemotional Wealth，SEW）、家族声誉、社会地位和关系网络（祝振铎等，2018）。家族企业的创始人将自己的大半辈子都花在经营家族企业上，对管理家族企业拥有绝对权威。家族创始人借助家长权威、亲缘远近等原则配置家族企业的资源，其权威和影响力在企业许多决策中仍会产生作用（贺小刚、连燕玲，2009）。作为子女的接班人若在父亲退居“幕后”后采取过于积极的战略变革措施进行创新，会被视为“不孝”“忤逆”（赵晶等，2015）。因此帮扶式上位的接班人更会倾向于延续父亲的经营思维和决策，从而产生更厚的“守业情结”。其次，通过帮扶式交班上位的接班人，其决策行为更容易受父辈决策行为的影响。管理者对企业创新有决定性作用（Francis et al.，2015），父辈领导人的家族权威主要通过影响参与企业决策的家族成员进而影响企业的经营管理（贺小刚、连燕玲，2009）。由于接班人大多数的管理学习行为都发生于接班初期，这段经历会影响其接手家族企业之后参与制定的组织决策。同时，新上位的接班人需要承担“是否能延续成功”的精神负担，加上企业“老臣”已习惯父辈领导人的经营管理风格，新任接班人容易与“老臣”产生分歧或矛盾，需要在父辈领导人的帮助下培养与企业“老臣”之间的默契与信任感。此时，肩负家族重任与精神压力的接班人处于成长和发展的敏感时期，为了延续父辈的成功，赢得企业“老臣”的信任，通过帮扶式上位的接班人更容易受父辈决策的影响而产生“守业情结”（张远飞等，2013），不愿做出冒险的创新决策。

另一方面，接班人与父辈的共治经历所产生的决策烙印会降低企业的风险承担水平。首先，父辈经验存在有限性，帮扶式上位的接班人会因“陷于”父辈经验而表现出较低的风险承担能力。对于通过帮扶式交班上位的接班人来说，父辈经验能指导接班人把控家族企业未来的经营、发展方向，是接班人最重要且最主要的知识资源来源。然而，父辈经验也有其时效性和延展性，一旦父辈经验失去其时效性与延展性（Zhou and Chen，2011），其对接班人的指导作用就会大幅下降。此时，若接班人仍过于依赖父辈经验、坚持“守业情结”，会导致接班人无法识别企业所处环境的变化与机会，进而降低接班人对创新风险和不确定性的容忍度或创新能力，对企业创新绩效产生负向影响。其次，完成学业后直接进入家族企业工作的接班人更会受到家族逻辑的影响（李卫宁等，2021），更注重保护 SEW（Muñoz - Bullón and Sanchez - Bueno，2011）。通过帮扶式上位的接班人为了维护家族财富、守住父业，不会以“家”犯险，并会减少将资源投入高风险项目中。最后比起投入大量的资源追寻高报酬的市场机会，帮扶式上位的接班人更会倾向于保护家族财富，并表现出更低的风险承担水平，选择更保守的项目决策，进而降低家族企业的创新绩效。基于此，提出本章的以下假设：

假设 H7 - 1：相较于放手式的交班方式，帮扶式交班会对接班人自治后的创新活动产生负向影响。

7.2.2 自治时长的调节作用

从社会心理学角度来看，依赖性行为会形成特定制度，并围绕该特定制度建立起相应的认知结构、行为惯例和社会联系（Page，2006）。也就是说，一旦接班人形成对父辈烙印的惯性选择认知，接班人会因父辈烙印而产生路径依赖行为。同时，路径依赖类似于物理学中的“惯性”，即过去的行为选择或经历，会影响现在乃至未来，一旦个体或组织进入某一路径就会持续沿着这条路径继续发展（时晓虹等，2014）。

从路径依赖的角度来说，人们面临的众多选择会约束并锁定制度路径或组织系统技术，一旦人们的选择形成特定轨道，便会在该轨道上产生增强和固定作用（North，1990）。当然，依赖性行为并不意味着人们不能进行选择，而是依赖性行为限制了人们未来可选择路径的范围（Vergne and Durand，2010），即产生“惯性选择”。具体而言，组织规则与惯例经过一系列的有机结合而产生协同或互补效应，如规模经济效应、学习效应，即组织成员经过生产活动积累了大量的生产经营经验，企业的产出规模扩大，降低了企业的生产成本并提高了劳动生产率（David，1994），从而提升组织的适应性预期，进而使人们基于历史经验对未来做出判断与预测。同时，组织惯性会随着企业年龄增长、规模扩大（王龙伟，2004）而不断强化，企业实施组织变革行为愈发困难。一旦事物在发展过程中受到某事物或事件的影响并形成路径，无论该路径是好是坏都可能会对该路径形成依赖。并且，随着事物的发展，事物可能沿着当前惯性轨迹进入良性循环，也可能被锁定于原有路径之中，直至出现低效、无效状态，进而陷入恶性循环而无法自拔。同样地，接班人因烙印而产生的路径依赖行为会使接班人锁定在既定的父辈经验选择之中，使接班人持续遵守父辈经验传统，不愿进行变革或创新，进而表现出更低的创业导向和风险承担水平。随着接班人自治时长的增加，帮扶式上位的接班人在父子共治期产生的认知烙印与决策烙印会使接班人越来越倾向于“惯性选择”，进一步降低企业的创业导向与风险承担水平。

一方面，随着接班人自治时长的增加，通过父辈帮扶上位的接班人更会倾向于延续父辈经验，进一步降低家族企业的创业导向。首先，帮扶式上位的接班人在自治伊始不会进行大范围的战略变革来推进企业创新活动。这是因为，通过帮扶上位的接班人与父辈领导人存在父子共治期，为了帮助接班人顺利继位、树立权威，父辈会在父子共治期进行比较激烈的战略变革为接班人保驾护航（祝振铎等，2018）。若接班人在自治伊始就大刀阔斧地推进战略变革，会被视为“忤逆”或“不孝”（赵晶等，2015）。因此帮扶式上位的接班人自治伊始并不会以“新官上任三把火”的姿态大力推行创新活动，反而会坚守父辈的经验传统，继续表现出较低的创业导向。其次，随着接班人自治时长的增加，企业现有的经营路径对家族企业的影响越大，促使接班人持续坚守父辈经验传统，表现出更低的创业导向。这是因为，惯性依赖行为为组织提供了生存发展的机会，同时也是组织生存和积累资源的必要条件（Hannan and Freeman，1984）。家族接班人在自治伊始坚守父辈经营路径能使企业维持在稳定状态，使企业保持一定惰性，从而使家族企业能在激烈的竞争中生存（Hannan and Freeman，1984）。然而，一旦家族企业的家族“传统”成为必须遵循的惯例，家族会因改变传统做法的行为而感到焦虑（Gomez - Mejia et al.，2010），并会损害家族财富。最后，随着接班人自治时长的增加，变革与创新不仅会影响企业现有的经营水平，还会产生“转换成本”，如信息成本和交易成本，这些成本会导致投资的准不可逆性，进而使企业无法再次维持现有的经营水平，不利于保持家族财富，促使家族接班人表现出更低的创业导向。

另一方面，随着接班人自治时长的增加，接班人持续依赖父辈经验会进一步降低家族企业的风险承担水平。家族企业接班人持续坚守父辈经验会使家族企业陷入“伊卡卢斯悖论”（Miller，1992）。具体而言，接班人坚守父辈传统，并带领企业在相同的行为模式下不断取得成功，家族企业就会持续沿这条成功的路径经营下去，直至该路径失效引发危机。但由于路径的锁定效应，家族企业内的员工会因不断重复遵循同样的行为模式而产生认知惰性（Hodgkinson，1997）或行动惯性（Sull，1999）。即员工们会倾向于选择更快捷省事、更可靠而风险更低的工作方案，并习惯利用现有的知识与经验进行组织活动（March，1996）。随着接班人自治时长的增加，企业员工的“惰性”认知模式会使企业陷入“熟悉陷阱”“成熟陷阱”和“相似性陷阱”（Ahuja and Lampert，2001），进而使家族企业行为被锁定在现有成功经验与成功范式的范围内，使家族企业下意识地忽视其他更优的备选方案（March，1996）。此外，接班人的烙印惯性行为会妨碍企业对环境变化的反应速度，使家族企业的风险应对程序变成“例行公事”，促使家族企业更加注重企业决策的可预见性，进而导致企业行为变得更可预见、僵化和死板，即规模经济自我强化机制的负面表现。因此随着接班人自治时长的增加，帮扶式上位的接班人对父辈传统的持续依赖使接班人制定的决策逐渐表现出可预见性，从而使企业的经营模式僵化，进而导致企业识别环境变化与机会的能力更低，进一步降低企业的风险承担能力，对企业创新绩效产生更大的负向影响。基于以上的论述，提出本章的以下假设：

假设 H7－2：接班人自治后，接班人自治时长会加剧帮扶式交班对接班人创新绩效的负向影响。

7.2.3　家族管理权的调节作用

家族企业是一种特殊的企业组织形态，家族成员参与企业创立与经营是家族企业的重要特征之一。创办和管理企业的过程都会加强家族对企业的认同和依恋感，家族对企业的认同会强化家族的控制要求（Gomez－Mejia et al.，2007）。有研究指出，相比非家族企业，家族企业更容易在决策上产生惰性，且会威胁到家族企业的发展与生存（翁若宇等，2019）。

一方面，家族管理权越大，家族财富越集中，接班人越倾向于规避风险行为，使企业表现出越低的创业导向。这是因为，家族控制使家族企业在经营过程中会优先满足家族对于社会情感财富的诉求（朱沆等，2016）。家族管理权越大，家族财富越集中，为了避免家族财富和传统受到威胁，接班人会表现出更低的创新决策倾向（Anderson et al.，2012）。此时，为了降低家族财富遭受损失的风险，接班人会更倾向于依照父辈的经营路径，在企业的创新决策上表现出风险规避态度，企业识别创新机会的能力也会因企业决策者不敢冒险追逐潜在的机会而变弱，进而增强接班人对现有路径的依赖，表现出更低的创业导向，从而不利于企业的创新发展。

另一方面，家族管理权越大，参与管理的家族成员越多，家族逻辑与家族管理人员知识技能同质性对企业的影响越大，进而降低了家族企业的风险承担水平。首先，参与企业经营的家族成员越多，接班人与家族成员共事的机会越多，接班人的行为思维模式越容易受家族成员影响而更偏向于以保护家族财富为中心目标。并且，家族涉入企业管理的程度越高，高管团队中家族高管的比重越大，家族管理权越大，家族对企业的经营决策影响越大，家族维护 SEW 的目标会使接班人越依赖父辈经验而表现出越低的风险承担水平，进而选择越保守的项目决策，不利于企业的创新发展。其次，家族管理权比例的增加降低了家族企业管理团队技能和知识的多样性，使家族企业缺乏追求创新战略所需的管理能力与知识。家族企业要推进创新导向现实化，企业管理层必须拥有与之匹配的管理能力和知识储备。但同一家族高管人员的经验积累背景、教育背景和专业知识背景往往具有较高的同质性（Arzubiaga et al.，2017）。这说明，家族管理权越大，家族人力资本局限性对企业决策、投资新项目和从事新事业的影响越大，企业越缺乏识别与把握创新机遇所必备的人力资本条件，增加家族企业创新决策的风险性与不确定性，降低家族企业的风险承担能力，进而不利于企业创新发展。基于此，提出本章的以下假设：

假设 H7－3：接班人自治后，家族管理权程度会加剧帮扶式交班对接班人创新绩效的负向影响。

7.3 研究设计

7.3.1 样本选取与数据来源

首先，本章对家族企业的定义如下：（1）实际控制人为自然人或家族（邹立凯等，2019；黄海杰等，2018）；（2）至少有两名家族成员在上市公司持股或担任“董监高”（李新春等，2015；邹立凯等，2019）。并且，考虑到本章的研究重点是接班人自治后的企业创新发展，本章删除了未到二代自治阶段的家族企业样本。同时，本章的研究需要根据接班人进入企业的年份判断家族企业的交班方式，因而删除了无法判断家族企业接班人何时进入企业的样本。

其次，本章以2007~2020年已完成代际传承的中国上市家族企业为研究样本，剔除相关变量的缺失值，共有124个样本企业、665个样本观测值，且为非平衡面板数据。交班方式的相关数据为手工数据，主要通过以下几个步骤收集：第一，通过企业年报中公布的“一致行动关系”，同时借助百度、巨潮资讯网等渠道确定创一辈与接班人的亲缘关系；第二，通过国泰安数据库的“高管变更”情况确定接班人进入家族企业的年份；第三，通过国泰安数据库的“董监高个人特征文件”获得家族企业高管的个人简历，并手工确认各接班人在家族企业中的任职情况。同时，本章对所有参与回归的连续变量进行了1%水平的缩尾处理。

7.3.2 变量定义

（1）被解释变量。

被解释变量为接班人创新绩效。本章对接班人样本的界定借鉴祝振铎等（2018）的研究，当二代接班人进入企业，并担任总经理（CEO/总裁）、董事长、副董董事长等高管职务（包括董事），且父辈仍在企业任职时，视为父子共治。对二代接班人自治的界定则借鉴祝振铎等（2018）的研究，若二代接班人担任总经理（CEO/总裁）、董事长等核心高管职务，一代领导人不在家族企业中担任任何职位，则接班人进入自治阶段。同时，考虑到接班人自治后，接班人就是企业创新活动的主要决策者，本章将接班人自治后的专利申请数定义为接班人创新绩效，即以公司当年申请的发明数量加1取自然对数来衡量接班人创新绩效。

（2）解释变量。

现有的关于家族企业继任方式的研究大多以二代接班人是否有家族工作经历为判断依据，对家族继任方式进行分类研究，如邹立凯等（2019）根据接班人担任家族企业董事长、CEO等职位前是否有家族企业内其他工作经历，将家族企业继任方式分为空降式与渐进式。然而，家族企业代际传承是动态变化的过程，单纯以接班人是否有家族内其他工作经历来区分交班方式容易混淆不同家族企业的动态特征。此外，由于本章基于烙印理论视角对家族企业的交班方式进行研究，而烙印一般是一个动态的过程，不同家族企业交接班人之间的烙印过程存在差异，单纯以接班人是否有家族内其他工作经历来区分交班方式容易掩盖不同家族企业的烙印特征。因此本章将试着从接班人家族企业内工作经历年限的角度对交班方式进行划分，并在稳健性检验部分以接班人是否有家族企业内工作经历对本章的结论进行稳健性检验。

本章对交班方式的衡量为：若接班人自上位当年起到一代领导人退出企业（不在企业内担任任何职位）间的年限小于 5 年则视为放手式交班，取值为 0；若该年限大于或等于 5 年，则视为一代帮扶式交班，取值为 1。而之所以以 5 年为限有以下两点原因：第一，从烙印理论的视角来说，父辈对家族接班人的“烙印影响”需要时间，研究父辈烙印对接班人的影响需要考虑烙印形成的时间因素；第二，任期 4 年以上的 CEO 有足够时间与董事们进行双向沟通与了解，形成自己的权力范围体系（张行、常崇江，2019）。由此可以推测，父子共治期超过 4 年的家族企业，接班人有充足的时间逐步掌握家族企业整体的经营状况，有利于顺利实现代际传承，创一代更可能在这个年限外放手让接班人独掌大权。因此本章取 5 年为接班界限对交班方式进行划分是有依据的。

（3）调节变量。

调节变量包括接班人自治后的自治时长与家族管理权程度。接班人自治时长以接班人任董事长、总经理等核心职位，且父辈不在企业内担任任何职位的当年为自治的第 1 年，以此类推。家族管理权则借鉴 Klein 等（2005）的研究，以高管团队中家族成员比重测量，具体的衡量方式为：若家族高管比重为 0，则赋值为 1，位于 0 ~ 20% 赋值为 2，位于 21% ~ 50% 赋值为 3，位于 51% ~ 80% 赋值为 4，比重大于 80% 则赋值为 5。

（4）控制变量。

首先，借鉴祝振铎等（2018）等的研究，本章控制了企业的上市时间、企业绩效、企业规模、资产负债率。其次，考虑到企业的创新活动与企业的经营状况和资源状况密切相关，本章控制了家族企业的经营能力与企业融资约束水平。再次，从家族控制的角度来说，实际控制人对企业的控制程度反映了家族对企业经营决策的影响程度，据此，本章控制了家族企业实际控制人对企业的控制权比例。最后，考虑到接班人在涉入企业之前的工作经历与年龄因素会影响父辈对接班人能力的评估，进而会影响家族企业的交班方式，本章控制了接班人涉入企业前的工作经历与接班人年龄。同时，本章设置行业与年度虚拟变量，各变量的具体说明如表 7 - 1 所示。

表 7 - 1　　变量定义

变量类型	变量符号	变量名称	变量定义
被解释变量	Inn	接班人创新绩效	接班人自治后，公司当年独立申请的发明数量加 1 取自然对数
解释变量	Way	交班方式	若接班人自上位当年起到一代退出企业（不再企业内担任任何职位）间的年限小于 5 年则视为一代放手式交班，取值为 0；若该年限大于或等于 5 年，则视为一代帮扶式交班，取值为 1
调节变量	Time	自治时长	家族企业完成代际传承的第 1 年赋值为 1，第 2 年为 2，以此类推
	FM	家族管理权	根据高管团队中家族成员比重获得
控制变量	Age	上市年限	企业上市年数加 1 取对数
	Size	企业规模	总资产取自然对数
	LEV	资产负债率	总负债/年末总资产
	ROA	盈利能力	净利润/总资产余额
	OPE	经营能力	营业收入/（平均营运资本 ×100），平均营运资金 =（（流动资产期末余额—流动负债期末余额）+（流动资产期初余额—流动负债期初余额））/2
	CR	控制权比例	实际控制人与上市公司股权关系链或若干股权关系链中最弱的一层或最弱的一层的总和/100
	SA	融资约束	$SA = -0.737Size + 0.043Size^2 - 0.04Age$
	BIR	接班人年龄	接班人当年的年龄取自然对数
	Work	接班前工作经历	若接班人涉入家族企业前有家族企业以外企业任职经历则赋值为 1，否则为 0
	Year	年度因素	样本企业年度在 2007 ~ 2020 年，共包括 14 个年度
	Industry	行业因素	根据证监会 2012 年的《行业分类指引》，设置行业虚拟变量

7.3.3 模型构建

为了检验假设 H7－1 建立本章的模型（7－1），为了检验假设 H7－2 建立本章的模型（7－2），为检验本章的假设 H7－3 建立本章的模型（7－3）。

$$Inn_{i,t} = \beta_0 + \beta_1 \times Way_{i,t} + \sum \beta_i \times Controls_{i,t} \tag{7-1}$$

$$Inn_{i,t} = \beta_0 + \beta_1 \times Way_{i,t} + \beta_2 \times Time_{i,t} + \beta_3 \times Time_{i,t} \times Way_{i,t} + \sum \beta_i \times Controls_{i,t} \tag{7-2}$$

$$Inn_{i,t} = \beta_0 + \beta_1 \times Way_{i,t} + \beta_2 \times FM_{i,t} + \beta_3 \times FM_{i,t} \times Way_{i,t} + \sum \beta_i \times Controls_{i,t} \tag{7-3}$$

7.4 实证检验及结果分析

7.4.1 描述性统计

表 7－2 的数据显示，接班人创新绩效的均值为 1.637，标准误较大，表明家族企业的接班人创新绩效值比较分散；交班方式的均值为 0.511，即表明有超过一半的家族企业样本采用了帮扶式交班；接班人涉入企业前的工作经历均值为 0.475，说明仍有接近半数的家族企业接班人进入家族企业任职前有本公司以外的公司任职经历。

表 7－2　描述性统计

变量	样本量	Mean	Sd	Min	Max
Inn	665	1.637	1.332	0.000	4.920
Way	665	0.511	0.500	0.000	1.000
Age	665	2.025	0.778	0.000	3.219
Size	665	8.096	0.970	6.121	10.800

续表

变量	样本量	Mean	Sd	Min	Max
LEV	665	0.386	0.175	0.071	0.850
ROA	665	0.041	0.053	-0.191	0.174
OPE	665	0.058	0.135	0.001	1.012
CR	665	0.420	0.164	0.126	0.753
SA	665	3.189	0.075	2.934	3.279
BIR	665	3.782	0.178	3.332	4.094
Work	665	0.475	0.500	0.000	1.000

7.4.2 相关性分析

如表7-3所示，大部分变量之间的相关系数小于0.4，其余个别变量的相关系数也小于0.7，即表明本章各主要变量之间出现多重共线性问题的可能性较低。需要特别说明的是，交班方式（Way）与接班人创新绩效（Inn）的相关系数为正，与本章Model4-1的回归系数相反。这是因为，Pearson相关系数分析单纯只考虑交班方式与接班人创新绩效两者之间的关系，并不考虑其他控制变量的影响。而多元回归的结果是综合考虑企业层面、接班人层面等因素，并在分析自变量对因变量的影响时控制这些影响因素。因此交班方式与接班人创新绩效的相关系数与多元回归系数符号不一致是正常现象。

7.4.3 均值T检验

为了检验交班方式与接班人创新绩效之间是否呈现显著性差异，本章将对交班方式与接班人创新绩效进行均值T检验。检验的结果如表7-4所示，交班方式对接班人创新绩效的影响差异显著，通过均值T检验。

表 7-3 相关性分析

变量	Inn	Way	Age	Size	LEV	ROA	OPE	CR	SA	BIR	Work
Inn	1										
Way	0.087 **	1									
Age	0.073 *	0.062	1								
Size	0.373 ***	0.108 ***	0.371 ***	1							
LEV	-0.025	-0.055	0.264 ***	0.400 ***	1						
ROA	0.139 ***	-0.069 *	-0.231 ***	0.062	-0.278 ***	1					
OPE	0.051	0.01	0.070 *	0.190 ***	0.251 ***	-0.011	1				
CR	-0.051	-0.092 **	-0.439 ***	-0.100 ***	-0.065 *	0.159 ***	0.002	1			
SA	0.175 ***	-0.022	0.609 ***	0.503 ***	0.309 ***	-0.147 ***	0.06	-0.214 ***	1		
BIR	0.120 ***	-0.04	-0.076 *	0.089 **	-0.023	0.080 **	-0.033	0.070 *	-0.045	1	
Work	-0.077 **	-0.540 ***	-0.141 ***	-0.143 ***	0.039	0.098 **	0.028	0.059	-0.124 ***	0.129 ***	1

注：***、**、*分别表示在1%、5%、10%水平下显著。

表 7－4　均值 T 检验结果

交班方式	样本量	均值	标准误	T 值
放手式	325	1.519	0.076	—
帮扶式	340	1.750	0.070	—
总样本	665	1.637	0.517	—
Diff	—	－0.231	0.103	－2.239**

注：** 表示在 5% 水平下显著。

7.4.4　多元回归分析

（1）基本回归分析。

如表 7－5 Model4－1 的回归结果所示，当家族企业完成代际传承后，帮扶式交班与接班人创新绩效显著负相关，即本章的假设 H7－1 成立。这说明通过帮扶式交班方式进入家族企业的接班人，由于与父辈领导人有家族企业内的共治经历，他们更容易受到家族逻辑的影响。通过帮扶上位的接班人独掌大权后会更倾向于依赖父辈的经验资源，采用现有的组织流程解决当前问题，进而容易陷入对父辈"传统"的烙印惯性依赖之中，从而不利于企业创新发展。

（2）调节效应分析。

如表 7－5 Model4－2 的回归结果所示，交班方式与接班人自治时长的交互项（Way × Time）显著负相关。这表明接班人自治后，接班人自治时长会加剧帮扶式交班对接班人创新绩效的负向影响，本章的假设 H7－2 成立。同时，这也说明了虽然我国家族企业创一代退出企业后仍会存在"垂帘听政"的现象，但接班人自治后表现出的烙印惯性并不是源于顺从父辈威严或担心大幅度的创新行为会损害父辈权威，即通过帮扶上位的接班人表现出的烙印惯性是"自主"行为，并不是"被迫无奈"的阶段性行为。

如表 7－5 Model4－3 的回归结果所示，交班方式与家族管理权的交互项（Way × FM）显著负相关，即接班人自治后，家族管理权程度会加剧交班方式对接班人创新绩效的负向影响，本章的假设 H7－3 成立。这说明，家族参与企业管理的程度越高，家族高管成员占企业高管团队的比重越大，家族管理权就越大，进而增强家族对企业经营决策的影响。此外，家族管理人员在人力资本、维护 SEW 方面的特征会增加企业实施创新、创业等行为的不确定性和风险性，进而降低家族企业的风险承担水平，不利于企业创新发展。

表 7－5　　基本回归分析

Inn	Model4－1	Model4－2	Model4－3
Way	－0.232** (－1.98)	－0.316** (－2.43)	－0.190* (－1.68)
Time	—	－0.039** (－2.20)	—
Way × Time	—	－0.050** (－2.00)	—
FM	—	—	－0.050 (－1.25)
Way × FM	—	—	－0.322*** (－4.54)
Age	0.085 (0.77)	0.199 (1.51)	0.152 (1.42)
Size	0.521*** (7.62)	0.530*** (7.99)	0.499*** (7.30)
LEV	－0.407 (－1.20)	－0.444 (－1.30)	－0.174 (－0.53)
ROA	2.296*** (2.71)	2.147** (2.51)	2.334*** (2.89)
OPE	－0.090 (－0.27)	－0.099 (－0.30)	－0.141 (－0.45)
CR	0.096 (0.26)	0.169 (0.47)	0.146 (0.40)
SA	－0.290 (－0.25)	－0.793 (－0.67)	－0.512 (－0.43)

续表

Inn	Model4 - 1	Model4 - 2	Model4 - 3
BIR	-0.104 (-0.40)	0.191 (0.64)	0.040 (0.15)
Work	0.159 (1.29)	0.117 (0.92)	0.238** (2.01)
Year	YES	YES	YES
Industry	YES	YES	YES
Constant	-2.361 (-0.64)	-2.208 (-0.63)	-2.061 (-0.55)
N	665	665	665
R^2	0.429	0.434	0.445

注：表中汇报了回归系数，括号内为 robust 下的 t 值，***、**、* 分别表示在 1%、5%、10% 水平下显著。

7.4.5 稳健性检验

（1）替换解释变量。

一方面，为了增加研究结论的稳健性，本章将改变解释变量的度量方法，并对模型重新进行多元回归。具体而言，本章将自变量替换为 Way1 与 Way2：Way1 表示若接班人自上位当年起到一代领导人退出企业（不再企业内担任任何职位）间的年限等于 0 年则视为一代放手式交班，取值为 0；若大于或等于 1 年则视为一代帮扶式交班，取值为 1。Way2 表示若接班人自上位当年起到一代领导人退出企业（不再企业内担任任何职位）间的年限小于 3 年则视为一代放手式交班，取值为 0；若大于或等于 3 年则视为一代帮扶式交班，取值为 1。另一方面，考虑到本章对解释变量（交班方式）的衡量方式可能具有一定的主观性，本章根据方太集团创始人茅理翔先生提出的“带三年，帮三年，看三年”传承定律（刘娇等，2017），以 3 年为界设置交班方式 Way3（设家族企业创一代与接班人的共治年限为 x）：若共治年限 x 为 0，赋值为 1；若共治年限为 $0<x\leqslant3$ 年则赋值为 2；若共治年限为 $3<x\leqslant6$ 年则赋值为 3；若共治年限为 $6<x\leqslant9$ 年则赋值为 4，$x>9$ 则赋值为5。取值越大，帮扶程度越高。

表7－6是替换解释变量为 Way1 后的回归结果，表7－7是替换解释变量为 Way2 后的回归结果，表7－8是替换解释变量为 Way3 后的回归结果。表7－6至表7－8的回归结果均与表7－5的回归结果无实质性差别，说明本章的研究结论具备稳健性。

表7－6　　替换自变量为 Way1

Inn	Model4－1	Model4－2	Model4－3
Way1	－0.326** (－2.44)	－0.324** (－2.24)	－0.304** (－2.29)
Time	—	－0.037** (－2.27)	—
Way×Time	—	－0.074*** (－3.11)	—
FM	—	—	－0.074* (－1.84)
Way×FM	—	—	－0.271*** (－3.60)
Age	0.083 (0.75)	0.179 (1.38)	0.125 (1.17)
Size	0.535*** (7.80)	0.546*** (8.22)	0.507*** (7.43)
LEV	－0.400 (－1.19)	－0.389 (－1.15)	－0.305 (－0.92)
ROA	2.460*** (2.87)	2.413*** (2.82)	2.414*** (2.92)
OPE	－0.113 (－0.35)	－0.188 (－0.58)	－0.018 (－0.06)
CR	0.071 (0.19)	0.055 (0.16)	0.087 (0.24)
SA	－0.111 (－0.10)	－0.468 (－0.41)	－0.501 (－0.43)

续表

Inn	Model4 - 1	Model4 - 2	Model4 - 3
BIR	-0.199 (-0.77)	0.138 (0.49)	-0.100 (-0.38)
Work	0.196* (1.71)	0.168 (1.48)	0.238** (2.10)
Year	YES	YES	YES
Industry	YES	YES	YES
Constant	-2.547 (-0.71)	-3.016 (-0.88)	-1.260 (-0.35)
N	665	665	665
R^2	0.431	0.440	0.442

注：表中汇报了回归系数，括号内为 robust 下的 t 值，***、**、* 分别表示在 1%、5%、10% 水平下显著。

表 7-7　替换自变量为 Way2

Inn	Model4 - 1	Model4 - 2	Model4 - 3
Way2	-0.265** (-2.02)	-0.330** (-2.37)	-0.239* (-1.88)
Time	—	-0.033** (-1.96)	—
Way × Time	—	-0.057** (-2.53)	—
FM	—	—	-0.056 (-1.46)
Way × FM	—	—	-0.284*** (-3.92)
Age	0.096 (0.86)	0.195 (1.48)	0.132 (1.21)
Size	0.527*** (7.67)	0.532*** (7.96)	0.507*** (7.43)
LEV	-0.418 (-1.24)	-0.424 (-1.25)	-0.275 (-0.83)

续表

Inn	Model4 - 1	Model4 - 2	Model4 - 3
ROA	2.273*** (2.71)	2.285*** (2.68)	2.257*** (2.79)
OPE	-0.086 (-0.27)	-0.133 (-0.42)	0.006 (0.02)
CR	0.059 (0.16)	0.040 (0.11)	0.087 (0.24)
SA	-0.191 (-0.16)	-0.588 (-0.51)	-0.432 (-0.36)
BIR	-0.086 (-0.33)	0.226 (0.76)	-0.010 (-0.04)
Work	0.156 (1.28)	0.100 (0.80)	0.228* (1.92)
Year	YES	YES	YES
Industry	YES	YES	YES
Constant	-2.714 (-0.75)	-2.851 (-0.83)	-1.983 (-0.54)
N	665	665	665
R^2	0.429	0.435	0.442

注：表中汇报了回归系数，括号内为 robust 下的 t 值，***、**、*分别表示在 1%、5%、10%水平下显著。

表 7-8　　　　替换自变量为 Way3

Inn	Model4 - 1	Model4 - 2	Model4 - 3
Way3	-0.151*** (-2.81)	-0.235*** (-3.59)	-0.152*** (-2.83)
Time	—	-0.059*** (-3.05)	—
Way × Time	—	-0.022* (-1.94)	—
FM	—	—	-0.055 (-1.33)

续表

Inn	Model4 - 1	Model4 - 2	Model4 - 3
Way × FM	—	—	-0.109*** (-3.17)
Age	0.084 (0.77)	0.235* (1.76)	0.137 (1.27)
Size	0.555*** (8.29)	0.580*** (9.08)	0.523*** (7.68)
LEV	-0.549 (-1.63)	-0.659* (-1.92)	-0.399 (-1.22)
ROA	2.217*** (2.63)	1.965** (2.32)	2.166*** (2.65)
OPE	-0.104 (-0.33)	-0.128 (-0.40)	-0.060 (-0.21)
CR	0.156 (0.43)	0.275 (0.79)	0.160 (0.44)
SA	-0.165 (-0.14)	-0.707 (-0.63)	-0.444 (-0.38)
BIR	-0.205 (-0.78)	0.185 (0.63)	-0.122 (-0.46)
Work	0.212* (1.88)	0.158 (1.39)	0.234** (2.12)
Year	YES	YES	YES
Industry	YES	YES	YES
Constant	-2.379 (-0.67)	-2.466 (-0.74)	-1.535 (-0.42)
N	665	665	665
R^2	0.433	0.442	0.441

注：表中汇报了回归系数，括号内为 robust 下的 t 值，***、**、* 分别表示在 1%、5%、10% 水平下显著。

（2）替换被解释变量。

同样地，本章通过改变被解释变量的度量方式检验回归结果的稳健性。本章将因变量（接班人创新绩效）重新定义为：接班人自治后，公司当年的研发支出总额取自然对数。如表 7-9 是改变被解释变量度量方式之后的回归结果，该回归结果与表 7-5 的结论相符。这表明本章的回归结果在替换了因变量的衡量方式后仍成立。

表 7-9　　　　替换因变量为 Inn1

Inn1	Model4-1	Model4-2	Model4-3
Way	-0.150** (-2.17)	-0.242*** (-3.28)	-0.140** (-2.09)
Time	—	-0.044*** (-4.47)	—
Way × Time	—	-0.039*** (-2.86)	—
FM	—	—	-0.011 (-0.40)
Way × FM	—	—	-0.114** (-2.23)
Age	-0.017 (-0.28)	0.119* (1.72)	-0.002 (-0.04)
Size	0.945*** (26.31)	0.949*** (27.23)	0.941*** (25.54)
LEV	-0.301 (-1.20)	-0.370 (-1.52)	-0.179 (-0.68)
ROA	2.468*** (3.34)	2.233*** (3.06)	2.500*** (3.43)
OPE	0.300 (1.52)	0.302 (1.58)	0.264 (1.38)
CR	0.027 (0.12)	0.095 (0.43)	0.014 (0.06)
SA	0.717* (1.73)	0.168 (0.38)	0.682 (1.64)
BIR	0.749*** (3.71)	1.107*** (4.76)	0.777*** (3.67)

续表

Inn1	Model4 - 1	Model4 - 2	Model4 - 3
Work	-0.041 (-0.56)	-0.085 (-1.11)	-0.027 (-0.39)
Year	YES	YES	YES
Industry	YES	YES	YES
Constant	2.894 ** (2.08)	3.032 ** (2.02)	2.990 ** (2.19)
N	557	557	557
R^2	0.817	0.825	0.819

注：表中汇报了回归系数，括号内为 robust 下的 t 值，***、**、* 分别表示在 1%、5%、10% 水平下显著。

7.4.6 内生性检验

(1) PSM 匹配。

考虑到接班人创新绩效（接班人自治后的创新绩效）有可能不完全是由于家族企业继任方式不同所引起的，即本章的研究可能有样本自选择的内生性问题。为解决这个内生性问题，本章将以家族企业是否以帮扶式交班完成代际传承作为分组依据，帮扶式交班的企业进入实验组（Treat = 1），不是帮扶式交班企业（包括未完成自治的样本与以放手式交班的样本）进入对照组（Treat = 0）。考虑到放手式交班与帮扶式交班主要的差异在于接班人进入企业后的二代共治期，为了更好地控制样本家族企业除代际传承阶段不同以外的其他特征差异，本章选择的协变量与表 7 - 5 中的控制变量一致。同时，本章将采用核匹配对对照组与实验组进行匹配。

表 7 - 10 为倾向性匹配前后的 ATT 值检验。结果表明，匹配后的 T 值大于 1.96。同时，本章进行了平衡假设检验，其检验结果见表 7 - 11，大部分协变量匹配后的标准化偏小于 10，且匹配后的 T 值基本上不显著，即可判断本章的研究变量基本上能通过平衡假设检验。表 7 - 12 是匹配后的回归结果，结果表明，帮扶式交班对接班人创新绩效的负向关系仍成立，接班人自治时长与家族管理权对两者的调节作用也依然显著。

表 7－10　　匹配前后的 ATT 值

匹配方式	变量	匹配	实验组	对照组	Difference	S. E.	T－stat
核匹配	Inn	Unmatched	1. 636	1. 670	－0. 034	0. 092	－0. 37
		ATT	1. 615	1. 985	－0. 370	0. 155	－2. 38

表 7－11　　匹配均衡检验

变量	均值：处理组	均值：控制组	标准化偏差	T 值
Age	1. 837	1. 935	－11. 7	－1. 82
Size	8. 095	8. 124	－3. 1	－0. 48
LEV	0. 372	0. 382	－5. 4	－0. 86
ROA	0. 047	0. 045	4. 5	0. 66
OPE	0. 053	0. 053	0. 6	0. 09
CR	0. 429	0. 417	7. 8	1. 35
SA	3. 184	3. 186	－2. 4	－0. 35
BIR	3. 701	3. 717	－8. 1	－1. 22
Work	0. 118	0. 113	1. 1	0. 23

表 7－12　　匹配后的回归结果

变量	Inn		
	Model4－1	Model4－2	Model4－3
Way	－0. 213 ** （－2. 39）	－0. 196 ** （－2. 19）	－0. 199 ** （－2. 28）
Time		－0. 009 （－0. 71）	—
Way × Time		－0. 043 * （－1. 74）	—
FM		—	－0. 052 （－1. 34）
Way × FM		—	－0. 181 *** （－2. 70）
Age	0. 194 ** （2. 03）	0. 216 ** （2. 04）	0. 218 ** （2. 31）
Size	0. 301 *** （4. 30）	0. 292 *** （4. 16）	0. 280 *** （3. 91）

续表

变量	Inn		
	Model4 - 1	Model4 - 2	Model4 - 3
LEV	0. 134 (0. 41)	0. 120 (0. 36)	0. 261 (0. 80)
ROA	2. 601 *** (3. 17)	2. 614 *** (3. 17)	2. 678 *** (3. 34)
OPE	-0. 183 (-0. 41)	-0. 173 (-0. 39)	-0. 217 (-0. 50)
CR	0. 795 ** (2. 44)	0. 782 ** (2. 41)	0. 769 ** (2. 41)
SA	0. 839 (0. 74)	0. 829 (0. 74)	0. 891 (0. 79)
BIR	0. 261 (1. 13)	0. 311 (1. 25)	0. 367 (1. 54)
Work	0. 257 ** (2. 53)	0. 232 ** (2. 21)	0. 292 *** (2. 90)
Year	YES	YES	YES
Industry	YES	YES	YES
Constant	-6. 328 * (-1. 85)	-6. 410 * (-1. 91)	-6. 581 * (-1. 94)
R^2	0. 355	0. 356	0. 361
N	741	741	741

注：表中汇报了回归系数，括号内为 robust 下的 t 值，***、**、* 分别表示在1%、5%、10%水平下显著。

（2）Heckman 两阶段回归。

本章的研究需要根据接班人进入企业的年份判断家族企业的交班方式，删除了无法判断家族企业接班人何时进入家族企业的企业样本。因此本章可能存在遗漏一些家族企业样本的选择偏差问题。为了解决这个内生性问题，本章将以 Heckman 两阶段回归法检验回归结果。考虑到有些家族企业的家族化时间较长，自上市当年就由家族控股，而有些企业的家族化时间较短，其上市当年并不是由家族控制，而是国家控股或非自然人/家族控股，之后通过股权转让、改制等方式由家族控股，成为家族企业。家族化时间长短与家族化方式都会影响企业的交班方式，直接创办或家族化时间较长的家族企业有更多内部培养接班人的机会，为帮扶式交班提供时间基础。同时，家族化方式与家族化时间都不会对接班人创新绩效产生直接影响，为外生变量，因而选择这两个变量为工具变量。本章对家族化方式的度量方式为：若企业上市时就由家族企业控股，该企业就是直接创办型家族企业，赋值为1；若企业上市时不是家族企业（是国家控股或非自然人/家族控股），之后通过股权转让、改制等方式成为家族企业，则该企业则为间接创办型家族企业，赋值为0。家族化时间的度量方式为：若企业是直接创办型家族企业，则以当年度减去其股票上市时间，再将两者的差值加1取自然对数，最后根据上一步计算所得的值是否大于其平均数设置虚拟变量（若大于均值赋值为1，反之赋值为0）；若该企业是间接创办型家族企业，则以当年度减去其取得股权正式的时间，并按照同样方式设置虚拟变量。

本章设置因变量（接班人创新绩效）为虚拟变量 Inn_D，若接班人创新绩效（Inn）大于样本均值则取赋值为1，表示该接班人自治后的创新绩效较好，否则赋值为0，表示该接班人自治后的创新绩效较差。回归的结果见表7-13，结果表明，逆米尔斯比的系数显著为正，且交班方式与接班人创新绩效显著负相关，本章的主要结论依然稳健。

表7-13　　　　Heckman 两阶段回归结果

变量	Inn（二阶段）	D_Inn（一阶段）
FW	—	0.404** (2.23)
FT	—	-0.414** (-2.58)
D_Way	-0.153** (-2.11)	—
Age	0.205** (2.57)	0.359*** (2.71)
Size	0.389*** (4.35)	0.443*** (4.98)
LEV	0.164 (0.49)	-0.105 (-0.25)

续表

变量	Inn（二阶段）	D_Inn（一阶段）
ROA	3.823*** (4.40)	1.903* (1.74)
OPE	0.206 (0.54)	-0.117 (-0.22)
CR	0.219 (0.72)	0.359 (0.90)
SA	-0.662 (-0.80)	-0.660 (-0.60)
BIR	-0.081 (-0.37)	0.032 (0.11)
Work	0.286*** (3.13)	0.085 (0.65)
Year	YES	YES
Industry	YES	YES
Constant	-0.234 (-0.07)	-4.857 (-1.50)
N	483	1003
IMR	—	0.756** (2.13)

注：表中汇报了回归系数，括号内为 robust 下的 t 值，***、**、*分别表示在1%、5%、10%水平下显著。

7.5　进一步分析

7.5.1　中介效应分析

（1）创业导向的中介效应。

本章将验证帮扶式交班是否通过降低企业的创业导向对接班人创新绩效产生负向影响。本章借鉴 Williams 等（2009）、韵江等（2021）的方法，采用企业年末研发开支占销售收入比例和年度投资活动现金流量净额占销售收入比例来度量家族企业的创业导向（EO）。式（7-4）是家族企业创业导向的具体计算公式。其中，$x_{i,t}$为研发支出占销售收入比例，$y_{i,t}$为投资活动现金流量净额占销售收入比例。EO 数值越大，表明创业导向强度越大。检验结果见表 7 – 14，帮扶式交班与创业导向显著负相关，创业导向与接班人创新绩效显著正相关，即说明创业导向的中介效应显著。

$$EO_{I,t} = \sqrt{(x_{I,t} - 0)^2 + (y_{I,t} - 0)^2} \tag{7-4}$$

表 7 – 14　　创业导向的中介效应

变量	EO	Inn
EO	—	0.449 * (1.72)
Way	−0.051 ** (−2.21)	−0.130 (−1.03)
Age	−0.086 *** (−4.19)	0.005 (0.05)
Size	0.031 ** (2.36)	0.565 *** (7.55)
LEV	−2.44 *** (−3.24)	−0.513 (−1.37)
ROA	−0.200 (−1.25)	2.95 *** (2.96)
OPE	−0.140 ** (−2.54)	0.014 (0.04)
CR	−0.109 * (−1.75)	0.752 * (1.82)
SA	−0.119 (−0.71)	1.989 ** (2.14)
BIR	0.061 (1.39)	−0.020 (−0.07)
Work	−0.041 * (−1.78)	0.265 ** (2.01)
Year	YES	YES
Industry	YES	YES

续表

变量	EO	Inn
Constant	0.355 (0.60)	-10.719*** (-3.89)
N	557	557
R^2	0.324	0.415

注：表中汇报了回归系数，括号内为 robust 下的 t 值，***、**、* 分别表示在 1%、5%、10% 水平下显著。

（2）风险承担水平的中介效应。

本章参考余明桂等（2013）、李健等（2021）的研究，以企业盈利的波动性来衡量企业的风险承担水平。ROA 为家族企业 i 对应年度的息税前利润与当年末企业资产总额的比率。为了剔除行业因素对家族企业 ROA 的影响，本章先将家族企业每一年的 ROA 减去该年度企业所在行业的平均值，得到 Adj_ROA，并以每 3 年（t 年到 t+2 年）作为一个观测时间段，滚动计算经行业调整后的 ROA（Adj_ROA）的极差，即为家族企业对应时间段的风险承担水平（Risk）。具体的计算公式如式（7-5）所示，$Risk_{i,t}$ 表示家族企业 i 在 t 年的风险承担水平。表 7-15 的检验结果表明，帮扶式交班与家族企业风险承担水平显著负相关，风险承担水平和接班人创新绩效显著正相关，即风险承担水平的中介效应显著。

$$Risk_{i,t} = MAX_{Adj_{ROA}\, i,t} - MIN_{Adj_{ROA}\, i,t} \tag{7-5}$$

表 7-15　风险承担水平的中介效应

变量	Risk	Inn
Risk	—	0.030* (1.81)
Way	-0.477* (-1.67)	-0.222 (-1.63)
Age	0.007 (0.03)	-0.030 (-0.21)
Size	-0.273 (-1.51)	0.534*** (6.80)

续表

变量	Risk	Inn
LEV	0.091 (0.09)	−0.847** (−2.25)
ROA	−15.858*** (−3.18)	3.234*** (3.21)
OPE	1.691** (2.01)	0.110 (0.33)
CR	−0.651** (2.01)	0.111 (0.26)
SA	3.168* (1.69)	0.067 (0.05)
BIR	−0.264 (−1.32)	0.047 (0.15)
Work	−0.332 (−0.97)	0.191 (1.34)
Year	YES	YES
Industry	YES	YES
Constant	−2.758 (−0.42)	−3.438 (−0.79)
N	532	532
R^2	0.222	0.429

注：表中汇报了回归系数，括号内为 robust 下的 t 值，***、**、*分别表示在 1%、5%、10% 水平下显著。

7.5.2 接班人能力禀赋的调节作用

（1）接班人商会资本。

管理者在同一或不同敏感期内产生的新烙印会对旧烙印产生不同的影响效果。一方面，新烙印可能取代旧烙印，并使旧烙印逐渐被淡化；另一方面，新烙印可能发挥互补或增强作用，并使旧烙印的适应范围更广或发挥更强的影响（Simsek et al.，2015）。烙印的动态变化主要有两种形式：

第一，高管在同一或不同敏感期产生的烙印形成路径叠加，进而使原有烙印产生变化。第二，当高管在社会学习的过程中持续接触与原有烙印无关或不同但可信度更强、与高管以往的认知或者价值观不相符的信息时，高管就会产生学习者效应，使高管原有的烙印逐渐消退（Marquis and Tilcsik，2013）。商会资本对于家族企业来说是一项具有价值的稀缺资源，可以让决策者通过商会迅速地获得决策信息，并让他们更愿意采用新技术来促进企业的发展（Woods et al.，2017），为接班人带来资源、渠道等的优势。从接班人商会资本的角度来说，家族企业接班人比其父辈领导人更注重发展商业关系（赵晶等，2015）。接班人巩固、发展诸如商会资本等非正式制度下的资源关系有利于提升接班人权威，缓解创始人对接班人的认知烙印与决策烙印。

综上所述，本章将检验商会资本对交班方式与接班人创新绩效的调节效应。本章对接班人商会资本的具体衡量方式为（CC）：自接班人自治后的第一年起，若接班人在当年度任职行业协会或商会的会长、副会长、理事、副理事长和理事长等职位时赋值为 1，否则为 0。同时，回归结果见表 7-16，接班人商会资本正向调节帮扶式交班与接班人创新绩效之间的负向关系，即接班人商会资本能缓解接班人对父辈烙印的惯性依赖，并降低其对接班人创新绩效的不利影响。

表 7-16　　接班人商会资本的调节效应

变量	Inn
Way	-0.205* (-1.76)
CC	-0.003 (-0.02)
Way × CC	0.622*** (2.60)
Age	0.077 (0.70)
Size	0.514*** (7.48)

续表

变量	Inn
LEV	-0.379 (-1.09)
ROA	2.093 ** (2.49)
OPE	-1.121 (-0.36)
CR	-0.018 (-0.05)
SA	-0.164 (0.14)
BIR	-0.047 (-0.19)
Work	0.158 (1.27)
Year	YES
Industry	YES
Constant	-2.765 (-0.77)
N	665
R^2	0.433

注：表中汇报了回归系数，括号内为 robust 下的 t 值，***、**、*分别表示在 1%、5%、10% 水平下显著。

（2）接班人学历提升。

同样地，接班人自治后的学历变化也会影响帮扶式交班与接班人创新绩效之间的关系。已有研究表明，决策者的教育程度和性格等特征会影响企业的创新投入决策（蒋尧明、章丽萍，2012）。这是因为，企业管理者的适应能力决定了企业的创新能力和生存竞争能力（魏立群、王智慧，2002）。管理者的受教育水平可以反映出他的价值观与认知水平（Hambrick and Mason，1984），教育水平越高意味着高管对事物有越高的认知复杂度（Hitt and Tyler，1991），高管接受新观念的能力越强，越容易接受变革与创新行为。因此若接班人自治后继续提升学位则有利于接班人提升适应变化的能力，提高接班人的创新认知，进而提高接班人对创新等风险决策的容忍程度，有利于缓解帮扶式交班对接班人创新绩效的负向影响。

本章将接班人自治后的学历提升（DE）定义为：若接班人独自掌权后继续提升学历（如原本为本科学历，接班人自治后继续深造并获得硕士学位；原本为研究生学历，接班人自治后继续深造并获得博士学位）则视为学历提升并赋值为1，反之学历未提升则赋值为0。同时，控制变量与表7－5保持一致。回归结果见表7－17，结果表明，交班方式与接班人学历提升在1%的水平下显著正相关，即接班人自治后的学历提升有利于缓解帮扶式交班对接班人创新绩效的负向影响。

表7－17　　接班人学历提升的调节效应

变量	Inn
Way	−0.204* (−1.74)
DE	0.100 (0.74)
Way × DE	0.857*** (3.32)
Age	0.132 (1.15)
Size	0.506*** (7.75)
LEV	−0.514 (−1.53)
ROA	2.437*** (2.87)
OPE	−0.158 (−0.50)
CR	0.001 (0.29)

续表

变量	Inn
SA	-0.201 (-0.17)
BIR	-0.015 (-0.06)
Work	0.181 (1.49)
Year	YES
Industry	YES
Constant	-3.114 (-0.84)
N	665
R^2	0.438

注：表中汇报了回归系数，括号内为 robust 下的 t 值，***、**、* 分别表示在 1%、5%、10% 水平下显著。

7.5.3 接班人手足关系的调节作用

前面的研究结论表明，家族管理权程度会加剧帮扶式交班对接班人创新绩效的负向影响。但朱沆等（2016）的研究表明，家族企业内存在不同的 SEW，包括约束型与延伸型两种，而约束型 SEW 会降低家族企业的创新意愿。基于此，本章猜测由于家族管理所产生的 SEW 存在不同类型，其对帮扶式交班与接班人创新绩效间的调节效应也会有所不同。因此本章将从接班人手足关系的角度对帮扶式交班与接班人创新绩效之间的关系做进一步分析。

我国传统的人际交往大多受家庭本位文化的影响，亲缘关系程度会影响人际关系的亲疏远近，并以血缘关系远近为判断标准，处于血缘关系网中心则为核心圈层。按照家族成员参与者的亲属关系可将家族企业分为个人控股、兄弟姐妹控制以及旁系兄弟姐妹控制三种类型（Gersick et al.，1997）。按照家族企业成员组合模式可将家族企业分为核心型、远亲型以及复合型三种家族企业（贺小刚等，2010）。当接班人自治后，手足关系就是离接班人最近的圈层。手足关系间拥有共同的生物遗传、天然的亲近与依赖关系，手足之间更容易相互依赖、相互协助（Eriksen and Gerstel，2002）。同时，与非手足成员相比，手足之间的信任、依赖关系能降低管理成员之间的监督与沟通成本。当越多接班人手足成员参与家族管理时，家族企业更接近以接班人为核心的手足型企业，接班人对家族企业的掌控能力越强，接班人受到的来自旁亲家族成员的家族财富保护压力、能力质疑压力和新旧老臣的矛盾压力越小，进而能缓解接班人创业导向与风险承担水平下降的趋势。

本章参考翁若宇等（2019）的方法，将在企业中任职的接班人手足数量/高管数量定义为接班人手足成员数量（Kins），将（家族高管—接班人手足人数）/高管数量定义为非接班人手足成员数量（UKins）。并分别讨论接班人手足成员数量与非手足成员数量对交班方式与接班人创新绩效之间的调节效应。调节效应回归结果见表7－18，且结果表明家族企业中接班人手足成员数量越多，越能缓解交班方式对接班人创新绩效的负向影响；家族企业中接班人非手足数量的增多会加剧交班方式对接班人创新绩效的负向影响。这说明不同类型的家族成员涉入对接班人的认知与决策有不一样的影响，接班人的手足关系是其独掌大权后的重要支持力量。

表7－18　　　　接班人手足关系的调节效应

变量	Inn	
	手足成员	非手足成员
Way	－0.220* （－1.88）	－0.232* （－1.96）
Kins	0.125 （0.32）	—
Way × Kins	1.472* （1.94）	—
Ukins	—	－1.136** （－2.34）

续表

变量	Inn	
	手足成员	非手足成员
Way × Ukins	—	-2.210** (-2.24)
Age	0.091 (0.81)	0.094 (0.84)
Size	0.513*** (7.44)	0.500*** (7.32)
LEV	-0.297 (-0.87)	-0.354 (-1.04)
ROA	2.328*** (2.70)	2.188** (2.55)
OPE	-0.152 (-0.45)	-0.111 (-0.34)
CR	0.002 (0.44)	0.003 (0.83)
SA	-0.415 (-0.35)	-0.439 (-0.37)
BIR	-0.196 (-0.71)	-0.214 (-0.82)
Work	0.184 (1.45)	0.180 (1.40)
Year	YES	YES
Industry	YES	YES
Constant	-1.723 (-0.46)	-1.628 (-0.44)
N	665	665
R^2	0.431	0.438

注：表中汇报了回归系数，括号内为 robust 下的 t 值，***、**、* 分别表示在 1%、5%、10% 水平下显著。

7.6　结论与建议

7.6.1　研究结论

本章运用烙印理论主要探究了家族企业交班方式对接班人创新绩效的影响，研究结论如下：

第一，帮扶式交班会对接班人自治后的创新绩效产生负向影响，即帮扶式交班确实会使接班人产生对父辈的烙印惯性依赖，进而对接班人自治后的创新绩效产生负向影响。

第二，接班人自治后，家族接班人自治时长会加剧帮扶式交班对接班人创新绩效的负向影响，这表明接班人自治后表现出的惯性依赖行为并不是因为顺从父辈威严或担心大幅度的创新行为会损害父辈权威，即帮扶式上位的接班人表现出的烙印惯性是“自主”行为，并不是“被迫无奈”的阶段性行为；家族管理权程度会加剧帮扶式交班对接班人创新绩效的负向影响，这说明新上任的接班人仍然以家族目标为中心进行企业决策，保护家族财富仍是其首要目的。

第三，本章通过进一步研究获得三个发现：首先，帮扶式交班通过降低企业的创业导向与风险承担水平对接班人创新绩效产生负向影响。其次，接班人的商会资本与学历提升均能缓解帮扶式交班对接班人创新绩效的负向影响。说明接班人自治后的商会资本作为新的烙印因素，能使帮扶式交班产生的接班人认知烙印、决策烙印发生影响消退，进而缓解接班人对父辈经验的烙印惯性依赖；而接班人学历提升有利于提升接班人适应变化的能力，进而提高接班人对创新等风险决策的容忍程度，同样有利于缓解帮扶式交班对接班人创新绩效的负向影响。最后，企业中任职的接班人手足成员能缓解帮扶式交班对接班人创新绩效的负向影响，但企业中任职的接班人非手足成员会加剧帮扶式交班对接班人创新绩效的负向影响。这表明接班人为保护家族财富而产生的约束型 SEW 主要来自企业中任职的接班人非手足成员，使接班人不得不为保护家族财富而选择依赖企业以往经营路径；而接班人的手足成员能使接班人产生延伸型SEW，缓解接班人维护家族财富的压力，也能缓解接班人对父辈路径的依赖，增加企业的创业导向与风险承担水平。

7.6.2 管理启示

结合本章得出的结论，提出以下的管理启示：

第一，家族企业在规划下一任接班人的接任计划时，可选择让接班人先在家族企业以外的企业、单位实习或工作。让接班人一完成学业就进入家族企业学习、积累管理经验对接班人往后的继任有一定的优势，但从企业创新发展角度来说，接班人过早进入家族企业会有劣势，即接班人可能会失去学习新知识、发展家族企业外部网络关系的能力。尽管如此，本章也并非论断帮扶式交班必然会导致接班人自治后的家族企业失去创新性，而是借此建议有计划让接班人通过帮扶式上位的家族企业，应该提前考虑接班人帮扶式接班对家族企业产生的不利影响，以此完善交接班计划，保障接班人自治后家族企业的创新性与创新效率。

第二，有计划以帮扶式完成交班的家族企业在制订交接班计划时，应该把接班人自治后的能力培养计划也考虑在内，设置具体的培养时间计划，让接班人独掌大权后尽快实现诸如学历、商会能力等的提升。同时，通过帮扶式交班上位的接班人独掌大权后应该保持“初学者”的心态，尽早掌握家族企业内部经营状况与外部行业发展情况，不断提升自身的能力与资源关系网络为突破企业路径做准备，并保持与时俱进的学习态度。父辈领导人退居幕后之后，也应以身作则，保持学习的态度，并支持接班人学习、提升自身能力的行为。

第三，父辈领导人为接班人准备“辅佐大臣”时，应更多地考虑接班人的手足成员，而适当减少非接班人手足成员任职相关核心职位。即父辈领导人在制订接班计划时，应当考虑让接班人手足成员进行企业任职，为接班人提供支持与帮助，并为接班人独自掌权后的经营保驾护航，发挥手足关系对企业经营的正向作用。

中篇

提升家族传承企业创新能力的治理对策

第 8 章

家族治理对家族企业代际传承与技术创新的调节机制

8.1 引　言

中国的改革发展实践已经证明，家族企业是助力经济发展不可或缺的因素，而我国家族企业已经迎来了代际传承的高峰期。根据《福布斯》2015 年的调查数据，我国 12. 56% 的家族企业已经完全由二代接班人接管，54. 98% 的家族企业已经有二代接班人介入管理。代际传承是家族企业发展过程中的关键时期，但是传承的复杂性给家族企业带来了不小挑战。与此同时，随着我国创新型国家战略的实施，家族企业也必须开始考虑转型升级的问题，否则将失去竞争优势。加强创新和实现转型升级，是家族企业保持蓬勃发展的必要条件。代际传承对于家族企业来说是一把“双刃剑”，一方面二代接班人给企业带来了新的资源，另一方面权力的转移给企业内部造成了冲击（陈凌、应丽芬，2003）。这些都有可能对家族企业创新造成影响。因此明确代际传承给家族企业带来的改变会对创新活动产生什么影响是家族企业现阶段的重要议题。

一个更为重要的问题是，家族企业二代接班人开展创新需要哪些有利条件？如何提升代际传承时期家族企业创新能力？现有文献主要从家族企业外部环境和二代接班人个人特征两个角度对这一问题进行探讨。良好的外部环境，如信息环境、外部监督、市场化水平等，有利于二代接班人开展创新活动（程晨，2018；黄海杰等，2018；严若森、吴梦茜，2020）。而具有海外经历和社会资本的二代接班人则更能提升家族企业的创新水平（黄海杰等，2018；赵晶、孟维烜，2016）。显然，现有文献已经关注了代际传承这把“双刃剑”有利的一面，即二代接班人带给企业的新资源；然而代际传承也有不利的一面，即代际传承带来的冲击。事实上，代际传承引起的组织动荡有可能会使家族企业创新陷入困境，而构建完善的家族治理机制，可有效降低代际传承的破坏性（李维安，2013）。那么，如何完善家族治理和为接班人创造更有利于创新的环境就成为一个兼具理论和现实意义的研究问题。

因此本章基于社会情感财富理论和权威理论，在研究代际传承对家族企业创新的影响的基础上，重点探讨家族治理在其中发挥的调节作用，探讨代际传承时期家族企业创新能力的提升机制，尝试发现该研究问题在家族治理角度的边界条件。在家族企业中家族对企业的治理是全方位的，包括所有、控制和管理（毕立华等，2018）。因此本章从家族所有、家族控制和家族管理三个维度对家族治理的调节作用进行系统研究。本章可能的创新点是：首先，从实践意义来说，本章探讨了哪些家族治理机制有利于接班人开展创新活动，哪些家族治理机制阻碍了接班人开展创新活动，对家族企业在代际传承中如何完善家族治理和提升创新能力有一定的指导意义；其次，从理论意义上说，本章将家族治理纳入代际传承对家族企业创新影响的分析框架中，丰富了该领域的研究。

8.2 理论分析和假设提出

8.2.1 代际传承对家族企业创新的影响

本章认为，面对代际传承带来的冲击，二代继承人会从家族整体及其自身两个角度考虑创新决策。

首先，基于社会情感财富理论，二代接班人为了保存家族的社会情感财富，会减少创新活动。Gomez－Mejia 等（2007）提出了社会情感财富理论，社会情感财富是指家族企业满足以家族为中心的非经济目标后所获得的情感效用。Berrone 等（2012）把家族社会情感财富划分为五个维度，分别是家族控制和影响、家族成员对企业的认同、紧密的社会关系、情感依恋和传承意愿。社会情感财富作为家族企业重要特征，其得失是家族企业决策的首要参照点（Gomez－Mejia et al.，2011），即家族企业进行某项决策时会首先考虑该决策能否为家族创造社会情感财富或保存家族现有社会情感财富。创新活动对家族社会情感财富的影响具有不确定性。一方面，开展创新活动需要外部资源（包括资金和人才）的介入（朱沆等，2016），势必影响家族对企业的控制和管理，造成家族社会情感财富流失，不利于保存家族现有社会情感财富；另一方面，创新活动能提升家族企业未来的竞争力和适应力（Gomez－Mejia et al.，2014），有利于家族对企业进行跨代控制（Chrisman and Patel，2012），也就是创新活动可以在未来增加“延续家族跨代控制”这一维度的社会情感财富。那么，社会情感财富作为家族企业决策的参照点，如何影响家族企业的创新决策？Gomez－Mejia 等（2014）引入“混合赌博”模型对这一问题进行了分析。他指出创新决策可能造成短期的社会情感财富流失，也可能在未来带来社会情感财富收益，决策者会在权衡两者得失后做出选择。代际传承前，站在一代创业者的角度来看，创新活动虽然短期内损害了家族社会情感财富，但有助于家族延续跨代控制。相关的实证研究已经表明，传承意愿显著地提高了家族企业的创新投入（朱沆等，2016），说明一代创业者为了实现家族跨代控制，宁愿牺牲短期的社会情感财富也要增加创新活动。代际传承后，代际传承的负面影响进一步放大了创新活动的风险性，使得创新活动的未来社会情感财富收益变得更加不确定，而短期的社会情感财富流失是确定的。因此二代接班人会减少创新活动以保存家族现有社会情感财富。由此可见，由于所处情境不同，家族企业一二代决策者在“混合赌博”模型中的选择是不一样的，一代创业者倾向于为家族创造社会情感财富，二代接班人则倾向于保存家族现有社会情感财富。

其次，基于权威理论，二代接班人为了迅速树立个人权威，会更注重短期绩效而减少创新活动。马克斯·韦伯（1997）的权威理论认为权力与权威的区别在于，前者是一种强制性力量，后者则是对方的自愿服从。代际传承不仅仅是权力的交接，权威的传递更加重要（杨学儒等，2009；吴炯等，2017）。二代接班人虽然可以合法继承法理型权威，却难以获得传统型权威和个人魅力型权威（吴炯等，2017）。一代创业者的传统型权威是基于长期的组织惯例形成的。代际传承改变了组织惯例（赵晶等，2015），二代接班人无法在短期内形成传统型权威。一代创业者的个人魅力型权威来自其自身的特殊资产，如知识、经验、领导能力等。但由于特殊资产难以传承（Bennedsen et al.，2015），一二代企业主的个人魅力往往存在较大的代际差异（赵晶、孟维烜，2016）。由于缺乏传统型权威和个人魅力型权威，作为家族企业“最高长官”的二代接班人往往不具有最高权威（杨学儒等，2009）。权威失落是代际传承中的常见现象（陈凌、应丽芬，2003），二代接班人往往因为权威不足而面临“少主难以服众”的局面（李新春等，2015）。面对代际传承后的权威失落，二代接班人会通过“速胜”构建自己的权威——进行风险较小的投资、减少长期投资、提升短期绩效，以展示自身的经营和领导能力。而短期内收效甚微的创新投入往往会被二代接班人忽略。

基于以上分析，本章提出假设 H8－1：

假设 H8－1：家族企业完成代际传承后，创新投入显著下降，即代际传承抑制家族企业创新。

8.2.2 家族治理的调节作用

参考王明琳等（2010）的做法，本章选取家族所有权、两权偏离度和家族管理反映家族治理的三个维度，探究家族治理的调节作用。

在家族企业研究的早期，有学者认为家族财富高度集中于单一企业导致家族企业产生了强烈的风险规避倾向（Porta et al.，1999）。根据这一观点我们可以得出家族所有权越高家族企业越保守的结论。但是，在社会情感财富理论的分析框架下，家族所有权并不总意味着保守（Gomez - Mejia et al.，2007），家族所有权会促进企业的长期导向（Zellweger et al.，2012）。所有权越高的家族越倾向于把企业视为家族的延伸，越渴望长远发展企业，实现基业长青。这样的家族培养出来的二代接班人具有更强的使命感，希望把家族企业打造成“百年老店”，为家族创造更多社会情感财富。因此相对于家族所有权较低的家族企业，在家族所有权较高的企业中，二代接班人具有更长的投资视野，更愿意进行创新投入给家族创造未来的社会情感财富。

家族所有权的高低会对二代接班人的权威产生影响。首先，显而易见的是，相对于低家族所有权，较高的家族所有权会赋予接班人更高的法理型权威。更为重要的是，家族所有权越高的企业越倾向于采取渐进式的传承模式（邹立凯等，2019）。渐进式传承意味着二代接班人会较早地进入企业接受锻炼，逐步取代一代创业者。在这个过程中，二代接班人可以充分展现自己的能力，证明自己并不是靠“裙带关系”上位，逐步积累自己的传统型权威和个人魅力型权威。显然，较高的家族所有权给二代接班人带来了较高的个人权威。因此较高的家族所有权可以削弱二代继承人急于构建个人权威而对家族企业创新投入造成的负面影响。

综上所述，家族所有权增强了二代继承人长期导向，降低二代接班人个人权威构建难度，对代际传承后家族企业的创新产生有利影响。基于此，本章提出假设 H8 - 2a：

假设 H8 - 2a：家族所有权在代际传承对家族企业的影响中起正向调节作用，即家族所有权弱化代际传承对家族企业创新的抑制。

两权偏离度表示控股家族每付出一单位现金流可以得到多少单位对公司的控制权。因此两权偏离度可以衡量控股家族对公司的控制强度，两权偏离度越大家族对公司的控制越强（齐晓飞、关鑫，2012）。家族控制作为社会情感财富一个重要的维度，影响着二代接班人进行创新投入的意愿。Chrisman 等（2015）指出家族控制越强，家族越不愿意失去对企业的控制。而创新活动让家族不得不与家族外部分享控制权（吴炳德，2016）。因此家族控制越强，家族企业越不愿意创新。相关实证研究也表明，家族控制越强，家族保存社会情感财富的动机也越强，创新投入就越少（Block，2012）。因此在家族控制越强的企业中，二代接班人进行创新投入的意愿越弱。另外，家族控制会影响二代接班人对企业资源的配置。控制权和现金流权的分离时控制家族产生了侵占其他股东利益的动机（冯旭南等，2011）。控制家族通常会利用他们的权力挪用企业资源来实现保持家族控制、家族和谐以及情感依附等非经济目标（Koenig et al.，2013）。在代际传承的情境中，控制权赋予了二代接班人配置资源的权力，为二代接班人挪用企业资源创造了条件。因此家族控制强的二代接班人会把企业资源更多地用于低风险项目，而不是用于开展创新活动，以此保存家族现有社会情感财富。基于以上分析，本章提出假设 H8 -2b：

假设 H8 -2b：两权偏离度在代际传承对家族企业的影响中起负向调节作用，即两权偏离度强化代际传承对家族企业创新的抑制。

在家族管理的企业中，基于亲缘关系的利他主义非常普遍。中国的家族企业大多孕育于家庭这个母体，家族成员自然而然地把基于亲缘关系的利他主义代入企业（王明琳、周生春，2006）。利他主义可以促进家族成员之间的感情、维护家族和谐，是家族社会情感财富的重要组成部分。为了保存家族社会情感财富，二代接班人会以利他主义对待其他参与管理的家族成员。但是在利他主义的引导下，家族成员即便能力不足以及常常出现“搭便车”等情况也很少被辞退。因为辞退家族成员可能会带来家族关系的破裂，损害家族社会情感财富。而开展创新活动难免会引进外部人才。相关研究也表明，家族管理阻碍了外部职业经理人及专业技术人员进入家族企业，从而抑制了创新（Chirico and Salvato，2008）。因此家族管理不利于二代接班人开展创新活动。家族管理涉入越深，参与管理的家族成员越多，二代接班人保存家族社会情感财富的动机越强，创新投入越少。另外，家族成员参与管理有可能进一步强化二代接班人构建个人权威的动机。这是因为其他参与管理的家族成员与二代接班人形成了竞争关系。二代接班人面临其他家族成员的权威挑战（李新春等，2015），必须迅速表现出超越他们的个人能力，树立个人权威。

基于以上分析，本章提出假设 H8 -2c：

假设 H8 - 2c：家族管理在代际传承对家族企业的影响中起负向调节作用，即家族管理强化代际传承对家族企业创新的抑制。

8.3　研究设计

8.3.1　样本选择与数据来源

本章以 2009 ~ 2018 年中国 A 股上市家族企业作为研究样本。大部分研究把许多单个自然人控制企业视作家族企业，然而这些企业几乎没有家族管理涉入，很难研究家族治理问题。本章参考王明琳等（2010）对狭义家族企业的定义，把两名或者两名以上家族成员共同持股或管理的企业认定为家族企业。在此基础上删除金融类企业、删除观测年度为 ST 的企业、删除经营异常（资产负债率大于 1）的企业以及删除数据缺失的观测值，最终得到包含 6474 个观测值的非平衡面板数据。本章代际传承数据根据上市公司披露的年报、公告披露的代际关系结合网络搜索手工整理而成。家族所有权和控制权根据上市公司年报披露的控股图手工整理而成。其他数据均来自国泰安数据库。本章利用 STATA15. 1 统计软件进行数据分析。为降低极端值的影响对所有连续变量进行首尾 1% 的 Winsorize 处理。

8.3.2　变量定义

因变量是家族企业创新。参考朱沆等（2016）的研究，本章以研发投入与营业收入之比（R&D）衡量家族企业创新，作为被解释变量。

自变量是代际传承。参考朱晓文和吕长江（2019）的方法，本章把家族企业继承人获得董事长或总经理头衔视为代际传承，以是否发生代际传承（SUC）作为测量变量，已发生代际传承的家族企业赋值为 1，未发生代际传承的企业赋值为 0。

调节变量是家族治理。本章考察家族治理在代际传承对家族企业创新的影响中的调节作用，从家族所有、家族控制和家族管理三个维度考虑。参照王明琳等（2010）的研究，家族所有维度由变量家族所有权（FIO）反映，家族控制维度由变量两权偏离度（SCF）反映，家族管理维度则由变量家族成员占公司总人数比例（FMR）反映。家族所有权（FIO）采用Porta 等（1999）的计算方法，即将控制性家族与上市公司股权关系链每层持有比例相乘或控制性家族与上市公司每条股权关系链每层持有比例相乘之总和。两权偏离度（SCF）为控制性家族拥有的控制权和所有权之比，其中控制权同样采用 Porta 等（1999）的计算方法，即为控制性家族与上市公司股权关系链或若干股权关系链中最弱的一层或最弱的一层的总和。家族成员占公司总人数比例（FMR）为参与管理的家族成员除以公司总人数。所有的 FMR 均做放大 1000 倍处理，改变变量的量纲对回归结果没有影响。

控制变量包括以下变量。参照黎文靖和郑曼妮（2016）以及赵晶和孟维烜（2016）的研究，本章在研究代际传承对家族企业创新的影响时还控制了公司规模（SIZE）、盈利能力（ROA）、公司年龄（AGE）、资产负债率（DA）企业成长性（GROWTH）等方面因素。同时，参考温军和冯根福（2012）以及赵勇和李新春（2018）的研究，控制了机构投资者持股比例（INS）和政府补贴（SUB）两个外部因素。具体变量定义如表 8 - 1 所示。

表 8 - 1　　变量定义

变量类型	变量名称	变量符号	变量说明
被解释变量	研发投入强度	R&D	研发投入/营业收入
解释变量	是否发生代际传承	SUC	虚拟变量，发生代际传承赋值为 1，否则赋值为 0
调节变量	家族所有权	FIO	家族持股比例
	两权偏离度	SCF	家族拥有控制权比例/所有权比例
	家族管理	FMR	家族成员人数/公司总人数 ×1000

续表

变量类型	变量名称	变量符号	变量说明
控制变量	公司规模	SIZE	公司总资产取自然对数
	盈利能力	ROA	净利润/总资产
	公司年龄	AGE	公司自成立年份起的年数，取自然对数
	资产负债率	DA	总负债/总资产
	成长能力	GROWTH	营业收入增长率
	机构投资者持股比例	INS	机构投资者持股比例
	政府补助	SUB	当年政府补助余额，取自然对数
	年份	YEAR	虚拟变量，控制年份效应
	行业	IND	虚拟变量，控制行业效应

8.3.3 模型设定

为验证代际传承对家族企业的影响，设立如下模型：

$$R\&D = \alpha + \beta_1 SUC + \gamma Control + \varepsilon \qquad (8-1)$$

模型（8-1）中，R&D为研发投入和营业收入之比，用以衡量家族企业创新。SUC为衡量代际传承的虚拟变量。Control表示所有控制变量。ε为随机扰动项。若SUC的回归系数显著为负，则说明代际传承抑制家族企业创新。

为研究家族治理的调节作用，在模型（8-1）的基础上设立模型（8-2）至模型（8-4）：

$$R\&D = \alpha + \beta_1 SUC + \beta_2 FIO + \beta_3 SUC \times FIO + \gamma Control + \varepsilon \qquad (8-2)$$

$$R\&D = \alpha + \beta_1 SUC + \beta_2 SCF + \beta_3 SUC \times SCF + \gamma Control + \varepsilon \qquad (8-3)$$

$$R\&D = \alpha + \beta_1 SUC + \beta_2 FMR + \beta_3 SUC \times FMR + \gamma Control + \varepsilon \qquad (8-4)$$

模型（8-2）至模型（8-4）在模型（8-1）的基础上加入了家族治理变量及其与SUC的交乘项。模型（8-2）中，若交乘项SUC×FIO的回归系数显著为正，则说明家族所有权起正向调节作用。同理，模型（8-3）中交乘项SUC×SCF的回归系数若显著为负，则说明两权偏离度起负向调节作用；模型（8-4）中交乘项SUC×FMR的回归系数若显著为负，则说明家族管理起负向调节作用。

8.4 实证结果分析

8.4.1 描述性统计和相关性分析

表8-2给出了本章变量的描述性统计。从Panel A的全样本统计中可以看出，R&D的均值、最小值和最大值分别为4.615%、0.071%和25.310%，说明了我国家族企业总体上创新不足。SUC的均值为0.238，说明含有23.8%已完成代际传承的观测值。家族治理变量方面，FIO的均值为40.15%，说明控股家族拥有的所有权比较高；SCF的均值为1.188，说明两权偏离度并不高；FMR的均值为3.493。可见家族成员担任总经理非常普遍。从Panel B和Panel C的对比可以看出，未完成代际传承的样本在R&D的最大值、最小值上，与已完成代际传承的样本一致，但是均值比已完成代际传承的样本高，初步验证了本章的假设H8-1。

我们对模型中的变量进行了Pearson相关性检验，结果如表8-3所示。从表8-3可以看出，是否发生代际传承（SUC）和研发投入强度（R&D）的相关系数显著为负，与预期相符。部分控制变量之间呈显著的相关性，但相关系数最大仅为0.505（DA和SIZE的相关系数），大部分相关系数小于0.1。因此本章模型的多重共线问题并不严重。

表8-2　　描述性统计

Panel A 全样本				
变量	均值	标准差	最小值	最大值
R&D	4.615	3.943	0.071	25.310
AGE	2.687	0.408	1.386	3.401
SIZE	21.610	1.016	19.580	24.600
DA	0.358	0.193	0.040	0.830
ROA	0.051	0.052	-0.168	0.203
GROWTH	0.387	0.991	-0.652	7.131

续表

Panel A 全样本				
变量	均值	标准差	最小值	最大值
INS	5.938	6.597	0.001	30.140
SUB	16.620	1.419	12.320	20.040
SUC	0.238	0.426	0.000	1.000
FIO	40.150	16.620	6.999	77.930
SCF	1.188	0.414	1.000	3.532
FMR	3.493	4.556	0.070	30.080
Panel B 未发生代际传承样本（SUC =0）				
R&D	4.874	4.125	0.071	25.310
AGE	2.647	0.409	1.386	3.401
SIZE	21.530	1.007	19.580	24.600
DA	0.349	0.191	0.040	0.830
ROA	0.053	0.051	-0.168	0.203
GROWTH	0.364	0.904	-0.652	7.131
INS	5.807	6.455	0.001	30.140
SUB	16.630	1.377	12.320	20.040
FIO	41.440	15.740	6.999	77.930
SCF	1.146	0.337	1.000	3.532
FMR	3.465	4.259	0.070	30.080
Panel C 已发生代际传承样本（SUC =1）				
R&D	4.052	3.161	0.071	25.310
AGE	2.758	0.392	1.386	3.401
SIZE	21.740	0.954	19.580	24.600
DA	0.355	0.185	0.040	0.830
ROA	0.052	0.050	-0.168	0.203
GROWTH	0.367	0.966	-0.652	7.131
INS	6.070	6.669	0.001	30.140
SUB	16.670	1.442	12.320	20.040
FIO	40.800	18.060	6.999	77.930
SCF	1.226	0.486	1.000	3.532
FMR	3.488	4.566	0.070	30.080

表 8-3 相关系数表

变量	R&D	SUC	FIO	SCF	FMR	AGE	SIZE	DA	ROA	GROWTH	INS	SUB
R&D	1											
SUC	-0.088***	1										
FIO	0.000	-0.017	1									
SCF	-0.105***	0.091***	-0.487***	1								
FMR	0.111***	0.002	0.027**	-0.092***	1							
AGE	-0.076***	0.116***	-0.135***	0.092***	0.038***	1						
SIZE	-0.210***	0.091***	-0.143***	0.155***	-0.418***	0.178***	1					
DA	-0.284***	0.014	-0.158***	0.119***	-0.197***	0.157***	0.505***	1				
ROA	-0.028**	-0.01	0.216***	-0.028***	-0.039***	-0.084***	-0.075***	-0.311***	1			
GROWTH	0.113***	0.002	0.024**	-0.024**	0.105***	0.057***	0.076***	0.119***	-0.011	1		
INS	0.002	0.017	-0.164***	0.047***	-0.158***	0.001	0.261***	0.104***	0.162***	-0.011	1	
SUB	0.068***	0.012	-0.074***	0.056***	-0.329***	0.042***	0.489***	0.190***	0.049***	-0.026**	0.175***	1

注：*、**、*** 分别代表在 0.10、0.05 和 0.01 的显著性水平上显著。

8.4.2 回归结果分析

本章采用最小二乘法（OLS）进行回归分析，回归结果如表8-4所示。表8-4报告了模型（1）至模型（4）的回归结果，四个模型的 R^2 均在0.4以上，各个控制变量也都显著，说明本章的模型设定比较合理。从表中模型（1）的回归结果来看，变量是否发生代际传承（SUC）的回归系数为-0.345，且在1%的水平上显著，表明代际传承与家族企业研发投入强度负相关，即代际传承后家族企业研发投入强度显著下降，假设H8-1得到验证。表8-4的列（2）至列（5）报告了加入家族治理变量后的回归结果。从模型（2）的回归结果可知，是否发生代际传承与家族所有权的交乘项（SUC×FIO）的回归系数在10%的水平上显著为正，说明家族所有权起正向调节作用，即家族所有权弱化了代际传承对家族企业创新的抑制，假设H8-2a得到验证。模型（3）的回归结果显示，交乘项SUC×SCF的回归系数为-0.288，且在10%的水平上显著，说明两权偏离度起负向调节作用，即两权偏离度强化了代际传承对家族企业创新的抑制，假设H8-2b得到验证。模型（4）回归结果中交乘项SUC×FMR的回归系数在1%的水平上显著为负，说明家族管理起负向调节作用，即家族管理强化了代际传承对家族企业创新的抑制，假设H8-2c得到验证。为了更为直观地反映家族治理的调节作用，我们根据回归结果绘制了调节效应简单斜率图，如图8-1至图8-3所示。简单斜率图所反映的家族治理的调节作用与本章假设一致。

表8-4　回归结果

变量	模型（1）	模型（2）	模型（3）	模型（4）
	R&D	R&D	R&D	R&D
SUC	-0.345*** (-4.35)	-0.722*** (-3.17)	-0.017 (-0.08)	-0.117 (-1.04)
FIO		-0.004 (-1.39)		

续表

变量	模型（1）	模型（2）	模型（3）	模型（4）
	R&D	R&D	R&D	R&D
SUC × FIO		0.009 * (1.71)		
SCF			0.023 (0.18)	
SUC × SCF			-0.288 * (-1.78)	
FMR				0.065 *** (3.38)
SUC × FMR				-0.081 *** (-2.67)
AGE	-0.596 *** (-5.07)	-0.603 *** (-5.12)	-0.589 *** (-4.94)	-0.611 *** (-5.19)
SIZE	-0.669 *** (-10.48)	-0.665 *** (-10.38)	-0.660 *** (-10.17)	-0.604 *** (-9.18)
DA	-5.939 *** (-17.79)	-5.993 *** (-17.80)	-5.976 *** (-17.80)	-5.801 *** (-17.41)
ROA	-10.953 *** (-8.78)	-10.746 *** (-8.43)	-10.922 *** (-8.70)	-10.813 *** (-8.72)
GROWTH	0.282 *** (3.58)	0.276 *** (3.51)	0.277 *** (3.52)	0.269 *** (3.50)
INS	0.031 *** (4.73)	0.029 *** (4.37)	0.030 *** (4.54)	0.032 *** (4.78)
SUB	0.627 *** (13.77)	0.629 *** (13.73)	0.631 *** (13.73)	0.634 *** (13.80)
截距项	9.039 *** (8.03)	9.111 *** (7.94)	8.757 *** (7.75)	7.443 *** (6.04)

续表

变量	模型（1）	模型（2）	模型（3）	模型（4）
	R&D	R&D	R&D	R&D
样本数	6474	6437	6436	6474
R^2	0.415	0.415	0.415	0.417

注：*、**、*** 分别代表在 0.10、0.05 和 0.01 的显著性水平上显著；括号中为 t 值。

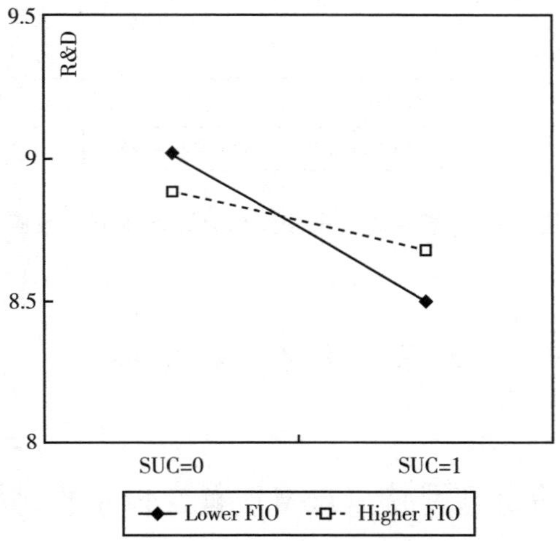

图 8-1 家族所有权调节效应

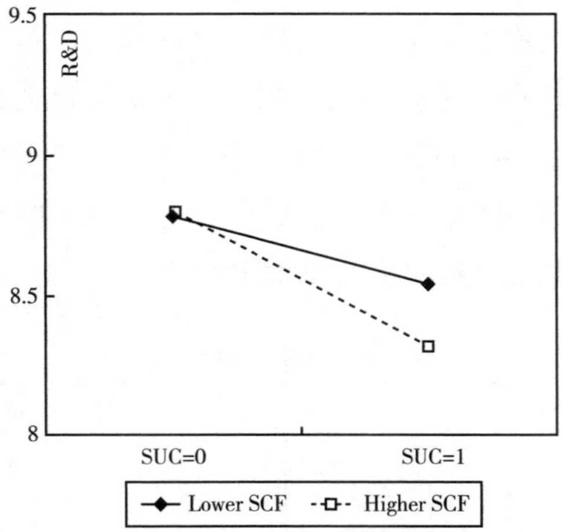

图 8-2 两权偏离度调节效应

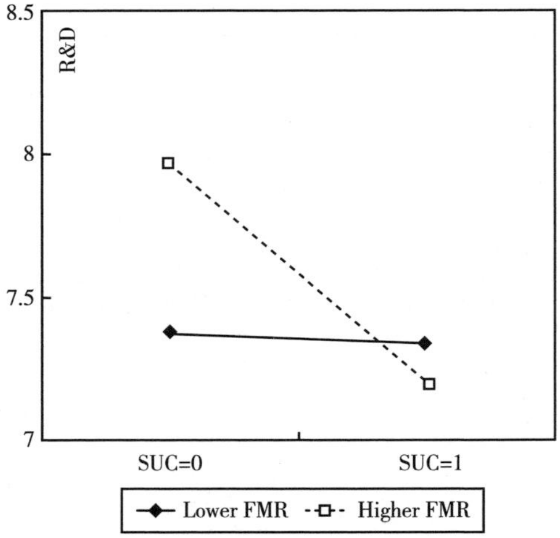

图 8－3　家族成员占公司总人数比例调节效应

8.5　稳健性检验

8.5.1　倾向得分匹配法（PSM）解决内生性问题

代际传承会影响家族企业创新，但是家族企业创新一般不会影响代际传承。因此不太可能存在互为因果的内生性问题，但是可能存在自选择偏差问题。本章采用倾向得分匹配法（PSM）来解决自选择偏差问题。回归结果如表 8－5 所示。从回归结果可知，在进行倾向得分匹配后，SUC 的回归系数依然为负，且在 5% 的水平上显著。这说明在控制自选择偏差的内生性问题后，本章假设 H8－1 的结论依然成立。

表 8－5　倾向得分匹配后回归结果

变量	R&D
SUC	－0.287** （－2.42）
AGE	－0.508*** （－2.88）

续表

变量	R&D
SIZE	-0.617*** (-6.45)
DA	-4.366*** (-8.12)
ROA	-4.429*** (-3.00)
GROWTH	0.222* (1.66)
INS	0.026*** (2.91)
SUB	0.481*** (6.23)
YEAR	控制
IND	控制
截距项	9.458*** (5.27)
样本数	1810
R^2	0.439

注：*、**、*** 分别代表在0.10、0.05和0.01的显著性水平上显著；括号中为t值。

8.5.2　被解释变量滞后一期处理

考虑到代际传承对家族企业创新的影响具有一定的时间滞后性，我们对被解释变量（R&D）作滞后一期处理（$R\&D_{t+1}$）重新回归。同时，增加变量总经理是否由家族成员担任（F_CEO）反映家族管理。若总经理由家族成员担任，F_CEO赋值为1，否则赋值为0。回归结果如表8-6所示，表中模型（1）中SUC的回归系数依然在1%的水平上显著为负；模型（2）中交乘项SUC×FIO的回归系数为0.009（t=1.47），没有通过显著性检验；模型（3）中交乘项SUC×SCF的回归系数在5%的水平上显著为负；模型（4）中交乘项SUC×FMR和SUC×F_CEO的回归系数均为负，且分别在 5% 和 1% 的水平上显著。被解释变量滞后一期处理后回归结果与前面回归结果基本一致，说明在考虑了代际传承影响的时间滞后性后，本章结果总体上依然稳健。

表 8-6　　　　被解释变量滞后一期处理后回归结果

变量	模型（1）	模型（2）	模型（3）	模型（4）	模型（5）
	R&D	R&D	R&D	R&D	R&D
SUC	-0.261 *** (-2.96)	-0.621 ** (-2.47)	0.186 (0.79)	-0.061 (-0.51)	0.095 (0.55)
FIO		-0.008 ** (-2.19)			
SUC * FIO		0.009 (1.47)			
SCF			0.144 (1.05)		
SUC × SCF			-0.384 ** (-2.25)		
FMR				0.073 *** (3.14)	
SUC × FMR				-0.073 ** (-2.51)	
F_CEO					0.367 *** (3.35)
SUC × F_CEO					-0.545 *** (-2.64)
AGE	-0.656 *** (-5.25)	-0.676 *** (-5.37)	-0.656 *** (-5.17)	-0.673 *** (-5.37)	-0.658 *** (-5.28)
SIZE	-0.587 *** (-8.20)	-0.584 *** (-8.13)	-0.581 *** (-7.95)	-0.503 *** (-6.76)	-0.565 *** (-7.83)
DA	-5.654 *** (-15.26)	-5.748 *** (-15.35)	-5.713 *** (-15.32)	-5.487 *** (-14.73)	-5.646 *** (-15.26)
ROA	-6.986 *** (-5.72)	-6.565 *** (-5.31)	-6.892 *** (-5.62)	-6.831 *** (-5.58)	-7.144 *** (-5.84)

续表

变量	模型（1）	模型（2）	模型（3）	模型（4）	模型（5）
	R&D	R&D	R&D	R&D	R&D
GROWTH	0.225 *** (3.06)	0.223 *** (3.03)	0.221 *** (3.01)	0.208 *** (2.80)	0.226 *** (3.09)
INS	0.022 *** (3.07)	0.019 *** (2.59)	0.021 *** (2.88)	0.023 *** (3.17)	0.022 *** (3.15)
SUB	0.609 *** (13.24)	0.611 *** (13.24)	0.615 *** (13.24)	0.618 *** (13.30)	0.607 *** (13.20)
YEAR	控制	控制	控制	控制	控制
IND	控制	控制	控制	控制	控制
截距项	7.810 *** (6.11)	8.062 *** (6.17)	7.470 *** (5.81)	5.767 *** (4.14)	7.221 *** (5.58)
样本数	5278	5248	5248	5262	5278
R^2	0.414	0.415	0.414	0.417	0.416

注：*、**、*** 分别代表在0.10、0.05和0.01的显著性水平上显著；括号中为t值。

8.5.3 分组回归检验家族治理的调节作用

前面运用加入交乘项的方法检验了家族治理的调节作用，这一部分我们采用分组回归的方法重新检验家族治理的调节作用。分组方法参考雷宇和郭剑花（2017）的做法，对于连续的调节变量（FIO、SCF、FMR），根据变量分年度分行业的中位数分别把样本划分为两组，对于虚拟调节变量（F_CEO），根据变量取值把样本划分成两组。然后比较不同组回归结果中SUC回归系数的差异，我们采用似无相关模型（SUEST）检验系数差异的显著性。回归结果如表8－7、表8－8所示。表8－7的列（1）、列（2）的结果显示，在FIO低和FIO高组中，SUC的系数都显著为负，但两者的差异并不显著。列（3）、列（4）的结果显示，在SCF低和SCF高组中SUC的系数都显著为负，两者差异为0.441，且在5%的水平上显著。这说明两权偏离度较低的家族企业中代际传承对创新的抑制弱于两权偏离度较高的家族企业。表8－8报告了家族管理调节作用的分组检验结果，FMR

低组和 FMR 高组的系数差异为 0.731，且在 1% 的水平上显著；非家族成员担任总经理组和家族成员担任总经理组的系数差异为 0.455，且在 5% 的水平上显著。这说明在家族管理涉入较深的家族企业中代际传承对创新的抑制更明显。

表 8-7 家族所有权、两权偏离度的调节作用（分组检验）

	FIO 低	FIO 高	SCF 低	SCF 高
SUC	-0.410*** (-3.00)	-0.356*** (-2.72)	-0.245** (-1.97)	-0.594*** (-4.12)
AGE	-0.486*** (-2.73)	-0.766*** (-4.59)	-0.626*** (-3.99)	-0.549*** (-2.84)
SIZE	-0.629*** (-6.97)	-0.728*** (-8.27)	-0.519*** (-6.19)	-0.853*** (-8.95)
DA	-6.744*** (-16.58)	-5.216*** (-12.69)	-6.681*** (-17.64)	-4.980*** (-11.11)
ROA	-11.505*** (-8.92)	-10.391*** (-8.38)	-11.686*** (-10.30)	-8.835*** (-6.35)
GROWTH	0.267*** (3.04)	0.293*** (3.75)	0.260*** (3.64)	0.296*** (2.86)
INS	0.024*** (2.70)	0.043*** (4.17)	0.030*** (3.41)	0.028*** (2.72)
SUB	0.606*** (10.90)	0.623*** (12.00)	0.673*** (13.45)	0.607*** (10.42)
YEAR	控制	控制	控制	控制
IND	控制	控制	控制	控制
截距项	9.030*** (4.74)	9.601*** (4.21)	5.257*** (2.89)	12.585*** (4.49)
样本数	3250	3187	3977	2459
R^2	0.435	0.426	0.402	0.482
系数差异及 SUEST 检验	-0.204 p=0.263		0.441** p=0.014	

注：*、**、*** 分别代表在 0.10、0.05 和 0.01 的显著性水平上显著；括号中为 t 值。

表8-8　家族管理的调节效应（分组检验）

	FMR 低	FMR 高	F_CEO = 0	F_CEO = 1
SUC	-0.190* (-1.65)	-0.609*** (-3.95)	-0.061 (-0.35)	-0.496*** (-4.33)
AGE	-0.576*** (-3.92)	-0.762*** (-3.85)	-0.479** (-2.46)	-0.631*** (-4.10)
SIZE	-0.559*** (-7.01)	-0.858*** (-7.49)	-0.746*** (-7.92)	-0.611*** (-7.41)
DA	-4.972*** (-13.74)	-6.801*** (-14.64)	-5.426*** (-12.22)	-6.284*** (-16.85)
ROA	-8.336*** (-7.49)	-13.443*** (-9.78)	-9.042*** (-6.72)	-12.952*** (-11.28)
GROWTH	0.404*** (5.04)	0.175** (2.03)	0.083 (1.01)	0.409*** (5.26)
INS	0.022*** (2.92)	0.048*** (4.00)	0.045*** (4.50)	0.027*** (3.09)
SUB	0.618*** (12.73)	0.656*** (11.06)	0.596*** (10.19)	0.658*** (13.43)
YEAR	控制	控制	控制	控制
IND	控制	控制	控制	控制
截距项	6.152*** (3.75)	14.375*** (4.85)	10.809*** (5.42)	7.587*** (3.78)
样本数	3424	3050	2313	4161
R^2	0.477	0.382	0.464	0.417
系数差异及 SUEST 检验	0.731***　p = 0.000		0.455**　p = 0.031	

注：*、**、*** 分别代表在0.10、0.05和0.01的显著性水平上显著；括号中为t值。

8.5.4　剔除实际控制人变更的样本

样本期内部分家族企业的实际控制人发生了变更，可能形成一些噪音，这里给予剔除。首先根据国泰安数据库提供的实际控制人信息，手工整理出 2009 ~ 2018 年实际控制人发生变更的家族企业，共 168 家，将其从总体样本中剔除。然后利用剩下的实际控制人未发生变更的样本重新进行多元回归分析。回归结果如表 8 - 9 所示。从回归结果来看，在剔除实际控制人发生变更的样本后，SUC 依然和 R&D 显著负相关；交乘项 SUC × FIO 的回归系数同样为正，t 值为 1.59，没有通过显著性检验；交乘项 SUC × SCF 的回归系数在 10% 的水平上显著为负；交乘项 SUC × FMR 和 SUC × F_CEO 的回归系数均在 1% 的水平上显著为负。由此可见，本章结论总体上是稳健的。

表 8 - 9　　剔除实际控制人发生变更的样本后回归结果

变量	模型（1）	模型（2）	模型（3）	模型（4）	模型（5）
	R&D	R&D	R&D	R&D	R&D
SUC	-0.389*** (-4.79)	-0.763*** (-3.15)	-0.027 (-0.12)	-0.076 (-0.66)	-0.110 (-0.67)
FIO		-0.006* (-1.73)			
SUC × FIO		0.009 (1.59)			
SCF			0.136 (1.01)		
SUC × SCF			-0.322* (-1.89)		
FMR				0.070*** (3.38)	
SUC × FMR				-0.111*** (-3.74)	
F_CEO					0.425*** (4.12)
SUC × F_CEO					-0.453** (-2.33)
AGE	-0.569*** (-4.77)	-0.580*** (-4.84)	-0.572*** (-4.71)	-0.590*** (-4.93)	-0.568*** (-4.77)

续表

变量	模型（1）	模型（2）	模型（3）	模型（4）	模型（5）
	R&D	R&D	R&D	R&D	R&D
SIZE	-0.689*** (-10.31)	-0.686*** (-10.21)	-0.685*** (-10.09)	-0.625*** (-9.03)	-0.659*** (-9.72)
DA	-6.003*** (-16.64)	-6.064*** (-16.67)	-6.059*** (-16.68)	-5.865*** (-16.31)	-5.995*** (-16.66)
ROA	-11.778*** (-9.13)	-11.471*** (-8.71)	-11.747*** (-9.05)	-11.650*** (-9.09)	-11.975*** (-9.26)
GROWTH	0.411*** (4.57)	0.405*** (4.51)	0.408*** (4.54)	0.400*** (4.54)	0.406*** (4.53)
INS	0.033*** (4.80)	0.030*** (4.35)	0.031*** (4.59)	0.033*** (4.81)	0.033*** (4.89)
SUB	0.640*** (13.83)	0.641*** (13.78)	0.646*** (13.80)	0.643*** (13.78)	0.637*** (13.78)
YEAR	控制	控制	控制	控制	控制
IND	控制	控制	控制	控制	控制
截距项	9.222*** (7.78)	9.373*** (7.77)	8.917*** (7.50)	7.722*** (5.95)	8.465*** (7.03)
样本数	6003	5966	5965	6003	6003
R^2	0.416	0.417	0.416	0.418	0.417

注：*、**、*** 分别代表在0.10、0.05和0.01的显著性水平上显著；括号中为t值。

8.6　进一步研究：家族治理调节作用的中介传导途径

前面探讨了代际传承对家族企业创新的影响，并从家族所有、家族控制和家族管理三个维度分析了家族治理对该影响的调节作用，本部分我们进一步研究家族治理调节作用的中介传导途径。前面的实证结果表明，较高的家族所有权、较低的两权偏离度及较弱的家族管理可以削弱代际传承对家族企业创新的抑制。因此较高的家族所有权、较低的两权偏离度及较弱的家族管理可以被视作较好的家族治理。根据家族所有权（FIO）、两权偏离度（SCF）、家族成员占公司总人数比例（FMR）分年度分行业的中位数分别把样本划分为高低两组。若家族企业属于 FIO 高组，则家族所有维度赋值为 1，否则赋值为 0；若家族企业属于 SCF 低组，则家族控制维度赋值为 1，否则赋值为 0；若家族企业属于 FMR 低组，则家族管理维度赋值为 1，否则赋值为 0。然后把三个维度的值相加得到一个家族治理综合指标 FG，FG 越大说明家族治理越好。

基于前面的理论分析，本章假定家族企业的风险承担水平在家族治理的调节效应中发挥了中介作用，即良好的家族治理能正向调节代际传承对家族企业风险承担水平的影响，进而弱化代际传承对家族企业创新的抑制。面对代际传承对家族企业造成的冲击，作为守业者的二代接班人为了保存家族社会情感财富而选择较为保守稳健的经营策略。而树立权威的迫切需要也导致二代接班人不敢承担过高的风险。相关研究也表明，代际传承后家族企业的风险承担水平显著下降。风险承担水平的下降则使家族企业削减具有高风险的创新投入。而良好的家族治理一方面可以增强二代接班人的长期导向、缓解社会情感财富保护压力；另一方面可以增强二代接班人个人权威，削弱其构建个人权威的动机。因此良好的家族治理可以提高代际传承冲击下家族企业的风险承担水平，从而弱化代际传承对家族企业创新的抑制。

本章采用有中介的调节效应模型来检验家族治理调节效应的中介传导途径。参考温忠麟等（2006）的方法，构建如下模型：

$$R\&D = \alpha + \beta_1 SUC + \beta_2 FG + \beta_3 SUC \times FG + \gamma Control + \varepsilon \quad (8-5)$$

$$RISK = \alpha + \beta_1 SUC + \beta_2 FG + \beta_3 SUC \times FG + \gamma Control + \varepsilon \quad (8-6)$$

$$R\&D = \alpha + \beta_1 SUC + \beta_2 FG + \beta_3 SUC \times FG + \beta_4 RISK + \gamma Control + \varepsilon \quad (8-7)$$

其中，FG 为家族治理综合指标，RISK 为家族企业的风险承担水平。参考余明桂等（2013）的方法，采用滚动三年期（t－1 年至 t＋1 年）的盈利波动性［σ（ROA）］来衡量家族企业风险承担水平。计算盈利波动性之前，先采用行业均值对每年的盈利（ROA）进行调整。

模型（8－5）用于检验家族管理在代际传承对家族企业创新的影响中

的调节作用，若交乘项的回归系数显著为正，则说明家族治理具有正向调节效应。模型（8-6）用于检验家族治理在代际传承对家族企业风险承担水平的影响中的调节作用，若交乘项的回归系数显著为正，则说明家族治理具有正向调节效应。模型（8-7）用于检验家族企业风险承担水平在家族管理调节效应中的中介传导作用，主要检验变量 RISK 回归系数的显著性。表 8-10 报告了模型（8-5）至模型（8-7）的回归结果。从模型（8-5）回归结果来看，交乘项 SUC × FG 的回归系数在 1% 的水平上显著为正，说明良好的家族治理可以弱化代际传承对家族企业创新的抑制。根据模型（8-6）的回归结果，交乘项 SUC × FG 的回归系数在 1% 的水平上显著为正，说明良好的家族治理可以显著减少代际传承后风险承担水平的下降幅度。模型（8-7）中，RISK 的回归系数在 1% 的水平上显著为正，而交乘项 SUC × FG 的回归系数同样在 1% 的水平上显著为正，说明家族企业风险承担水平在家族管理的调节效应中发挥了部分中介作用。

表 8-10　家族管理调节效应的中介传导途径

变量	(1)	(2)	(3)
	R&D	RISK	R&D
SUC	-0.915*** (-5.10)	-0.007*** (-3.10)	-0.879*** (-4.91)
FG	-0.168*** (-2.86)	-0.002*** (-2.63)	-0.159*** (-2.70)
SUC × FG	0.338*** (3.33)	0.004*** (3.32)	0.315*** (3.10)
RISK			5.048*** (3.32)
AGE	-0.598*** (-5.04)	0.001 (0.97)	-0.602*** (-5.10)
SIZE	-0.651*** (-10.24)	-0.002* (-1.82)	-0.647*** (-10.15)
DA	-5.974*** (-17.79)	0.002 (0.43)	-5.971*** (-17.86)

续表

变量	(1)	(2)	(3)
	R&D	RISK	R&D
ROA	-10.740*** (-8.55)	-0.078*** (-3.92)	-10.347*** (-8.55)
GROWTH	0.274*** (3.50)	0.000 (0.02)	0.275*** (3.51)
INS	0.030*** (4.49)	0.000 (1.53)	0.029*** (4.37)
SUB	0.633*** (13.75)	0.001 (1.16)	0.629*** (13.71)
YEAR	控制	控制	控制
IND	控制	控制	控制
截距项	8.887*** (7.88)	0.082*** (3.98)	8.530*** (7.57)
样本数	6420	7260	6420
R-SQUARED	0.417	0.317	0.419

注：*、**、*** 分别代表在0.10、0.05和0.01的显著性水平上显著；括号中为t值。

8.7 结论与启示

本章以中国上市家族企业为研究样本，首先研究代际传承对家族企业创新的影响，然后重点从家族所有、家族控制和家族管理三个维度探讨家族治理的调节作用，本章得出以下结论：第一，代际传承抑制了家族企业创新，原因是接班人接管企业后出于对家族和自身的考虑而减少创新投入。具体来说，一方面代际传承后二代接班人更倾向保存家族现有社会情感财富；另一方面构建自身权威的需要使二代接班人更加关注短期绩效。第二，三个维度的家族治理要素都具有调节作用。家族所有权增强了家族企业的长期导向及降低了二代接班人构建自身权威的难度，从而削弱了代际传承对家族企业创新的抑制作用；家族控制放大了二代接班人保护社会情感财富的动机，因此两权偏离度增强了代际传承对创新的不利影响，即较高的两权偏离度不利于继承人开展创新活动；家族管理同样会增强二代接班人保护社会情感财富的动机，同时提高二代接班人构建个人权威的难度，因此家族管理强化了代际传承对家族企业创新的抑制。第三，进一步的研究发现，家族治理可以缓解代际传承时期家族企业创新投入的下降，家族治理的调节作用通过家族企业风险承担水平这一路径实现。

基于以上研究结论，本章得到如下启示。首先，家族企业必须正视代际传承带来的负面影响，制订完善的传承计划减少不确定性，降低代际传承给家族企业创新带来的负面冲击。作为传承计划的一部分，应该尽早让二代接班人融入企业和树立个人权威。其次，把完善家族治理纳入传承计划，为二代接班人提供更利于创新的内部环境。具体来说，第一，家族所有权应该保持稳定和适度增加，从而有利于二代接班人建立长期目标和构建个人权威；第二，家族企业可以让渡部分家族控制权和管理权，积极引进外部资本和专业人才，协助二代接班人开展创新活动；第三，培育家族企业创新文化，培养家族成员的专业能力和创新能力，提升家族企业的风险承担水平。

第 9 章

知识产权保护对二代接班与家族企业创新的调节机制

9.1 引　　言

持续的创新投入是企业发展壮大、保持核心竞争优势的根本保证（史宇鹏、顾全林，2013）。我国在研发投入和产出规模上均位居全球第二，说明创新型国家战略的实施显著提高了企业科技创新的整体能力（Dutta et al.，2016），保护知识产权的重要性也因此不言而喻。在党的十九大报告中，倡导创新文化也着重强调了我国需要加快知识产权保护制度的完善，提高知识产权保护水平。另外，中国家族企业目前不仅面临创新转型的难题，还面临着代际传承的重大问题（李维安，2013）。《福布斯》2015 年发布的统计数据显示，在我国 A 股上市家族企业中，创始人及其后代共同管理企业的比例已达 54.98%，其中 12.56% 的企业创始人已完全退出企业管理层，交由二代接班人接管。外部宏观制度环境的变化是否会影响家族企业的内部创新决策？知识产权保护能否调节二代接班与企业创新的关系？这是一个值得深入研究的问题。

从现有文献来看，学术界对于家族企业接班人继位与企业创新关系的结论并不一致。第一类观点是认为二代接班有利于提高家族企业创新水平。从代理理论角度出发，二代接班人介入是监督企业其他家族高管成员的一个有效手段，第一层代理冲突会由于二代接班人进入家族企业控制和管理而得到一定的缓解；而家族大股东可能存在的“掏空”行为也会由于二代接班人介入让家族目标更倾向于家族传承和长期经营而减少，第二层代理冲突由此得到缓解，家族企业会转而投入创新活动（Xu et al.，2015）。从资源基础观出发，家族第二代接班为企业注入了新鲜血液，在原有企业文化的基础上，二代接班人带来新思想、新观念，促进企业文化新旧融合，迸发出创新的灵感，推动企业技术创新的发展（Mariasole，2016）。第二类观点是认为二代接班将会降低家族企业创新能力。从社会情感财富角度来看，家族企业更追求家族控制、家族成员认同企业发展观念、以企业作为一个纽带将家族与社会联系在一起，以及可以实现企业的跨代传承等情感性而非财富性的目标。但从我国家族企业的现状来看，创新活动所需要的大量专业性人力资源和财务资源通常需要从外部获取，这与中国家族集权管理的思想相违背，可能会破坏家族的社会情感财富，因此家族为平稳度过代际传承期，会避免出现这种对外部资源过度依赖的情况，往往会做出保护现有社会情感财富的决策、降低研发投入强度的情况（严若森、杜帅，2018）。另外，从短期行为理论来看，接班人上任之初为表现自身能力，树立权威合法性，会过度关注短期绩效目标，由此来迅速证明自身管理能力，这种短期绩效目标通常是财务绩效或者股票市场绩效，因此很可能会削弱家族企业的研发投入（程晨，2018）。

由此可见，基于不同的理论，接班人继位对创新的影响所得出的结论存在很大差异。但是对于企业微观研究来说，宏观制度环境的影响不可忽视，家族企业接班人进行创新活动的决策除受到家族企业内部权力分配及资源配置的影响外，还会受到外部制度环境的影响。知识产权保护是与创新活动直接相关的制度环境因素，也是衡量市场化水平的重要组成部分。科斯定理提出，市场达到资源配置帕累托最优的办法是明确产权。倘若产权是明确地就不存在交易费用，而交易费用的存在是导致不同权力界定和分配的原因，所以产权制度的设置是优化资源配置的基础。知识产权保护制度是保护创新过程和成果，明确企业知识产权归属的重要制度。现代产权理论认为市场经济存在“外部性”问题，而任由市场自身运行机制是无法解决这种外部性问题（Coase，1937），知识产权保护制度就是将外部性问题内在化的产权制度安排。由于知识具有显著的非排他性及非竞争性等正外部性特征，如果不对企业的创新活动及成果进行保护，那么市场上其他的经济个体将无须花费代价享受该企业的创新成果，这种“搭便车”行为将极大地挫伤企业创新的积极性。因此政府的工作就是要提高知识产权的保护水平，明确知识产权的归属，保护企业的智力成果（王金湘，2014）。而从交易费用角度来看，智力成果交易的前提同样是要在法律上有明确的产权归属，没有明确的知识产权界定，将会使智力成果的交易进行得非常困难，交易双方都会受到潜在的利益损失。那么以盈利为目标的企业就不会进行自主创新，因为企业技术上的进步并不能转换为经济利益，而是利用其他手段直接获取他人成果来提高自身利润水平（贾明珍，2013）。因此知识产权保护是影响企业内部创新活动的重要制度力量，需要探讨知识产权保护对家族企业创新决策的影响。

现有文献还有以下值得进一步研究的地方。首先，现有文献主要关注影响家族企业代际传承与创新关系的内部因素，忽视了从宏观制度环境视角分析影响家族企业接班人创新活动的外部因素。其次，尽管现有文献研究了知识产权保护对企业创新的影响效应，但是学界在知识产权保护对家族企业创新的影响机制分析这一方面关注较少，受到家族企业传承期特征的影响，知识产权保护对接班人创新活动的影响机制可能具有特殊性，值得进一步研究。

针对上述问题，本章的研究主题是从知识产权保护视角来探讨二代接班对家族企业创新活动的影响，探讨知识产权保护水平对二代接班与创新活动关系的调节作用及其影响机制。本章的贡献主要体现在两个方面：首先，本章从高管短期行为的理论视角研究二代接班对创新的影响，探讨知识产权保护对二代接班与企业创新关系的调节作用，突破了以往从家族企业内部寻找二代接班对家族企业创新活动的影响因素，而是从宏观制度环境的视角研究知识产权保护、二代接班与企业创新活动的关系。其次，本章探讨了知识产权保护对接班人创新活动的影响机制，有助于促进宏观制度环境与家族企业微观创新行为关系的研究。

9.2 理论分析与研究假设

本章的理论分析及假设推导如图9－1所示。接班人出现的短期行为倾向抑制了家族企业的创新活动，构成假设H9－1；而知识产权保护可以从激励接班人着眼于长期的研发活动和保护企业创新成果两个方面来缓解接班人短期行为倾向，正向调节二代接班与创新的负相关关系，形成假设H9－2。

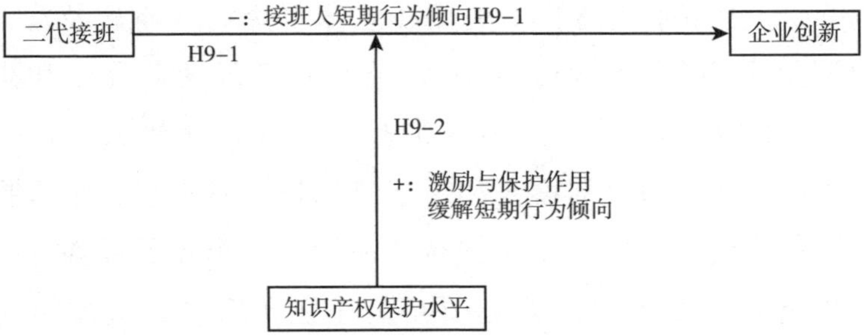

图9－1 本章的研究假设

9.2.1 二代接班对家族企业创新的影响

相比于西方国家家族企业的传承，我国家族企业传承的挑战因素更为突出。一方面是由于我国特殊的制度环境，家族企业如何传承并没有很好的借鉴对象，而中国家族企业代际传承又普遍缺乏有效的接班计划（陈凌，2012），这样导致的后果就是继任者难以服众；另一方面，在传统儒学“家文化”的影响下，更强的家族关系治理和较弱的正式组织管理是中国家族企业与其他企业存在显著差异的根源，这种独特的公司治理特征会使家族高管成员的行为因素更直接地反映在企业决策过程之中（Redding，1996），而从目前处于代际传承阶段的家族企业接班人行为来看，他们普遍都具有短期行为倾向。

短期行为倾向是指管理层会减少研发投入、广告支出以及员工培训等长期投资，以牺牲公司长远利益为代价，使短期财务业绩和股票价格最大化的行为（钟宇翔等，2017）。导致接班人短期行为倾向的原因包括内部压力和外部压力。内部压力是二代继承人往往在继任之初面临着“少主难以服众”的尴尬局面（李新春等，2015）。二代接班人的介入会逐渐调整原有家族企业的董事会和高管团队，权力分配发生变化，但正如前所分析的一样，中国家族企业治理表现出来的显著特征就是非正式的组织管理流程，二代接班人担任董事长或总经理只是在正式制度上获得认可，更重要的是其上任后的管理表现获得父辈以及其他家族高管的认同。外部压力则来自资本市场。上市企业高管变更往往意味着企业战略、经营方式和相关政策的调整和变化，影响到变更后企业的经营投资方向和盈利水平（刘美芬、谢永珍，2017）。因为 A 股投资主体占比最大的是个人投资者，他们的投资都以短线居多，相对于机构投资者来说，个人投资者更看重的是短期业绩。所以对于家族企业来说，一个新的掌舵人，巩固自身在家族和企业当中的地位就必须在上任之初取得让资本市场信服的成绩。

因此在内外部遭受压力的情境下，接班人呈现出的短期行为倾向在其投资决策上的表现就是更倾向于选择期限较短、风险较低的投资项目。为了获得外部市场的认可，接班人可能会将现金流更多地投资于短期常规项目，迅速提升企业绩效，以较好的财务绩效或股票市场绩效证明其管理能力（程晨，2016）。面对需要投入大量人力资源与财务资源的长周期、高风险的企业创新活动（Holmstrom，1989），其价值由于难以向投资者充分披露项目信息而无法像常规投资项目一样被利益相关者准确感知（Aboody and Lev，2000），所以接班人短期行为倾向很可能会削弱家族企业的研发投入，减少研究与开发支出。为了获得家族企业内部的认同，向父辈展现自身能力，接班人会降低对失败的容忍度，避免陷入长期性、不确定性的创新投入“陷阱”之中，同样抑制企业的创新活动。

鉴于此，本章从接班人短期行为倾向视角来看，提出如下假设：

假设 H9 - 1：二代接班不利于企业的创新投入。

9.2.2 知识产权保护的调节作用

根据知识的外部性特征，本章认为知识产权保护水平能够从激励机制和保护机制缓解接班人的短期行为倾向，保护家族企业的社会情感财富价值，从而对二代接班与创新关系产生正向的调节作用。

从激励的角度来看，影响企业开发新技术和新产品热情、打击企业开展创新活动积极性的根本原因在于知识属于公共物品。公共物品显著的溢出效应会导致创新活动的成果难以弥补创新的成本。因此知识产权保护制度就是通过保障创新者在一定时期拥有排他性的财产权利来激发创新者的创新热情（Kanwar and Evenson，2000）。知识产权制度的重大作用在于明确创新成果的权属，保护创新企业的产权利益。企业进行创新活动，既可以采用将创新技术运用于有形产品生产并进行销售的方式来获取高于普通产品的利润，又可以采用授权其他企业运用其创新专利等无形产品转让的方式获得更多的投资回报（马蓉蓉，2006）。这种创新与高额投资回报的良性循环激励机制有利于企业增加研发投入，促进企业创新水平的提高。而且国外学者以转型期中国为背景，比较分析国有企业和非国有企业经理人的创新活动后发现，相比于国有企业，宏观市场环境的变化对非国有企业的影响更大，市场的激励会使非国有企业更倾向于承担风险进行创新（Tan，2001）。这意味着，知识产权保护制度的完善能够很好抑制家族企业经理人的短期行为倾向，激励接班人着眼于长期的、可持续的利润增加活动。

从保护的角度来看，导致企业创新利益受到损害的原因在于创新成果在传播和应用的过程中存在被模仿和复制的风险。模仿企业利用低成本的优势能够更快地获取市场份额，而花费高额代价进行创新的企业却无法收回创新的投资成本。这种回报不确定性会造成接班人不愿投资于创新活动，倾向于短期投资活动获得利益。而提高知识产权保护水平能使技术创新成果获得更全面的法律保护，帮助企业弥补创新投资成本并且获得超过成本的高额投资回报（杨志祥，2007）。在代际传承阶段，一二代的共同目的是“平稳交接”，二代的短期行为倾向是源于获得内外部认可的压力，知识产权保护可以作为缓解外部压力的途径。因为提高知识产权保护水平意味着国家重视创新，市场投资者对研发活动会改变看法，创新虽然是长期且具有风险的活动，但它很可能带来短线投资无法获得的巨大收益。所以接班人如果着眼于创新，可能会成为家族企业创新精神延续的特征，获得市场青睐。

因此根据创新成果的外部性特征，知识产权保护水平的提高会对二代接班与创新的负向关系产生有力的调节作用。在知识产权保护水平越高的地区，家族企业的知识产权能够得到更好的法律保护，正向影响了家族接班人的创新动机，二代接班人对于企业发展的长期导向更为注重有助于促进家族接班人开展对企业长期发展有利的创新活动。由此，本章提出：

假设 H9 -2：知识产权保护的提高会弱化二代接班对企业创新投入的不利影响。

9.3 研究设计

9.3.1 数据来源

本章研究样本是 2011 ~2018 年的中国上市家族企业。参考王明琳等（2010）的方法，把两名或者两名以上家族成员共同持股或管理的企业认定为家族企业，并做以下处理：（1）剔除金融类上市家族企业；（2）剔除在观测年度为 ST、ST * 的上市家族企业；（3）剔除相关数据缺失或异常的观测值。对代际传承的定义是采用国泰安家族企业代际传承指标的定义：二代接班人担任董事长或总经理说明该企业发生了代际传承。经过筛选，同时进行 1% 缩尾后，本章最后选取的面板数据样本共 7073 个。

9.3.2 研究设计与变量定义

为了检验假设 H9 -1，本章建立回归模型：

$$R\&D = \beta_0 + \beta_1 sc + \beta_2 size + \beta_3 roa + \beta_4 estage + \beta_5 debt + \beta_6 au + \beta_7 dirnumber + \beta_8 lpgdp + Ind + Year + \varepsilon \quad (9-1)$$

为了检验假设 H9 -2，本章建立回归模型：

$$R\&D = \beta_0 + \beta_1 sc + \beta_2 pi + \beta_3 pi * sc + \beta_4 size + \beta_5 estage + \beta_6 debt + \beta_7 au + \beta_8 dirnumber + \beta_9 lpgdp + Ind + Year + \varepsilon \quad (9-2)$$

变量定义如表 9 -1 所示。

因变量企业技术创新 lnspsum。本章采用研发投入的自然对数来衡量企业的技术创新投入，数值越大表明企业越注重技术创新。

自变量是二代接班 sc。本章采用国泰安家族企业数据库中代际传承变量值的定义，当二代接班人担任企业董事长或是总经理时赋值为 1，否则赋值为 0。

调节变量是地区知识产权保护水平 pi。虽然中国各省知识产权保护法律条文一致，但知识产权执法力度却存在巨大差异。本章参考吴超鹏和唐菂（2016）的做法，认为一个地区专利未被侵权率越高，说明该地区知识产权保护水平越高。所以采用专利未被侵权率衡量地区知识产权保护水平。

参考以往关于家族企业与创新的文献，控制变量选取了以下变量："两职合一"（au）和董事会规模（dirnumber），因为组织治理结构会对研发投入等战略决策产生显著影响（朱沆等，2016；汪祥耀等，2016）；企业规模（size），控制规模等因素对研发资源供应的影响（Chen and Hsu，2009）；企业年龄（estage），公司成立时间长短不同生命周期的创新特点会存在差异（Wei and Liu，2015）；总资产收益率（roa），较好的盈利能力被认为会激励企业创新投入（He and Tian，2013）；资产负债率（debt），企业的财务杠杆常被用作高管风险偏好的代理指标，被认为对创新活动有影响（He and Tian，2013）；地区特征变量人均生产总值（lpgdp），地域差异可能也会影响企业的研发创新活动（聂辉华等，2008）；行业（ind）和年份（year），表示可能影响企业创新的行业和年度固定效应。

表 9-1　　　　变量及其定义一览表

变量类型	变量名称	符号	变量说明
因变量	企业研发投入	lnrdspsum	研发投入的自然对数
自变量	二代接班	sc	二代担任企业董事长或总经理时赋值为1，否则为0
调节变量	知识产权保护水平	pi	1-关于专利侵权纠纷案件总数/截至当年该省份累计授权专利的总数
控制变量	“两职合一”	au	当董事长和总经理为同一人时赋值为1，否则为0
	企业年龄	estage	企业成立年数加1的自然对数
	总资产收益率	roa	净利润/总资产
	企业规模	size	企业总资产的自然对数
	资产负债率	debt	企业总负债/总资产
	董事会规模	dirnumber	企业董事会人数
	地区人均生产总值	lpgdp	地区人均生产总值的自然对数
	行业	ind	依据中国证监会行业分类标准，其中制造业“C”字头代码取两位，其他行业取一位
	年份	year	控制年度固定效应

9.4　实证分析

9.4.1　描述性统计分析

表9-2为2011~2018年各变量的描述性统计表。从企业技术创新指标的平均值17.5102和最大值20.5148以及最小值14.0275来看，我国上市家族企业的创新投入水平存在较大差异。从代际传承的描述性结果来看，已有23%左右的家族企业进入了代际传承期。从产权保护水平来看，我国各地区知识产权保护执法力度存在较大差异，在均值为0.9983的情况下，最小值为0.9934，最大值为0.9999，说明存在个别地区知识产权保护水平远低于均值水平。这一点同样体现在地区人均国内生产总值上。

表9-2 描述性统计

变量	样本数	平均值	标准差	最小值	中位数	最大值
sc	7123	0.2311	0.4216	0.0000	0.0000	1.0000
lnrdspsum	7651	17.5102	1.1582	14.0275	17.4966	20.5148
pi	7676	0.9983	0.0019	0.9934	0.9991	0.9999
au	7639	0.4120	0.4922	0.0000	0.0000	1.0000
roa	7676	4.9161	5.2717	-19.6994	4.8549	18.8118
estage	7676	2.7116	0.3646	1.6094	2.7726	3.4012
dirnumber	7672	8.1535	1.3972	5.0000	9.0000	12.0000
debt	7676	0.3452	0.1799	0.0454	0.3294	0.7932
size	7676	21.6379	0.9709	19.8657	21.5358	24.4700
lpgdp	7676	11.1536	0.3704	10.2382	11.2120	11.8509

9.4.2 多元回归分析

为了检验二代接班对企业技术创新的影响。本章以家族企业技术创新为因变量，用企业研发投入（R&D）的自然对数进行衡量，自变量为虚拟变量代际传承，调节变量为产权保护水平，同时加入了可能会对家族企业技术创新有影响的相关控制变量。为防止存在多重共线性问题，本章还对变量进行了中心化处理（赵勇、李新春，2018）。

回归结果如表9-3所示，列（1）仅为被解释变量与控制变量的回归结果。从列（2）二代接班（sc）与企业研发投入（lnrdspsum）的回归结果可看出，二代接班（sc）与企业研发投入（lnrdspsum）的回归系数为-0.0778，在1%的统计水平下显著，表明当二代接班人担任企业的董事长或是总经理时，不利于企业的创新投入。实证结果验证了假设H9-1。这说明从总体层面来看，二代接班后会让企业趋于保守，更愿意将现金流投入其他回报较快的项目，因此投入创新活动的资金减少。在控制变量方面，企业规模（size）、盈利水平（roa）与创新投入的显著正相关表明，规模越大、盈利水平越好的家族企业越愿意研发创新，因为创新所需的资金多、周期长，所以规模小、盈利水平较低的企业不足以进行大规模的研究与开发活动。企业的成立年限（estage）与家族企业技术创新呈显著的负相关关系，表明成立年限越短的家族企业更倾向于进行研发创新，可能是因为成立年限越久的家族企业对于高风险、长周期的创新活动更为持有更为保守和谨慎的态度。地区人均国内生产总值与企业的创新投入呈显著的正相关关系，说明在相对发达的地区有更强烈的意愿创新。从表 9 - 3 列（3）结果可知，知识产权保护水平对于二代接班与企业创新投入之间的负向关系具有良好的正向调节作用，交乘项系数 19.863 在 5% 的显著水平上显著，假设 H9 - 2 也得到了证明。这说明，虽然二代接班后会减少企业创新投入，不利于企业的创新活动，但是地区产权保护水平的提高会弱化这种负向影响。因为知识产权保护水平越高，家族企业受到的外部法律保障会降低接班人及其家族对创新活动风险的畏惧，将研究与开发与企业绩效共同视为二代接班提高合法性和权威性的措施。因此提高地区产权保护水平能够有效地抑制代际传承对企业创新活动的不利影响。

表 9 - 3　　二代接班与企业创新投入

变量	(1)	(2)	(3)
	lnrdspsum	lnrdspsum	lnrdspsum
sc		-0.078*** (-3.39)	-0.077*** (-3.31)
pi			-13.615*** (-2.97)
sc * pi			19.863** (2.13)
au	0.011 (0.62)	0.024 (1.33)	0.024 (1.33)
roa	0.026*** (12.44)	0.026*** (11.61)	0.026*** (11.48)
estage	-0.177*** (-6.37)	-0.140*** (-4.92)	-0.140*** (-4.91)
dirnumber	0.044*** (6.44)	0.037*** (5.45)	0.036*** (5.34)
debt	-0.073 (-1.04)	-0.11 (-1.54)	-0.113 (-1.58)

续表

变量	(1)	(2)	(3)
	lnrdspsum	lnrdspsum	lnrdspsum
size	0.802 *** (63.39)	0.822 *** (64.73)	0.823 *** (64.71)
lpgdp	0.327 *** (10.95)	0.299 *** (9.84)	0.306 *** (10.04)
_cons	-5.058 *** (-12.23)	-5.287 *** (-12.59)	-5.359 *** (-12.75)
year	control	control	control
ind	control	control	control
adj - R^2	0.5839	0.5961	0.5965
F - value	181.99 ***	177.87 ***	172.40 ***
N	7611	7073	7073

注：*、** 和 *** 分别表示在 10%、5% 和 1% 显著性水平下显著。

为了进一步凸显知识产权保护水平在代际传承与创新活动之间的调节效应，本章在 Excel 中绘制了二代接班与创新的相互作用效果图。如图 9-2 所示，二代接班与创新之间的关系为负向，而比较图中两条直线的斜率，可以看出，知识产权保护水平高时二代接班对企业创新投入的负向影响要低于知识产权保护水平低时二代接班对企业创新投入的负向影响。

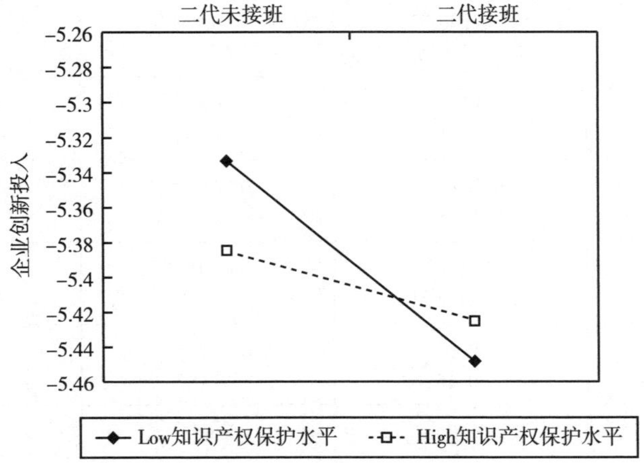

图 9-2　调节效应图

9.4.3 稳健性检验

为了保证本章结论的可靠性和严谨性，本章参考袁建国等（2015）使用企业研发投入占总资产的比例（rdratio）来衡量企业研发投入强度。实证结果如表9－4所示，本章的研究结论在更换了被解释变量的衡量指标后仍然成立。

表9－4　　更换被解释变量：创新投入比例

变量	(1)	(2)	(3)
	rdratio	rdratio	rdratio
sc		-0.131*** (-3.80)	-0.124*** (-3.54)
pi			1.047 (0.12)
sc * pi			38.994*** (2.64)
au	0.046 (1.44)	0.048 (1.45)	0.047 (1.43)
roa	0.055*** (13.32)	0.056*** (12.55)	0.056*** (12.53)
estage	-0.238*** (-5.04)	-0.205*** (-4.10)	-0.206*** (-4.13)
dirnumber	0.045*** (3.94)	0.038*** (3.18)	0.039*** (3.22)
debt	0.389*** (3.46)	0.309*** (2.65)	0.306*** (2.62)
size	-0.257*** (-11.56)	-0.241*** (-10.38)	-0.241*** (-10.36)
lpgdp	0.474*** (10.15)	0.457*** (9.48)	0.461*** (9.59)
_cons	0.676 (1.00)	5.052 (0.72)	0.432 (0.61)
year	control	control	control

续表

变量	(1)	(2)	(3)
	rdratio	rdratio	rdratio
ind	control	control	control
adj - R^2	0.3031	0.3071	0.3074
F - value	57.29 ***	54.27 ***	52.59 ***
N	7636	7093	7093

注：*、** 和 *** 分别表示在 10%、5% 和 1% 显著性水平下显著。

除了更换被解释变量外，本章参考吴超鹏（2009）的研究，将调节变量产权保护水平更换为技术市场合同成交规模（ps），即以一省技术市场成交合同金额除以该省当年地区生产总值。而经过实证检验后，结果如表 9-5 所示，依然证明了原假设。

表 9-5　　　　更换调节变量：技术市场合同成交规模

变量	(1)	(2)	(3)
	lnrdspsum	lnrdspsum	lnrdspsum
sc		-0.078 *** (-3.39)	-0.069 *** (-3.00)
ps			0.507 (1.61)
sc * pi			1.312 * (1.70)
au	0.011 (0.62)	0.024 (1.33)	0.022 (1.23)
roa	0.026 *** (12.44)	0.026 *** (11.61)	0.026 *** (11.44)
estage	-0.177 *** (-6.37)	-0.140 *** (-4.92)	-0.137 *** (-4.82)
dirnumber	0.044 *** (6.44)	0.037 *** (5.45)	0.038 *** (5.57)
debt	-0.073 (-1.04)	-0.11 (-1.54)	-0.107 (-1.49)

续表

变量	(1)	(2)	(3)
	lnrdspsum	lnrdspsum	lnrdspsum
size	0.802 *** (63.39)	0.822 *** (64.73)	0.290 *** (64.33)
lpgdp	0.327 *** (10.95)	0.299 *** (9.84)	0.108 *** (8.48)
_cons	-5.058 *** (-12.23)	-5.287 *** (-12.59)	-5.189 *** (-11.19)
year	control	control	control
ind	control	control	control
adj - R^2	0.5839	0.5961	0.5964
F - value	181.99 ***	177.87 ***	172.09 ***
N	7611	7073	7064

注：*、** 和 *** 分别表示在 10%、5% 和 1% 显著性水平下显著。

本章还参考王明琳等（2014）对家族企业的定义，选取原样本中控制权≥15%的家族企业进行实证分析。实证结果如表 9-6 所示，在缩小样本范围后，本章的研究结论依然成立。

表 9-6　　缩小样本范围：控制权≥15%的家族企业

变量	(1)	(2)	(3)
	lnrdspsum	lnrdspsum	lnrdspsum
sc		-0.083 *** (-3.59)	-0.082 *** (-3.51)
pi			-13.194 *** (-2.86)
sc * pi			18.600 ** (1.99)
au	0.01 (0.55)	0.019 (1.04)	0.019 (1.03)
roa	0.027 *** (12.53)	0.026 *** (11.51)	0.026 *** (11.39)
estage	-0.179 *** (-6.38)	-0.140 *** (-4.88)	-0.140 *** (-4.88)

续表

变量	(1)	(2)	(3)
	lnrdspsum	lnrdspsum	lnrdspsum
dirnumber	0.041 *** (6.06)	0.034 *** (5.03)	0.034 *** (4.92)
debt	−0.057 (−0.80)	−0.109 (−1.51)	−0.111 (−1.54)
size	0.801 *** (62.57)	0.825 *** (64.19)	0.825 *** (64.16)
lpgdp	0.338 *** (11.17)	0.306 *** (9.97)	0.312 *** (10.15)
_cons	−5.183 *** (−12.50)	−5.462 *** (−13.03)	−5.531 *** (−13.18)
year	control	control	control
ind	control	control	control
adj − R^2	0.5825	0.5953	0.5988
F − value	177.94 ***	175.06 ***	169.64 ***
N	7500	6994	6994

注：*、** 和 *** 分别表示在 10%、5% 和 1% 显著性水平下显著。

9.4.4 内生性检验

考虑到本章在实证检验上可能存在内生性问题，为了剔除内生性问题的影响，本章采用 Heckman 两阶段法，参照 Xu 等（2015）采用家族企业创始人年龄 controage 作为工具变量进行第一阶段的估计，并将第一阶段回归中得到的逆米尔斯指数（IMR）加入第二阶段的回归方程中进行估计。因为随着创始人年龄渐长，二代接班人进入企业的可能性升高，但是创始人年龄本身与企业创新活动相关性不强。实证结果如表 9−7 所示。在第一阶段回归中，controage 的系数为 0.0764，在 1% 水平上显著，说明使用的工具变量显著影响二代接班人进入企业。第二阶段回归中 sc 系数为 −0.0773，在 1% 水平上显著，说明控制了内生性后，二代接班不利于企业创新，支持了本章的主假设。

表 9－7　　Heckman 两步法

变量	第一阶段	第二阶段
sc		－0.0773*** (－2.95)
controage	0.0764*** (27.64)	
au	－0.4482*** (－10.72)	0.0242 (1.17)
roa	－0.026 (－0.62)	0.0255*** (10.72)
estage	－0.177*** (－6.37)	－0.1661*** (－5.42)
dirnumber	0.1680*** (2.75)	0.0419*** (5.95)
debt	－0.4880*** (－4.23)	－0.0902 (－1.18)
size	0.1666*** (6.33)	0.8248*** (59.55)
lpgdp	－0.0705 (－1.11)	0.2772*** (8.75)
IMR		0.0050 (0.23)
_cons	－7.5686*** (－8.22)	－5.0941*** (－11.49)
year	control	control
ind	control	control
adj－R2	0.2431	0.5972
F value	1197.34***	175.15***
N	6499	6482

注：*、**和***分别表示在 10%、5%和 1%显著性水平下显著。

参考李常洪等（2018）的研究，为减少知识产权保护水平可能存在的内生性问题，本章根据产权保护水平指标中位数对样本分组，将产权保护水平高的子样本作为实验组，产权保护水平低的子样本作为控制组，采用倾向得分匹配法（Propensity Sore Matching，PSM）估计知识产权保护水平对二代接班与创新之间的处理效应。

平衡性检验结果如表 9－8 所示。运用核匹配（Kernel Matching）的方式进行匹配后的 ATT 值为 17.390，t 值为 －4.91，在 1% 水平上显著。从中可见，匹配后的主要协变量标准化偏差小于 10%，所有 t 检验 p 值都大于 10%，可见协变量通过了平衡性检验。表 9－9 为匹配后样本回归结果，由结果可知支持了本章的假设。

表 9－8　　　　匹配效果检验

变量	样本	均值		标准化偏差（%）	标准化偏差绝对值减少	t 检验	
		处理组	控制组			t 值	p 值
au	未匹配	0.417	0.408	1.9	43.7	0.83	0.404
	匹配	0.418	0.413	1.1		0.47	0.64
roa	未匹配	4.950	4.937	0.7	3.4	0.29	0.771
	匹配	4.970	4.907	0.6		0.28	0.780
estage	未匹配	2.661	2.761	－28.0	91.0	－12.20	0.000
	匹配	2.663	2.654	2.5		1.05	0.293
dirnumber	未匹配	8.149	8.158	－0.7	64.8	－0.29	0.774
	匹配	8.148	8.151	－0.2		－0.10	0.919
debt	未匹配	0.335	0.355	－11.5	78.2	－5.01	0.000
	匹配	0.334	0.339	－2.5		－1.10	0.271
size	未匹配	21.542	21.730	－19.1	90.5	－8.46	0.000
	匹配	21.540	21.558	－1.8		－0.82	0.413

表 9－9　　　　匹配样本的基本回归

变量	(1)	(2)
	lnrdspsum	lnrdspsum
sc		－0.078*** (－3.40)
au	0.010 (0.59)	0.024 (1.35)

续表

变量	(1)	(2)
	lnrdspsum	lnrdspsum
roa	0.027 *** (12.49)	0.026 *** (11.67)
estage	-0.172 *** (-6.18)	-0.140 *** (-4.89)
dirnumber	0.043 *** (6.31)	0.037 *** (5.41)
debt	-0.070 (-1.00)	-0.111 (-1.55)
size	0.805 *** (64.05)	0.822 *** (64.62)
lpgdp	0.324 *** (10.81)	0.299 *** (9.80)
_cons	-5.095 *** (-12.34)	-5.277 *** (-12.55)
year	control	control
ind	control	control
adj - R^2	0.5847	0.5957
F - value	182.15 ***	177.21 ***
N	7591	7058

注：*、** 和 *** 分别表示在 10%、5% 和 1% 显著性水平下显著。

9.5 进一步分析

9.5.1 知识产权保护调节的途径分析

以上内容分析了二代接班对家族企业创新投入产生抑制作用的重要原因是接班人的短期行为倾向，因此接班人的短期行为在二代接班与企业创新之间起着中介作用。二代接班人因自身经验与能力的不足以及进入企业后尽快建立权威合法性的需求导致其易于对高风险性活动持有保守态度（李新春等，2015），更倾向于投资短期经营活动。而完善知识产权保护制度，提高知识产权保护水平，减少对民营企业的歧视和限制以及对企业研发成果的侵权行为，可以为家族企业的研发活动带来的收益提供长期保障，维护公平的市场竞争环境，减轻接班人因研发过程及成果得不到有效保护而选择放弃投资创新活动的顾虑，弱化接班人的短期行为倾向，毕竟创新才是真正能够保持企业长期竞争优势、保证家族基业长青、体现接班人合法性权威的途径。综上所述，本章认为二代接班后会导致接班人短期行为倾向，从而导致创新投入水平的降低，而知识产权保护水平既会从激励和保护两个方面直接调节二代接班与企业创新的关系，又会通过调节接班人的短期行为倾向来影响这两者的关系。因此在图9－1理论分析的基础上，我们增加了短期行为这个中介变量，进一步分析的过程如图9－3所示。

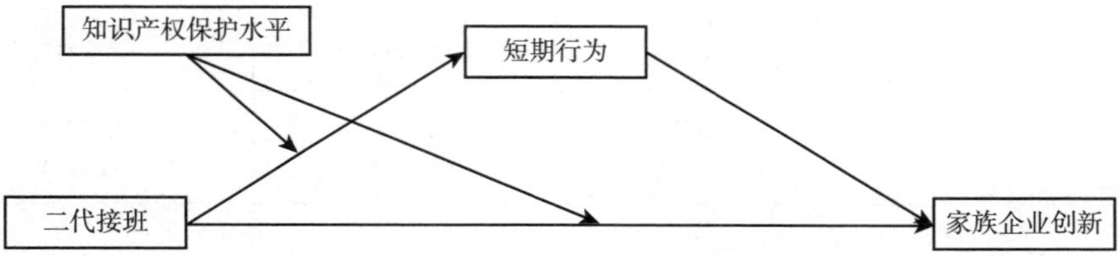

图9－3　进一步分析

根据王海明和曾德明（2013）的研究，本章衡量短期行为（Short）的代理变量是资产负债表中"交易性金融资产""可供出售金融资产净额"和"持有至到期投资净额"三个科目之和。参考叶宝娟和温忠麟（2012）有调节的中介检验模型，需要进行三个回归分析：

$$lnrdspsum = c_0 + c_1 sc + c_2 pi + c_3 sc \times pi + e_1 \quad (9-3)$$

$$short = a_0 + a_1 sc + a_2 pi + a_3 sc \times pi + e_2 \quad (9-4)$$

$$lnrdspsum = c'_0 + c'_1 sc + c'_2 pi + b_1 short + b_2 short \times pi + e_3 \quad (9-5)$$

有调节的中介效应如果存在，需要满足以下三个条件：（1）方程（9－3）中二代接班与知识产权保护水平的交互项（sc × pi）对创新投入（lnrdspsum）的效应显著；（2）方程（9－4）中二代接班与知识产权保护水平的交互项（sc × pi）对接班人短期行为（short）的效应显著；（3）方程（9－5）

中接班人的短期行为（short）对企业创新投入（lnrdspsum）的效应显著。

表 9－10 为有调节的中介检验结果，模型（9－3）是前面已验证的假设 H9－2，二代接班与知识产权保护水平的交互项（sc × pi）在 5% 水平上与创新投入（lnrdspsum）的显著正相关，说明知识产权保护水平对二代接班和创新投入存在直接的调节效应；结合模型（9－4）中，二代接班与知识产权保护水平的交互项（sc × pi）在 10% 水平上与接班人短期行为（short）呈显著负相关，模型（9－5）中接班人的短期行为（short）在 1% 水平上与企业创新投入（lnrdspsum）的呈负相关，表明存在前半路径的调节效应。验证此前我们对此的推理。

表 9－10　　知识产权保护的调节途径

变量	(1)	(2)	(3)
	lnrdspsum	short	lnrdspsum
sc	−0.077*** (−3.31)	0.003*** (2.60)	−0.077*** (−3.37)
pi	−13.615*** (−2.97)	0.276 (1.22)	−14.221*** (−2.85)
sc × pi	19.863** (2.13)	−0.827* (−1.66)	
short			−1.104*** (−3.37)
short × pi			110.805 (0.83)
au	0.024 (1.33)	0.001 (1.24)	0.025 (1.40)
roa	0.026*** (11.48)	−0.001*** (−5.79)	0.025*** (11.13)
estage	−0.140*** (−4.91)	0.003*** −2.46	−0.136*** (−4.78)
dirnumber	0.036*** (5.34)	−0.000*** (−0.92)	0.036*** (5.29)

续表

变量	(1)	(2)	(3)
	lnrdspsum	short	lnrdspsum
debt	-0.113 (-1.58)	-0.023 *** (-8.73)	-0.137 * (-1.90)
size	0.823 *** (64.71)	0.004 *** (11.27)	0.829 *** (64.26)
lpgdp	0.306 *** (10.04)	0.002 (1.37)	0.305 *** (10.05)
_cons	-5.359 *** (-12.75)	-0.131 *** (-7.75)	-5.488 *** (-13.01)
year	control	control	control
ind	control	control	control
adj - R^2	0.5965	0.1033	0.5961
F - value	172.40 ***	14.39 ***	170.09 ***
N	7073	7093	7073

注：*、** 和 *** 分别表示在 10%、5% 和 1% 显著性水平下显著。

9.5.2 知识产权保护在融资约束不同的家族企业中对创新的调节差异

由于资本市场对不同类型企业的歧视性行为，异质性企业将面临不同的资金成本。家族企业大多数属于中小民营企业，长久以来都有着融资难、融资渠道少的困扰。所以相比于大型企业及国有企业，绝大多数家族企业的预算约束更硬，资金成本和融资约束力更大，在资源限制的条件下，他们对创新投入能否获得相应回报更为关心。而唯有在知识产权保护下，创新的独占收益能够超额弥补融资成本（郑玉，2017）。在知识产权保护水平较高的情况下，信息不对称的问题能够得到有效缓解，利于进行信息披露（李常洪等，2018）。因为知识产权保护制度可以保障创新成果转化商业化价值的过程，改善金融机构在投资评估时对创新项目的怀疑态度，从而有利于创新项目的顺利开展，二代接班人进行创新的融资阻力会因此而降低。可以合理推测，那些资金成本相对较高或较难获得贷款的融资约束型家族企业，对知识产权保护的敏感性会较高。本章参考黎文靖和李茫茫（2017）的做法，将衡量融资约束的KZ指数按中位数划分为两组，大于中位数的样本取1，否则取0，进行分组检验。

利用计算出的融资约束指数KZ进行中位数分组后进行实证的结果如表9－11所示。从表中看出，融资约束越高的家族企业，知识产权保护水平对二代接班与创新投入之间的正向调节效应越为显著，系数为38.028，通过了1%显著性水平的检验。而在融资约束低的家族企业中，知识产权保护水平的调节效应并不显著。这表明融资困难的家族企业，政府加强知识产权保护能够缓解二代接班对创新投入的不利影响。

表9－11　　　　融资约束不同的家族企业调节效应比较

变量	融资约束低	融资约束高
	lnrdspsum	lnrdspsum
sc	0.0004 (0.01)	－0.143*** (－4.38)
pi	－6.673 (－1.01)	－16.801*** (－2.72)
sc × pi	2.741 (0.22)	38.028*** (2.84)
au	－0.004 (－0.15)	0.051** (2.06)
roa	0.036*** (10.21)	0.019*** (6.54)
estage	－0.118*** (－2.93)	－0.171*** (－4.34)
dirnumber	0.035*** (3.47)	0.037*** (4.05)
debt	0.246** (2.13)	－0.335*** (－3.53)
size	0.755*** (38.31)	0.863*** (51.9)

续表

变量	融资约束低	融资约束高
	lnrdspsum	lnrdspsum
lpgdp	0.290 *** (6.83)	0.318 *** (7.48)
_cons	-3.878 *** (-6.20)	-6.217 *** (-11.16)
year	control	control
ind	control	control
adj - R^2	0.6141	0.5949
F - value	83.92 ***	98.81 ***
N	3075	3998

注：*、** 和 *** 分别表示在 10%、5% 和 1% 显著性水平下显著。

9.6 结论与讨论

知识产权保护制度是一种激励和调节的利益机制，其出现的根本原因是要解决“知识”的产权归属问题（王海成、吕铁，2016）。本章从外部视角——地区知识产权保护水平角度，探究了二代接班与创新之间的关系，并得出知识产权保护水平的提高可以缓解接班人短期行为倾向，从而弱化二代接班后对创新的负面影响的结论。基于该结论，可以得到以下启示：

从家族企业内部治理来看，二代接班人接管企业是一个家族企业必然要经历的阶段。对于二代接班人还未接班的家族企业来说，做好传承规划应对创新转型是重中之重；对于二代接班人已经接班的家族企业来说，减轻管理层短期行为倾向，尽力基于对自身的长期发展之虑而切实加大长期投资，提高创新投入水平是家族企业保持长期竞争力的必要举措。

从外部治理来看，知识产权保护是可以激励和保护家族企业创新意向的。因此政府必须完善知识产权制度，提高知识产权保护水平，营造良好的创新环境，帮助家族企业在比较完善的市场竞争与制度环境中顺利传承，并逐步实现自身的创新及管理升级。

本章的研究局限在于，本章仅对知识产权保护水平的调节作用进行了验证，说明完善知识产权制度，提高知识产权保护水平的重要性。而什么样的知识产权保护模式可以对接班人创新发挥正面影响和帮助接班人开展创新活动是值得探讨的问题，所以如何完善知识产权保护制度和提高知识产权保护水平来促进代际传承时期的家族企业创新活动还需要进一步研究。

第 10 章

家族企业接班人选择和培养的耦合效应对创新的影响

——基于浙江龙盛集团的案例研究

10.1 引　　言

代际传承问题是中国家族企业当前面临的重大挑战。由于我国第一代家族企业创始人和治理权威都已渐入暮年（徐细雄、刘星，2012）。因此我们需要密切关注中国家族企业的传承问题（范博宏，2015）。《中国家族企业发展报告》也指出，当前，改革开放后创业的第一代企业家多数已年近花甲，普遍到了传承的节骨眼上。这意味着，一个全国性的家族企业“交接时代”已悄然来临（王重鸣等，2007），对于很多企业来说，领导人权力移交问题已经很紧迫了（吴应军，2011）。另外，技术创新对我国当前的家族企业具有重要意义。《中国家族企业发展报告》指出，在经济转型背景下，我国家族企业的竞争力在逐渐削弱。因此我国家族企业必须加强自主创新。张华等（2016）基于中国上市家族企业的数据，发现有创新投入的家族企业的业绩明显高于无创新投入的家族企业。鉴于当前家族企业传承是在我国经济转型的背景下进行的，传承与创新将成为我国家族企业关注的重要问题。

关于家族企业传承对创新的影响，现有文献有两类针锋相对的观点。第一类观点以资源观理论为代表。资源观理论认为，家族接班人拥有新的目标和资源（Mariasole Bannò，2016）。因此家族企业代际传承可以促进企业创新。第二类观点以资产专用性理论为代表。资产专用性理论认为，接班人难以继承创始人的特殊资产（Fan et al.，2012），导致缺乏创始人拥有的创新资源，因此家族企业代际传承会阻碍企业创新。有些实证研究证实了第一类观点。Zellwege 等（2012）通过案例研究指出，家族企业的创新性水平并不是一成不变的，家族企业的代际传承对企业的创新水平有正面的影响。Kellermanns 等（2006）的实证研究发现，家族涉入的代数越多，越有利于提高企业的创业能力。Mariasole Bannò（2016）则发现，接班人对专利有显著的正向影响。朱沆等（2016）的研究发现，家族传承意愿会提升企业的研发强度。黄海杰等（2018）的研究发现，二代接班人介入对家族企业创新活动有显著的正向影响。有些实证研究证实了第二类观点。Beck 等（2011）通过对比利时和荷兰的样本进行实证分析发现，当家族企业传承到下一代时，会对企业创新产生负面影响，其原因是家族接班人的市场导向变弱了。Kellermanns 等（2012）发现，所有权发生代际传承的企业更难将创新有效地转化为绩效，这可能是代际冲突的结果。赵晶等（2016）的研究发现，家族企业代际传承对企业创新有负面影响。汪祥耀等（2016）的研究也发现，家族企业代际传承会导致企业创新活动的减少。

但是，现有的研究只是考察了代际传承对技术创新的总体效果，且研究结论相互矛盾。未来应该进一步细化研究代际传承对技术创新的影响机制，探讨"如何传"和"如何承"对技术创新的影响效果，从而整合学术界对该问题的理论争论。相关研究显示，创始人的权威、关系、默会知识等专用性资产的传承是相对困难的（范博宏，2015；窦军生等，2008；Bennedsen et al.，2015；Fan et al.，2012），而接班人重构专用性资产对家族企业顺利传承有重要作用（张京心等，2017）。因此依据资源观理论和资产专用性理论，二代接班后可否促进家族企业创新取决于以下两个因素：接班人能否带来新的资源和能否继承创始人的专用性资产，因此需要研究实现上述两个因素的条件。

本章运用案例研究法，探讨了家族企业接班人的选择机制（"如何传"）和培养机制（"如何承"）的耦合效应对技术创新的影响机理。本章可能的贡献体现在以下方面：首先，本章揭示了案例企业代际传承对创新投资的影响路径，从而有助于整合不同理论的学术争论。以往的文献更多的是从家族企业代际传承的时间维度分析其对家族企业创新投资的影响，实证研究的结果大相径庭，本章则具体分析了接班人选择机制和培养机制的耦合对创新投资的影响，发现不同的选择机制和培养机制会产生不同的效果，为解决学术界争论提供了重要启示。其次，本章有助于为家族企业代际传承与转型升级提供重要启示。中国的民营企业家会根据自身特征设计有创造性的传承解决方案（郭萍，2014）。本章通过浙江龙盛集团的案例分析后发现，其通过接班人选择机制和培养机制的耦合促进技术创新的机理，从而有助于家族企业制定合适的传承规划和促进家族企业的转型升级。

10.2 研究设计

10.2.1 研究方法与案例选择

本章采用单案例纵向研究方法。单案例研究适合回答“为什么”类型的问题，而纵向研究有助于揭示案例企业创新能力的动态发展路径（许庆瑞等，2020）。本章试图通过传承前后的比较分析，探讨案例企业代际传承对技术创新的影响机制，因此本章适合采用单案例纵向研究方法。本章选择浙江龙盛集团（以下简称“浙江龙盛”）作为研究对象。首先，浙江龙盛实现了家族企业的顺利传承，浙江龙盛接班人的选择机制和培养机制也独具特色；其次，在代际传承完成后，浙江龙盛的创新能力有了大幅度提升。因此浙江龙盛是非常适合本章选题的案例。

10.2.2 关键构念识别与描述

在展开案例分析之前，结合理论研究，明确关键构念的含义和类型，有助于提高研究结论的有效性和普适性（刘静等，2019）。基于文献梳理和本章的研究主题，本章的关键构念有三个：家族接班人选择机制、家族接班人培养机制、接班人选择和培养的耦合效应。本章的案例分析将依次探讨这三个关键构念对技术创新的影响。

10.2.2.1 家族接班人选择机制

家族接班人的选择机制包括两部分内容："选择谁"和"怎么选"。

从"选择谁"的角度，依据家族接班人的特质，可以把家族接班人分成两类：管理型接班人和技术型接班人。相关研究显示，接班人特质会影响家族企业创新（陈凌等，2014）。管理型接班人的优点是熟悉企业的管理流程，拥有长期的管理经验，可以较好地继承创始人的专用性资产，为企业的稳定传承奠定基础，但管理型接班人的缺点是不了解技术研发，不能为企业技术创新提供新的知识和资源。相反地，技术型接班人熟悉产品研发，可以为技术创新提供新的信息和指引，拥有新的接班人专用性资产，但技术型接班人的缺点是缺乏管理技能，无法很好地继承创始人的专用性资产。

从"怎么选"的角度，依据家族接班人的挑选方式，可以分成两类：赛马式接班和相马式接班。赛马式接班的优点是可以通过竞争选出优秀的接班人，提高了接班人的合法性，为家族企业的技术创新和可持续发展提供动力，但赛马式接班的缺点是容易导致竞争者之间的冲突，影响家族的和谐度。Clercq 等（2015）认为，家族成员之间的竞争会抑制有效知识流的作用和融合，削弱决策的有效性，削弱在代际传承中所固有的潜在创新能力。相马式接班的优点是保持家族和谐，通过长期的培养有助于树立家族接班人的权威。Clercq 等（2015）指出，家族成员的合作可以使代际传承促进家族企业创新，因为家族成员拥有团队精神，为企业提供了不同的知识和观点。但相马式接班发挥优点的前提是选择的对象具有培养潜力，如果接班人选择不当则无法顺利传承和促进企业的转型发展。

因此依据家族接班人特质和家族接班人挑选方式，可以把二代接班人选择机制分为四类，如图 10－1 所示：赛马式挑选方式与管理型人才接班，赛马式挑选方式与技术型人才接班，相马式挑选方式与管理型人才接班，相马式挑选方式与管理型人才接班。

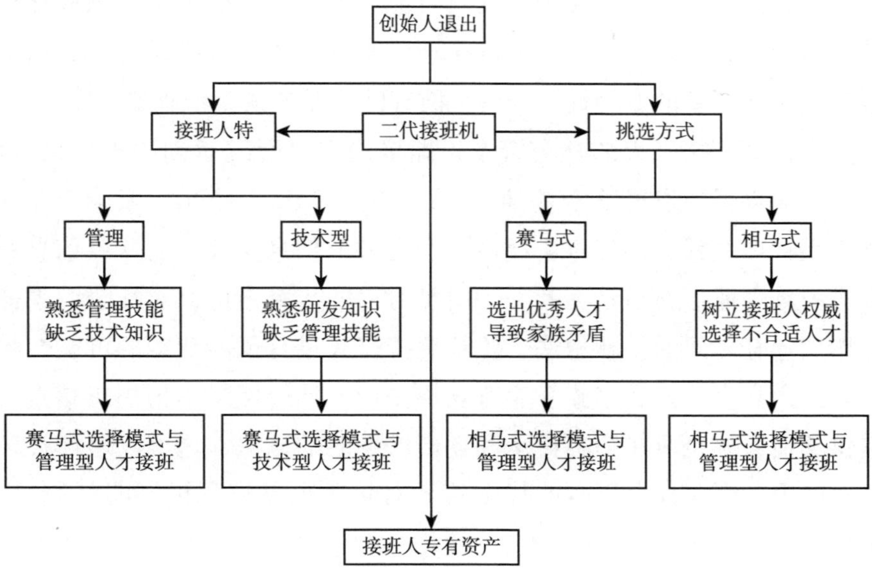

图 10 –1　接班人选择机制的类型

10. 2. 2. 2　家族接班人培养机制

图 10 –2 列出了家族接班人的培养机制对技术创新的影响机理。家族接班人的培养机制分为个人层面和企业层面。

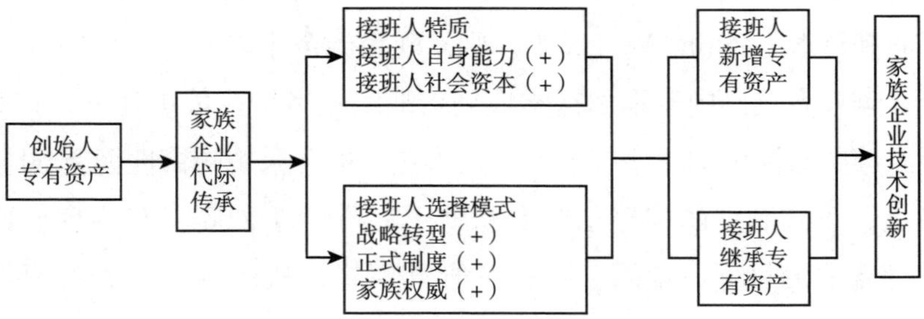

图 10 –2　接班人培养机制的类型

（1）个人层面的培养机制。

从个人层面的视角，需要关注接班人自身能力的培养，尤其是引导接班人继承创始人的专用性资产，而社会资本是一类重要的创始人专用性资产。

首先，需要关注家族接班人的自身能力的培养。通过提升家族接班人的能力与视野，接班人可以给家族企业带来新的资源和新的理念，这意味着接班人构建了新的专用性资产，从而有助于促进家族企业创新。

其次，家族接班人的社会资本，即接班人可否继承创始人关系资源，可以为企业创新与发展奠定基础。Hauck 等（2015）指出，家族企业在发展和维系社会关系时，都将会促进企业内外的信息交换，而这些信息有助于促进家族企业创新活动。其一，由于对外的接触效应，对社会关系的投资会增加年轻一代的创新想法，传承后接班人进行创新活动的可能性将增加。其二，社会关系对家族企业有支持作用，社会网络不但提供信息，还能提供其他家族企业在解决传承和创新问题时的方法，这可以增加接班人的创新能力。因此社会资本的代际传承对技术创新有积极影响（赵晶等，2016）。

（2）企业层面的培养机制。

首先，接班人的战略转型可以促进企业创新。家族企业在代际传承窗口期内会发生显著的战略变革（赵晶等，2015），接班人掌管企业后，必然要作出新的贡献，与过往的战略划清界限（Graves et al.，2008）。这有助于提升接班人在企业的合法性，巩固其在企业的地位（李新春等，2015）。同时，战略转型有助于发挥接班人的主观能动性，为企业创新提供新的思路和资源。Pittino 等（2009）则发现家族企业传承会影响其创新战略，家族企业创业者更倾向于采用探索性创新战略；当企业传承到下一代时，为了避免家族财富流失的风险，家族接班人更倾向于采用防御性创新战略。

其次，正式制度的构建总体上有助于促进企业创新。家族企业代际传承会改变企业的目标、董事会结构和管理模式，从而进一步影响家族企业创新的意愿和能力（Chrisman et al.，2015）。通过重构企业的目标、董事会结构和管理模式等正式制度，可以提高接班人的合法性，从而提升企业创新的制度基础。通过制度化安排确立并传承创新文化，反过来也有助于家族企业的顺利传承（范博宏，2015）。

最后，接班人家族权威有助于企业开展创新。相关研究显示，过分强化或削弱家族权威都不利于价值创造（贺小刚等，2009）。当然，随着创始人权威的退出和接班人权威的构建，有助于稳固接班人的地位（李新春等，2015），此时企业会着重考虑接班人的想法、信息和特定机会，这将有助于拓展创新决策的视野。

10.2.2.3　接班人选择和培养的耦合效应

耦合是物理学的概念，是指两个或两个以上系统之间相互作用、相互影响，实现协调共生的动态关联关系（徐晔等，2015）。如图 10－2 所示，接班人选择机制和培养机制存在两个耦合效应。首先，接班人特质与个人层面培养机制存在相互影响的关系，对于管理型人才和技术型人才而言，不同类型的接班人应该补充培养不同的个人能力。其次，接班人挑选方式与企业层面培养机制同样存在相互影响的关系，对于赛马式接班和相马式接班而言，不同的挑选方式需要与不同的企业层面培养维度相互配合。

10.3　案例描述

10.3.1　浙江龙盛的代际传承历程

浙江龙盛的主要经营范围包括染料、中间体等无机化工产品，中国染料工业协会的统计显示，在世界范围内的关键染料市场中，浙江龙盛占据着全球将近 21% 的市场份额。

浙江龙盛的创始人阮水龙是浙江省上虞市的一位农民企业家，1970 年起从创办了上虞县浬海公社微生物农药厂，担任厂长。1998 年经过员工持股工会和国资委的股权转让，浙江龙盛集团股份有限公司正式成立，阮水龙担任董事长，其长子阮伟兴任总经理。2007 年 4 月，阮水龙退出浙江龙盛董事会，卸任董事长一职，交由次子阮伟祥接任。接班人之争主要是在长子阮伟兴和次子阮伟祥之间展开，最后结局是次子阮伟祥胜出，长子阮伟兴离开公司。如图 10－3 所示，阮水龙有三子二女，每个子女有各自的发展路径。

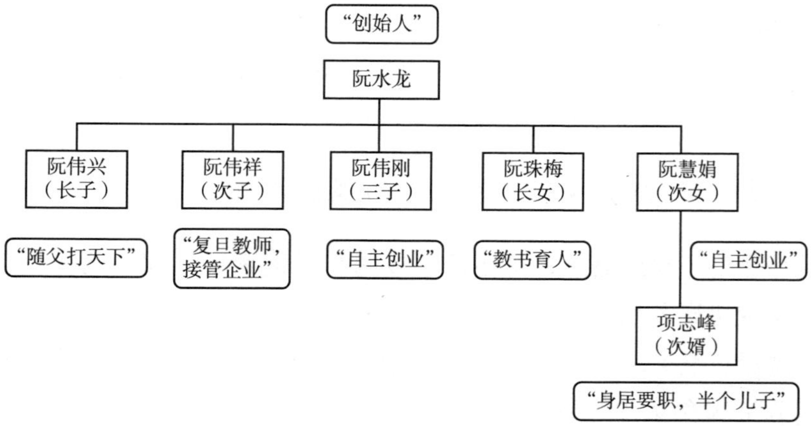

图 10－3　浙江龙盛控制性家族的二代家族成员

资料来源：阮水龙：成功绝非偶然［M］，浙江人民出版社 2015 年版。

10. 3. 2　浙江龙盛代际传承对技术创新的影响效果

本章对家族企业技术创新的测量分为两个部分：创新投入和创新产出。

（1）浙江龙盛传承前后的创新投入的比较分析。

如表 10－1 所示，浙江龙盛在代际传承前的 2003～2007 年共计投入研发费用 2610 万元，传承后的 2008～2012 年共计 63565 万元，传承后五年研发费用投入总额是传承前五年研发投入总额的 27. 5 倍。浙江龙盛传承后的研发投入总额显著高于传承前的研发投入总额。

研发投入比率 2003～2016 年基本处于逐年递增，以传承完成的 2007 年为分界线，对比传承前后的研发投入强度，同样可以发现传承后的研发投入比率显著高于传承前。传承前每年的研发投入强度均低于 0. 4%，传承后每年的研发投入强度均高于 0. 4%，由 2008 年的 0. 47% 增长到 2016 年的 4. 44%。

表 10－1　浙江龙盛 2003～2016 年研发投入情况　单位：万元

年份	研发投入	营业收入	研发投入强度
2003	202	112944	0. 18%
2004	290	137517	0. 21%

续表

年份	研发投入	营业收入	研发投入强度
2005	320	190353	0.17%
2006	732	244517	0.30%
2007	1066	334544	0.32%
2008	1997	422541	0.47%
2009	5610	461941	1.65%
2010	10645	667715	1.59%
2011	21161	822944	2.57%
2012	24152	764931	3.16%
2013	45175	1408582	3.21%
2014	56774	1514999	3.75%
2015	52529	1484211	3.54%
2016	54807	1235553	4.44%

数据来源：浙江龙盛 2003 ~ 2016 年企业年报。

（2）浙江龙盛传承前后的创新产出的比较分析。

本章以获批的有效专利数量来衡量浙江龙盛的创新产出。

从表 10 – 2 可以看出，浙江龙盛在传承前（不含当年）所持有效专利仅 3 项，都为发明专利。传承后第五年所持有效专利共计 70 项，其中有 68 项是发明专利，2 项是实用新型专利，截至 2015 年，浙江龙盛所持有效专利总数为 107 项。因此浙江龙盛传承后的专利数比传承前大幅增加。

表 10 – 2　　浙江龙盛有效专利技术统计　　单位：个

截止日期	发明	实用新型	外观设计	总计
2006	3	0	0	3
2007	13	0	0	13
2008	21	0	0	21
2009	34	1	0	35
2010	48	2	0	50
2011	61	2	0	63
2012	68	2	0	70

续表

截止日期	发明	实用新型	外观设计	总计
2013	83	2	0	85
2014	99	3	0	102
2015	104	3	0	107

资料来源：国泰安数据库。

10.4 案例分析

10.4.1 浙江龙盛接班人选择机制

（1）接班人特质。

通过对比长子阮伟兴和次子阮伟祥在传承前的不同经历（见表10-3），可以发现两者具有不同的特质。阮伟祥在学历教育程度上要高于阮伟兴，阮伟祥的专业技术背景和负责研发的总工程师的工作经历决定了其具备技术型接班人的特点。阮伟兴则没有专业技术的教育背景，其工作经历也是担任浙江龙盛公司的管理者，其具备了管理型接班人的特点。对于处于转型升级阶段的浙江龙盛而言，技术型接班人可以带来更多的知识和技术。

表10-3　不同继任者的个人经历对比

继任前	阮伟祥	阮伟兴
教育经历	复旦大学高分子化学专业硕士	高中毕业
工作经历	复旦大学材料系讲师 担任总工程师	直接进入本家族企业 担任总经理

资料来源：陈胜龙：《阮水龙：成功绝非偶然》，浙江人民出版社2015年版。

作为技术型接班人，阮伟祥为企业创新作出了重大的贡献。在担任企业总工程师的半年内，阮伟祥就解决了分散剂MF原来存在的成本偏高和质量把控不能完全达标等技术难题。全国首创的“MA”项目的生产技术具有国际领先水平，这个项目是阮伟祥独立研制的。阮伟祥研发了达到国际领先水平的高新技术产品 86 项，完成了国家级“火炬”计划和“星火”计划的实施工作。由于阮伟祥的“染料专家”的地位，为企业提供了新的资源和接班人专有资产，提升了接班人的领袖魅力权威，帮助其顺利接班。

（2）接班人挑选方式。

当创始人有多个接班人选时，对于接班人的选择将成为一个难题。此时，接班人的挑选方式可以分为两类：赛马式接班和相马式接班。

浙江龙盛的代际传承采用了赛马式的接班模式。自阮伟祥进入企业的 1993 年起，到阮伟祥出任董事长接管公司的 2007 年，中间跨度有 14 年的时间，这段时间长子阮伟兴和次子阮伟祥展开了长期的接班人竞争。浙江龙盛赛马式接班有三个特征。

第一个特征是：明晰产权，传承股权。如表 10－4 所示，浙江龙盛代际传承的第一步就是在企业创办早期的“现金换股权”。阮水龙成功地将浙江龙盛的股权传承给两个儿子，阮伟祥和阮伟兴得以顺理成章地进入浙江龙盛的董事会担任董事。两人的持股比例一直都是较为接近，基本持平。

表 10－4　　阮伟祥和阮伟兴初始股权积累取得途径

年份	取得股权的方式		阮伟祥		阮伟兴	
			投入金额（单位：万元）	投后股权比例	投入金额（单位：万元）	投后股权比例
1997	职工持股会转让		245.46	11.45%	258.58	10.59%
	阮水龙无偿赠与		900		800	
1999	个人增资	来源于 1998 年利润计提超利奖	202	12.08%	187	11.18%
		来源于 1998 年职工持股会集体现存货币资金赠与	605		559	
		来源于 1999 年个人资金	43		42	
	公司配股		0		0	
2001	职工持股会转让		2339	13.76%	2215	13.03%

资料来源：浙江龙盛 2003 年首次公开发行股票招股说明书。

第二个特征是：分工明确，传承管理权。次子阮伟祥负责技术，长子阮伟兴负责管理。阮伟祥由于材料系科班出身，进入企业后阮水龙将总工程师的职位留给他，让他负责产品、技术以及工艺创新的规划与开发和对生产质量的把控。阮伟兴担任浙江龙盛总经理，从事管理工作，负责财务、审计、人事、采购等。

第三个特征是：确定对象，传承控制权。阮水龙经过对两个接班人的考察，逐渐将传承重心转移到次子阮伟祥身上，因而先是在 2004 年免去了长子阮伟兴的总经理一职，将次子阮伟祥从总工程师提拔到总经理，阮水龙于 2007 年从董事长一职退下，由阮伟祥接任董事长兼总经理。

因此浙江龙盛经过长达 14 年的赛马式传承，阮水龙依次完成了对阮伟祥的股权传承、管理权传承以及控制权传承。

10.4.2 浙江龙盛接班人培养机制

（1）个人层面培养机制。

浙江龙盛对阮伟祥能力的培养重点在于实现社会资本的传承。本章从政治关系资本、商会关系资本和银行关系资本三个维度考察案例企业社会资本的传承。参考胡旭阳等（2016）的研究，政治关系资本的衡量为是否担任人大代表或政协委员。商会关系资本的衡量为是否担任行业协会领导职务。银行关系资本的衡量为企业与银行系统是否存在资金借贷关系。

从表 10－5 可以看出，阮水龙自 1993 年起连续四届担任上虞市政协常委，2012 年是第九届上虞区政协常委，同时还是绍兴市第二、第三、第四届人大代表。阮伟祥在继任后也先后担任了上虞市第十五届人大代表、绍兴市第六届人大代表，至此可以判断阮水龙父子的政治关系资本完成了传承。

表10－5　　浙江龙盛家族社会资本—政治关系资本传承对比

阮水龙（传承人）	阮伟祥（接班人）
自1993年起连续四届上虞市政协常委 2012年第九届上虞区政协常委	上虞市第十五届人大代表
绍兴市第二届、第三届、第四届人大代表	绍兴市第六届人大代表

资料来源：浙江龙盛2003～2016年年报整理。

从表10－6可以看出，阮水龙曾经担任中国染料工业协会第五届理事、常务理事、副理事长，浙江省染料协会理事长，绍兴市染料协会理事长，阮伟祥在继任后仅担任了中国染料工业协会第八届副会长。因此商会关系资本的传承部分完成。

表10－6　　浙江龙盛社会资本—商会关系资本传承前后对比

阮水龙（传承人）	阮伟祥（接班人）
中国染料工业协会第五届理事、常务理事、副理事长	中国染料工业协会第八届副会长
浙江省染料协会理事长	
绍兴市染料协会理事长	

资料来源：中国染料工业网（http：//www.dyechina.com/sy）。

从表10－7可以看出，阮伟祥继任前与浙江龙盛存在资金借贷关系的银行数量是11家，其中5家银行在阮伟祥继任后仍与浙江龙盛存在资金借贷关系。继任后存在资金借贷关系的银行数量为10家，其中5家为新的银行关系资本。因此银行关系资本的传承部分完成。

表10－7　　浙江龙盛社会资本—银行关系资本传承前后对比

继任前	继任后
中国建设银行上虞支行	中国建设银行上虞支行
中国建设银行香港分行	中国建设银行香港分行
中国农业银行上虞支行	中国农业银行新加坡分行
中国银行上虞分行	中国银行杭州滨江支行
	中国银行新加坡分行

续表

继任前	继任后
招商银行杭州风起支行	招商银行杭州风起支行
中信银行上虞支行	
交通银行上虞支行	
浦东发展银行绍兴分行	
深圳发展银行杭州清泰支行	
浙江上虞农村合作银行道墟支行	
上虞杜浦信用社	
	中国进出口银行浙江省分行
	工商银行亚洲分行
	上海农村商业银行闸北支行
	澳新银行新加坡分行

资料来源：浙江龙盛2003～2010年企业年报。

因此在浙江龙盛的代际传承过程中，阮伟祥较好地继承了其父亲的社会资本，企业内外的社会关系继续保持稳定。

相关研究显示，政治资本可以给家族企业带来政府资源。因此社会资本的传承对创新投资产出效率的影响可以体现在传承前后因创新研发所获政府补助额的变化上，家族企业的社会资本使其能够比较有效地获得政府的创新补贴。

表10－8列出了浙江龙盛传承前后两年获得的创新补贴。从表10－8可以看出，浙江龙盛在传承前因创新研发所获政府补助额平均每年约为87万元，传承后平均每年约为354万元，增幅达到了300%。同时，传承后与创新研发有关的政府补助项目比传承前增加了一倍。

表10－8　　浙江龙盛因创新研发所获政府补助情况

年份	2005	2006	2007	2008	2009
因创新研发所获政府补助额（万元）	71	103.2	122.6	339.2	368.7
与创新研发有关的政府补助项目（个）	3	3	6	7	6

资料来源：作者整理。

综上所述，由于浙江龙盛社会资本的顺利传承，接班人继承了创始人的部分专有资产，使得政府的创新补助不会因为创始人的退出而减少，对家族企业创新投资的提高有所帮助。

（2）企业层面培养机制。

①创新战略转型。

阮伟祥接班后，将浙江龙盛的自主创新战略转型为合作创新战略。

浙江龙盛传承前的创新投资战略可以总结为自主创新战略。自主创新战略可以分为两个阶段。浙江龙盛从助剂到染料，再从染料到中间体，两次转型升级都是建立在自主研发新产品、新材料和改进生产工艺的基础上。

浙江龙盛传承后的创新投资战略可以总结为合作创新战略。这个阶段的方向是精细化工的技术创新，以主业染料为核心，在世界范围内延伸发展精细化工业务，通过并购与合资扩大企业的生产基地、共建工厂、扩展产能和获取被并购企业的专利权。

从这个阶段的技术创新可以看出，阮伟祥在传承后对企业未来的创新战略发展进行调整，转向了国际化，因此创新战略也就转变为通过合资、并购等方式取得新技术、新产品和专利权的合作创新战略。通过创新战略的调整，接班人构建了自己的专用性资产，提高了传承的合法性，有助于其持续提升企业的创新能力。

②制度正式化。

首先，积极推行职业经理人管理模式。随着企业的发展，家族企业治理模式也在不断演进（吕鸿江等，2016）。随着家族企业的二代接班后，浙江龙盛逐步推行职业经理人管理模式。如表10－9所示，在2003年刚上市时，五个内部董事有三个是家族成员，另外两个是创业元老；2007年二代接班时，六个内部董事中有两个家族董事、一个创业元老、三个职业经理人；2017年的六个内部董事中，有一个家族董事、一个创业元老、四个职业经理人。可以看出，二代接班后，浙江龙盛积极推行职业经理人管理模式，为接班人保驾护航和树立威信。因此二代接班后浙江龙盛逐步由“家族治理”向“家族与职业经理人共治”模式过渡。

表 10－9　　浙江龙盛家族成员在董事会的任职变化

董事类别	2003 年		2007 年		2017 年	
	姓名	职务	姓名	职务	姓名	职务
家族董事	阮水龙	董事长	阮伟祥	董事长、总经理	阮伟祥	董事长、总经理
	阮伟兴	总经理	项志峰	常务副总经理		
	阮伟祥	总工程师				
创业元老	章荣夫	董事				
	阮兴祥	董秘	阮兴祥	副董事长	阮兴祥	副董事长
职业经理人			王忠	董事，财务总监	罗斌	董事，财务总监
			贡晗	董事	徐亚林	董事，副总经理
			常盛	董秘	姚建芳	副总经理，董秘
					周征男	董事

资料来源：浙江龙盛 2003 年、2007 年、2017 年年报。

其次，积极推行股票期权计划。何轩等（2008）的研究发现，通过泛家族化建立了一定的信任基础之后，再将股权向职业经理人进行合理配置有利于提升企业价值。在阮伟祥接班后，浙江龙盛于 2008 年 6 月推行股权激励计划。浙江龙盛 2008 年 6 月发布的公告显示，将向公司董事、高管、子公司高管及其他管理技术人员进行股票期权激励，拟授予激励对象 4120 万份股票期权，行权价格为 16.88 元，高于浙江龙盛当期的股价，可以对高管发挥激励作用。同时，设置了较高的行权业绩条件，从而把公司骨干的个人利益和公司的长期利益紧密结合起来，推动了企业的转型升级。

通过构建新的正式化的制度，有助于提升接班人的声望和地位，构建了接班人新的专有资产，为企业持续创新提供制度保障。

③家族权威的动态转换。

为了应对赛马式传承可能带来的家族内斗的困扰，浙江龙盛采用了两种方式实现了家族权威的动态转换：树立接班人权威和兄弟“分家而立”。

首先，努力树立接班人阮伟祥的个人权威。

一方面，通过管理职位“两权合一”强化接班人的地位。传承前阮伟祥是浙江龙盛的第二大股东，在 2004 年被阮水龙由总工程师提拔为总经理；传承后阮伟祥仍是仅次于阮水龙的第二大股东，同时还是董事长兼任总经理（见图 10－4），其控制权呈稳固的“两职合一”的二元性结构。

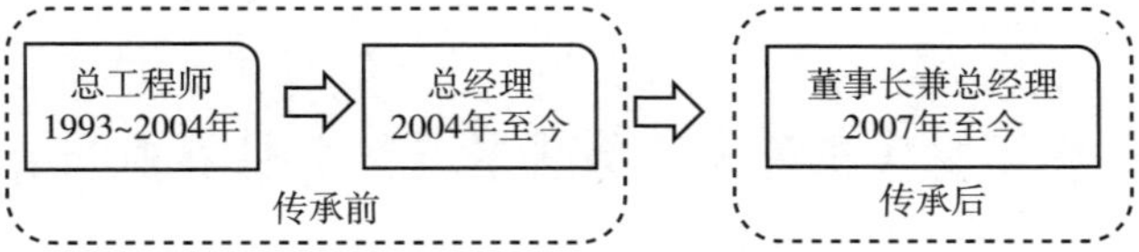

图 10－4　阮伟祥在传承前后的任职情况

资料来源：浙江龙盛 2003～2016 年企业年报。

另一方面，通过强化和培养接班人阮伟祥的技术权威角色来巩固接班人的地位。从表 10－10 可以看出，阮伟祥解决了浙江龙盛一系列的技术难题，开发了一系列的新产品，获得了一系列的科技奖励，大大增强了阮伟祥在公司的威望和领袖魅力。

表 10－10　阮伟祥的领袖魅力权威的构建

领袖魅力权威			
个人权威		能力权威	
声望	资历	专业技能	知识
浙江省星火科技一等奖	复旦大学高分子化学专业硕士	解决分散剂 MF 质量不达标问题	专利著作 78 篇
国家星火科技二等奖	复旦大学材料系讲师	研发出新产品 86 个	
绍兴市环境保护先进个人	总工程师		

资料来源：作者整理。

其次，通过兄弟“分家而立”的方式确保接班人的地位。

方太集团创始人茅理翔提出了家族企业传承的“口袋理论”，该理论认为应该把不同的家族二代成员放到不同的经营领域，避免发生家族内斗。在确立了次子阮伟祥的接班人地位后，主要竞争对手长子阮伟兴减持股份退出公司，公司发表公告称，创始家族自 2008 年 8 月 1 日起与阮伟兴不存在一致行动关系。阮水龙共有三子两女，自从确立接班人阮伟祥以后，其他子女均没有继续留在公司，要么自主创业，要么另谋职业，给接班人阮伟祥构建权威提供了宽松的外部环境。

通过家族权威的顺利传承，提升了接班人在企业中的地位和权威，使接班人传承了创始人的专有资产，从而有助于促进企业创新。

10.4.3 浙江龙盛接班人选择机制与培养机制的耦合效应

浙江龙盛接班人选择机制与培养机制的耦合效应如图 10－5 所示。

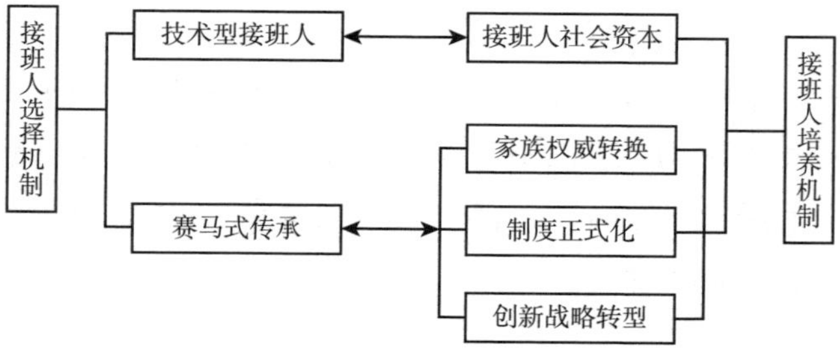

图 10－5　浙江龙盛接班人选择机制与培养机制的耦合效应

首先，浙江龙盛接班人特质和个人层面培养实现了耦合效应。浙江龙盛选择了技术型接班人，技术型接班人在给企业带来新的技术和理念的同时，其也缺乏管理经验和社会资源，缺乏创始人独特的人脉资源。因此浙江龙盛在培养技术型接班人时，尤其强调创始人社会资本的传承，弥补了技术型接班人的不足之处。

其次，浙江龙盛接班人选择方式和企业层面培养实现了耦合效应。浙江龙盛选择了赛马式接班，这种方式在为企业选择优秀的接班人的同时，也可能带来家族内斗和接班人权威不足的问题。因此浙江龙盛着力推行家族权威的动态转换，制定正式的新制度保障接班人的顺利接班，通过创新战略转型构建接班人的新领域。上述三个培养机制有助于接班人顺利构建权威，避免家族内斗。

浙江龙盛接班人选择与培养的耦合效应对技术创新的影响如图 10 – 6 所示。

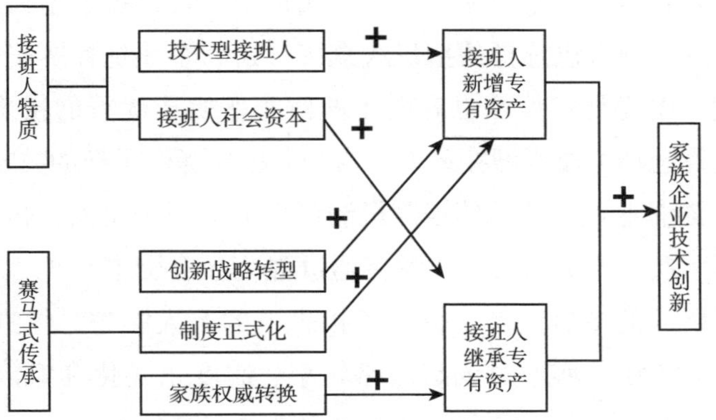

图 10 – 6　浙江龙盛接班人选择与培养的耦合效应对技术创新的影响

首先，技术型接班人为浙江龙盛的创新引入了新的人力资源和技术信息，而接班人继承社会资本可以保持原有的社会网络。这使得接班人在为企业提供新的专有资产的同时，也继承了创始人的专有资产，有助于促进家族企业创新。

其次，浙江龙盛企业通过创新战略转型和制度正式化可以发挥接班人新的技术优势，而通过家族权威转换有利于树立接班人权威和继承家族专有资产，这三个机制可以在一定程度上化解赛马式传承带来的家族矛盾，有助于接班人继承创始人的专有资产，也有利于接班人形成自己新的专有资产，从而为企业持续开展技术创新提供了资源保障。

10.5　结论与启示

围绕家族企业代际传承与技术创新问题，针对学术界的理论争论，本章以浙江龙盛作为案例，探讨了家族企业代际传承对技术创新的影响机理。本章得出以下结论：

（1）家族企业代际传承的选择机制可以分为四种类型，包括赛马式挑选方式与管理型人才接班、赛马式挑选方式与技术型人才接班、相马式挑选方式与管理型人才接班、相马式挑选方式与管理型人才接班。依据企业和家族的实际，浙江龙盛选择了“赛马式传承模式与技术型人才接班”的类型。阮水龙家族可供选择的接班人众多，这为企业选择赛马式传承模式奠定了基础，而赛马式传承也有助于浙江龙盛挑选优秀的接班人。同时，浙江龙盛最终选择了技术型接班人，为企业创新提供了新的技术资源。

（2）家族企业代际传承的培养机制可以分为两个层面，包括个人层面和企业层面。在个人层面，浙江龙盛通过强化社会资本传承，让接班人更多地继承创始人的专有资产，提升了接班人的个人能力，促进企业创新。在企业层面，浙江龙盛通过创新战略转型、制度正式化和家族权威转换，帮助接班人继承创始人的专有资产和构建新的专有资产，为企业创新提供了制度创新。

（3）家族企业代际传承选择机制和培养机制需要发挥耦合效应。浙江龙盛选择了技术型接班人之后，在发挥其技术优势的同时，通过强化对接班人社会资本的传承，弥补了技术型接班人关系网络和管理支持网络薄弱的问题。浙江龙盛在运用赛马式传承模式挑选接班人后，在企业层面通过创新战略转型、制度正式化和家族权威转换等方式，弥补了赛马式传承模式可能带来的家族内斗和接班人权威不够等问题。选择机制和培养机制相互配合的核心在于使接班人能够重构专有资产和继承专有资产。

通过本章的分析，可以得出两个启示。

（1）理论层面的启示。关于代际传承与技术创新问题，学术界有两类不同的观点：资源观理论认为代际传承有助于企业创新，资产专有理论认为代际传承不利于企业创新。实证研究的结果同样是相互矛盾。本章通过案例分析，发现代际传承对技术创新的效果受到多重因素的影响，不同的接班人选择机制、培养机制以及选择机制和培养机制的效应都会影响两者的关系。本章的结论可以为后期的实证研究提供启示，有助于整合资源观理论和资产专有理论的争论。

（2）实践层面的启示。本章案例分析的研究结论可以为家族企业代际传承和转型升级提供启示。首先，家族企业需要依据企业实际，选择合适的接班人选择机制。当接班人众多时，可以考虑赛马式传承模式；从促进企业创新的角度，可以优先考虑技术型接班人。其次，为保证接班人顺利接班，需要建立相应的培养机制。从个人层面，需要重点培养接班人的社会资本，包括政治关系资本、商会关系资本和银行关系资本；从企业层面，可以考虑通过战略转型来巩固接班人地位，通过推行职业化管理模式和股票期权构建新的正式化制度，通过树立接班人权威和兄弟“分家而立”的方法实现家族权威的动态转化。最后，接班人选择机制和培养机制要密切配合，发挥耦合效应。依据接班人的不同对象和不同传承模式，针对不同的选择机制的优缺点，提供相应的培养机制，从而有助于接班人重构和继承专有资产，最终为实现家族企业技术创新和可持续发展提供动力。

下篇

家族传承企业技术创新的经济后果

第 11 章

接班人创新活动对家族企业绩效的影响

——探索式创新还是利用式创新?

11.1 引　　言

民营企业作为创新活动的中坚力量，其创新投入和产出规模均占有绝对优势，并已超过其他企业类型的创新投入与产出规模的总和（Zhou et al.，2017）。由此可见，保持民营企业的持续创新活力有助于推动我国经济可持续发展。从普华永道 2021 年全球家族企业调研——中国报告可知，中国民营企业对国家 GDP 的贡献日益突出，2021 的贡献率估计超过 60%，其中 80% 属于家族企业。作为中国民营经济的主体，家族企业的创新发展对加快创新型国家建设和实现国民经济可持续健康发展有重要作用。在我国实施创新驱动发展战略和我国家族企业普遍面临转型升级的背景下，创新问题是我国家族企业当前面临的重大问题。然而，我国大部分家族企业即将面临或正在面临代际传承问题，家族企业可能因新一代接班人管理权威不足等问题而经历组织动荡（程晨，2018），使企业经营面临更多的不确定性。与此同时，由于我国大多数家族企业兴起于相近的年段内，家族企业进行代际的时间差距较小，家族企业代际传承问题由个体事件演变成现今具有相同、相近特征企业的群体性事件（蒋惠凤、周玲莉，2018）。

由此可知，家族企业代际传承对民营经济的发展具有重大影响，需要密切关注其对家族企业创新的影响。

现有关于企业创新活动对企业绩效的影响研究大多从微观企业层面进行研究。例如，程宏伟等（2006）发现，研发投入对公司绩效的影响逐年递减；刘小青和陈向东（2010）指出，专利对企业绩效产生显著正向影响；李常洪等（2013）发现，创新投入与创新产出对绩效均有显著正向影响；徐建中等（2018）认为，低碳技术创新对装备制造企业绩效有正向影响；贾军和张卓（2013）发现，技术多元化与企业财务绩效呈正向相关关系。虽然已有较多文献通过实证研究得到企业创新有利于提高企业绩效的结论，但当下正处于急剧变化的后疫情环境之中，企业单一的技术战略创新已跟不上环境的变化速度，唯有兼顾开发现有能力与构建全新能力，充分考虑不同创新类型的适用度，才能不断应对经营环境变化万千带来的挑战与威胁。因此企业实行“两手都要硬”的双元性技术战略，是顺应发展的战略选择。

“双元”概念是由 Duncan 在 1976 年首次提出的，而后的研究对双元概念进行进一步界定，将双元概念分为探索式学习和利用式学习，并利用双元概念对组织进行权衡管理，协调内部矛盾（March，1991）。根据不同创新程度和不同知识基础，双元创新可分为探索式创新与利用式创新（张徽燕等，2014；苏昕、周升师，2019）。然而，现有的关于双元创新效果的研究未能形成一致的结论。有一部分学者认为双元创新对企业发展来说是有利的。例如，March（1991）认为，企业生存和繁荣的关键在于如何平衡探索式创新与利用式创新之间的关系；Burgelman（2002）提出，结合利用式创新与探索式创新两种创新方式能为企业创造更有利的发展环境；苏昕和周升师（2019）指出，探索式创新与利用式创新之间的平衡性会对企业竞争地位的提升产生积极影响。另一部分学者则认为，企业因资源的有限性使企业无法兼顾双元创新。例如，Porter（1980）提出经典竞争战略，认为企业必须在利用式创新与探索式创新两者之间选其一，否则会陷入“夹在当中”的尴尬困境，导致企业在竞争中失败；杨博旭等（2019）认为，企业往往需要在很大程度上改变原有的工作流程形式或组织结构才能推进双元创新活动，双元创新对企业来说不可兼得；齐秀辉等（2020）发现，探索式创新与企业绩效显著正相关，利用式创新与企业绩效的关系不显著。

综上所述，当下关于双元创新与企业绩效之间的研究仍存在以下研究缺口：首先，现有的关于双元创新与企业绩效之间的研究忽视了对家族企业代际传承情境的分析。研究家族企业代际传承期间的双元创新问题，有助于帮助家族企业渡过传承的过渡期，保持增强家族企业对民营经济的贡献活力。其次，现有研究还没有讨论接班人的创新活动类型对绩效的影响。传承是家族企业变革的“催化剂”（李卫宁等，2021；Kotlar and De Massis，2013），越来越多的学者关注传承情境下后代领导人在企业创新中所起的作用（李卫宁等，2021；Cabrera - Suárez et al.，2018），但现有的研究并未考虑到接班人创新活动类型对企业绩效的影响。

本章的创新之处在于：第一，对于双元创新与企业绩效的相关研究，本章弥补了该主题对接班人创新活动类型的研究缺口，丰富了家族企业接班人创新活动的研究文献，为代际传承的家族企业制定创新决策提供借鉴意义；第二，本章通过对家族企业代际传承情境的分析，扩展了家族企业双元创新的研究，从家族企业代际传承的视角深化了双元创新理论；第三，本章探讨了探索式创新与利用式创新对企业绩效的影响路径，有助于打开双元创新与企业绩效之间的“暗箱”。

11.2 研究假设的提出

从战略变革适应观的角度来说，代际传承时期进行的变革为接班人上位后的双元创新活动扫除了制度障碍，提高双元创新活动下企业的运营效率，进而有利于提高企业绩效。变革即是企业以快速、灵活的方式调整企业原有的战略，使企业能快速适应制度环境和行业环境的变化（Smith and Grimm，1987）。对家族企业来说，传承是企业变革的“催化剂”（李卫宁等，2021；Kotlar and De Massis，2013）。新上任的接班人往往需要面对

“少主难以服众”的困境，或面临权威合法性如何建构的问题，家族企业父辈领导人会通过战略变革和组合创业（李新春等，2015；赵晶等，2015；连燕玲等，2015）或创新（黄海杰等，2018）等途径来为接班人保驾护航。

一方面，在家族企业通过战略变革能为接班人上位后的双元创新发展扫清了企业原有制度的障碍。企业战略本身就是组织根据自身的资源情况所做出的资源配置方式，战略变革是改变关键战略维度资源配置模式的关键因素（Finkelstein and Hambrick，1990），也是改变企业原有工作流程、企业文化、组织结构的重要助力（余浩，2010）。代际传承阶段的战略变革能为接班人上位后的双元创新发展扫清原有组织习惯的阻碍，提高双元创新活动资源的利用效率，进而提高企业整体的运营效率，实现双元创新绩效。另一方面，父辈领导人的帮扶能为接班人上位后的双元创新活扫清资源和人员障碍。一般而言，家族企业的二代接班人可能会面临自身人力资本的缺陷所造成的资源约束（朱仁宏等，2017）。这是因为，创新需要以新技术替换旧技术，并淘汰附属于旧技术的人力资本（Knig et al.，2013），此情况会威胁相关家族成员或元老员工的职位（Vandekerkhof et al.，2014），使企业陷入选择老臣还是绩效的“两难”境地，大大影响了企业的正常运营效率。而家族企业创一代对接班人的父爱主义会促使创一代利用其创始人绝对权威的优势为接班人解决这一“两难”的问题，为接班人扫清双元创新活动遇到的资源和人员阻碍，带动企业整体运营效率，进而有利于实现更高的企业绩效。基于此，提出本章的以下假设：

假设 H11－1：在接班人上位后的企业，探索式创新与利用式创新均有利于提升企业绩效。

虽然探索式创新与利用式创新均有利于提高企业绩效，但探索式创新更有利于提高接班人上位后的企业绩效。一方面，企业资源的有限性使家族企业不能同时均衡发展两种创新方式。作为两种差异性较大的创新方式，探索式创新和利用式创新各自对应着不同形式的组织形式，企业往往需要在很大程度上改变原有的工作流程形式或组织结构才能推进双元创新活动（杨博旭等，2019），侧重发展其中一种创新方式是缓解创新资源限制、提高经营效率的合适之举。另一方面，相对于利用式创新，探索式创新更有助于接班人提升运营效率。首先，从企业竞争优势的角度来说，相比利用式创新，探索式创新更能维持家族企业长期竞争优势（胡超颖、金中坤，2017）。探索式创新是获得新知识、技术及流程的过程（March，1991），其核心在于贡献和创造新知识（Benner and Tushman，2003）。长期而言，这些新知识、技能与流程，能够提升产品创新的灵活性与多样性（Raisch and Birkinshaw，2008），有助于新产品的设计、新市场的开发、新渠道的拓展，可以为目标顾客提供个性化的产品或服务（Jansen et al.，2006），进而改善企业市场地位，提高企业整体的运营效率。而利用式创新则强调通过质量的持续改进，不断延伸现有的技术和知识，扩展现有产品和服务，提高现有产品的利用率和营销策略的效率。其核心贡献仅限于满足当前的顾客需求和市场需求（焦豪，2011），无法增强企业未来的竞争力，会使企业在未来的竞争市场上处于被动地位。因此探索式创新才是接班人保持家族企业长期竞争力的主要创新方式。其次，父辈创始人主导下的战略变革不仅能帮助接班人构建权威，也能为接班人上位后的创新发展扫清企业原有制度、资源和人员障碍，更有利于探索式创新的发展。战略变革能为探索式创新获得新知识、技术等创造条件，减少探索式创新可能遇到的制度、资源限制等障碍，提高企业资源利用率与运营效率。基于此，提出本章的以下假设：

假设 H11 - 2：在接班人上位后的企业，双元创新中的探索式创新更有利于提升企业绩效。

11.3 实证研究设计

11.3.1 样本选择与数据来源

本章以我国 A 股上市家族企业为研究对象（已剔除金融行业和 ST 企业），样本区间为 2008 ~ 2018 年。对于家族企业的定义则借鉴苏启林和朱文（2003）、许静静和吕长江（2011）、祝振铎等（2018）等有关的研究：（1）最终控制者可以追踪到自然人或家族；（2）最终控制人直接或间接是该上市公司的第一大股东。

对接班人样本的界定，借鉴祝振铎等（2018）的研究，当二代接班人进入企业，并担任总经理（CEO/总裁）、董事长、副董董事长等高管职务（包括董事）时视为发生代际传承，即接班人上位。初期筛选出符合要求的家族企业有 371 家，共 2133 个观测值，经过处理后（以行业均值替换缺失值，删除替换后仍为缺失值的观测值）有 1285 个观测值。主要变量的数据均来自 CSMAR。

11.3.2 主要研究变量的定义说明

（1）解释变量。

解释变量为双元创新，包括探索式创新与利用式创新。对解释变量的衡量主要借鉴黎文靖和郑曼妮（2016）的研究，采用发明专利申请衡量探索式创新，采用实用新型专利申请与外观专利申请衡量利用式创新，分别对三类专利申请数在 1% 的水平上进行缩尾处理，再加 1 取对数。同时，之所以将接班人上位后家族企业的创新活动定义为接班人创新活动，是因为接班人上位意味着接班人开始执掌企业大权（一代领导人退居二线），此时家族企业的创新决策权重心早已转移至接班人手中。

（2）被解释变量。

国内外对企业绩效的研究中，一般使用托宾 Q 值、总资产收益率、净资产收益率、EVA 或每股收益 EPS 等指标衡量企业绩效，本章使用资产收益率（ROA）指标衡量家族企业的经营绩效。但考虑到双元创新对企业绩效的影响具有滞后性，且考虑到组织资源投入和使用具有一定滞后性（目前中国的发明专利的授权周期一般是 3 ~ 4 年），因此本章选用滞后两年（专利申请期的第三年）的企业绩效作为被解释变量。

（3）中介变量。

本章选取杜邦分析体系中的运营效率（总资产周转率 ATO = 销售收入

净额/平均资产总额）作为中介变量，分析探索式创新、利用式创新对企业绩效的影响路径。运营效率代表企业日常运营的能力，也体现其运用自身内部资源（资产等）获取利润的能力。

（4）分组变量。

本章将战略变革、接班人上位时长和接班人特征作为分组变量。

首先，家族企业代际传承中的战略变革（SC），参考贺小刚等（2017）、叶康涛等（2014）和祝振铎等（2018）的研究，用企业资源在6个关键领域的配置情况来衡量战略变革程度，这6个战略维度分别是：①广告和宣传投入（销售费用/营业收入）；②研发投入（无形资产净值/营业收入）；③资本密集度（固定资产/员工人数）；④固定资产更新度（固定资产净值/固定资产原值）；⑤管理费用投入（管理费用/营业收入）；⑥企业财务杠杆（（短期借款 + 长期借款 + 应付债券）/权益账面价值）。具体的数据处理过程如下：第一步，将上述6个关键战略维度指标分别减去同行业当年该指标的平均值；第二步，将第一步的结果除以该指标的标准差以标准化；第三步，对第二步中标准化值取绝对值，由此得到各家族企业在每个战略维度上偏离行业平均水平的程度值；第四步，将第三步中的绝对值取标准化，再将标准化后的6个战略指标取平均值，由此得到战略变革指标SC。

其次，关于上位时长的数据则是在接班人上位信息的基础上，通过手工计算得到。

最后，接班人职业背景也是通过接班人个人特征的相关数据，在确定了接班人的情况下，通过手工筛选接班人的个人特征信息获得。

（5）控制变量。

控制变量借鉴祝振铎等（2018）等的研究，将上市时间（Age）、股权平衡度（Balance）、两职兼任情况（DUA）、资产负债率（LEV）、企业规模（Size）、董事会规模（Bsize）、独董比例（Indep）、两权偏离度（SR）、企业成长性（Growth）和 Top_1（股权集中度：第一大股东的持股比例）作为控制变量，并设置行业虚拟变量（Industry）与年度（Year）虚拟变量。具体的变量定义和取值方法如表11－1所示。

表 11-1 变量定义

变量类型	变量符号	变量名称	变量定义
解释变量	TO	接班人上位	在样本期间内，接班人任董事长、总经理等核心高管职位则赋值为1，否则为0
	R \ D	R：探索式创新	等于发明专利申请加1取对数
		D：利用式创新	等于实用新型专利申请与外观专利申请之和加1取对数
被解释变量	Lag_ROA	企业绩效	等于净利润除以总资产，并滞后两期
中介变量	ATO	运营效率	等于销售收入净额除以平均资产总额
分组变量	SC	战略变革	企业资源在6个关键领域的年度—行业配置情况，数值越大代表战略变革程度越大
	Time	上位时长	在样本期间内，上位（任董事长、总经理等核心高管职位）第一年赋值为1，以此类推
	FUN	职业背景	若接班人有生产或者研发的工作背景赋值为1，反之为0
控制变量	Age	上市年限	等于企业上市年数加1取对数
	Balance	股权平衡度	等于第2-5大股东持股比例合计/第一大股东持股比例
	LEV	资产负债率	等于总负债除以年末总资产
	Size	企业规模	等于总资产取自然对数
	Bsize	董事会规模	等于董事会人数
	Indep	独董比例	等于独立董事人数除以董事总人数
	Growth	企业成长性	等于当年度企业的营业收入增长率
	Year	年度因素	样本企业年度在2008~2018年，共包括11个年度，设置年度虚拟变量
	Industry	行业因素	根据证监会2012年的《行业分类指引》，设置行业虚拟变量

11.4 实证检验

11.4.1 描述性统计

表11-2为接班人上位前后的主要变量统计情况。首先，接班人上位

后企业绩效最小值与最大值的绝对值均大于接班人上位前最小值与最大值的绝对值，说明接班人上位后的企业绩效较上位前变动幅度大。其次，接班人上位后的探索式创新绩效均值与利用式创新绩效的均值都大于接班人上位前探索式创新均值与利用式创新均值，即在接班人上位后的家族企业，探索式创新与利用式创新均有利于提升企业绩效。再次，无论是接班人上位前还是上位后，利用式创新的均值均大于探索式创新的均值，说明无论是否发生代际传承，家族企业都倾向于采用更为稳健的利用式创新方式。最后，接班人上位后，探索式创新的均值较上位前有所增大，而利用式创新的均值则有所变小，说明接班人们更倾向于选择较为激进的探索式创新。

表 11－2　主要变量的描述性统计

TO＝0					
变量	观测值	均值	标准误	最小值	最大值
Lag_ROA	202	0.051	0.039	－0.052	0.180
R	429	1.641	1.294	0	4.727
D	429	2.029	1.536	0	5.357
Age	429	1.608	0.811	0	3.219
LEV	429	0.367	0.190	0.051	0.821
Size	429	21.855	1.063	20.120	24.637
Bsize	429	8.641	1.218	5	11
Indep	429	0.361	0.039	0.333	0.5
Growth	429	0.233	0.654	－0.523	4.713
Balance	429	0.670	0.550	0.020	3.086
TO＝1					
变量	观测值	均值	标准误	最小值	最大值
Lag_ROA	1083	0.048	0.044	－0.140	0.191
R	1550	1.660	1.313	0	4.727
D	1550	2.081	1.477	0	5.357
Age	1550	1.794	0.832	0	3.219
LEV	1550	0.374	0.187	0.051	0.821
Size	1550	21.847	0.934	20.120	24.637
Bsize	1550	8.204	1.367	5	11

续表

TO = 1					
变量	观测值	均值	标准误	最小值	最大值
Indep	1550	0.373	0.049	0.333	0.500
Growth	1550	0.343	0.798	-0.523	4.713
Balance	1550	0.857	0.682	0.015	4

11.4.2 相关性分析

表11-3是主要变量的相关性分析结果。结果显示，探索式创新与利用式创新均与企业绩效正相关。接班人上位（TO）与企业绩效负相关，但与探索式创新、利用式创新均正相关，说明接班人上位虽然会对企业绩效产生不利影响，但有利于家族企业的双元创新活动发展。运营效率（ATO）与探索式创新、利用式创新的相关系数均为正，说明探索式创新与利用式创新均能提高企业的运营效率。在情境分组变量中，战略变革与双元创新负相关；接班人上位时间与双元创新正相关；接班人职业背景与双元创新正相关。仅从相关性的分析无法真实反映以上情境变量对接班人创新活动的影响，仍需要进行回归分析与验证。

表11-3　　主要变量的相关性分析

变量	Lag_ROA	R	D	To	ATO	Age	Lev
Lag_ROA	1						
R	0.199***	1					
D	0.118***	0.644***	1				
To	-0.023	0.006	0.014	1			
ATO	0.132***	0.032	0.044**	-0.038*	1		
Age	-0.139***	0.159***	0.103***	0.092***	-0.122***	1	
LEV	-0.326***	0.043*	0.075***	0.016	0.080***	0.359***	1
Size	0.021	0.310***	0.228***	-0.003	0.063***	0.499***	0.519***
Bsize	0.065**	0.135***	0.075***	-0.134***	0.001	-0.025	-0.016

续表

变量	Lag_ROA	R	D	To	ATO	Age	Lev
Indep	-0.024	-0.100 ***	-0.081 ***	0.104 ***	-0.014	-0.011	-0.014
Growth	-0.069 **	-0.116 ***	-0.062 ***	0.059 ***	-0.155 ***	0.071 ***	0.126 ***
Balance	-0.008	0.009	0.023	0.117 ***	0.016	-0.145 ***	-0.135 ***
SC	-0.095 ***	-0.076 ***	-0.070 ***	-0.006	-0.045 **	0.100 ***	0.093 ***
Time	-0.106 ***	0.172 ***	0.155 ***	0.03	-0.131 ***	0.528 ***	0.113 ***
Fun	0.043	0.011	0.018	0.101 ***	-0.059 ***	-0.103 ***	-0.129 ***

变量	Size	Bsize	Indep	Growth	Balance	SC	Time	Fun
Size	1							
Bsize	0.154 ***	1						
Indep	-0.099 ***	-0.637 ***	1					
Growth	0.067 ***	-0.019	0.006	1				
Balance	-0.080 ***	0.012	0.036	-0.009	1			
SC	0.157 ***	-0.093 ***	0.113 ***	0.02	-0.042 *	1		
Time	0.345 ***	-0.018	0.02	-0.003	0.055 **	0.074 ***	1	
fun	-0.078 ***	0.025	-0.051 **	0.019	0.105 ***	-0.059 ***	0.025	1

注：*** $p<0.01$，** $p<0.05$，* $p<0.1$。

11.4.3 基本回归结果

表 11-4 为探索式创新、利用式创新与企业绩效的回归结果。结果显示，接班人上位前探索式创新和利用式创新与企业绩效均未通过显著性检验；接班人上位后探索式创新和利用式创新均与企业绩效显著正相关，即说明在接班人上位后的企业，探索式创新与利用式创新均有利于提升企业绩效，本章的假设 H11-1 成立。同时，探索式创新与企业绩效的回归系数大于利用式创新与企业绩效的回归系数（0.005 > 0.004），说明在接班人上位后的企业，双元创新中的探索式创新更有利于提升企业绩效，即本章的假设 H11-2 成立。同时，当接班人上位后探索式创新与利用式创新的显著性较总样本均有所上升。

表 11-4　　　　　　　　基本回归结果

变量	Lag_ROA		
	总样本	上位前	上位后
R	0.005*** (4.14)	0.003 (1.15)	0.005*** (4.25)
D	0.003*** (3.05)	0.001 (0.27)	0.004*** (3.31)
Age	-0.010*** (-3.81)	-0.015** (-2.29)	-0.010*** (-3.48)
LEV	-0.111*** (-13.23)	-0.075*** (-3.36)	-0.108*** (-11.33)
Size	0.012*** (6.37)	0.012** (2.23)	0.011*** (5.19)
Bsize	-0.000 (-0.36)	-0.004 (-1.38)	0.000 (0.05)
Indep	0.014 (0.45)	-0.079 (-1.10)	0.007 (0.20)
Growth	-0.001 (-0.47)	-0.002 (-0.63)	-0.001 (-0.34)
Balance	-0.003 (-1.54)	0.001 (0.11)	-0.005*** (-2.60)
Cons	-0.172*** (-3.96)	-0.130 (-1.16)	-0.145*** (2.86)
Year	YES	YES	YES
Industry	YES	YES	YES
Obs	1285	202	1083
Adj. R^2	0.265	0.347	0.278

注：*** $p<0.01$，** $p<0.05$，* $p<0.1$，括号内为 t 值。

11.4.4 路径分析

本章参考温忠麟等（2014）提出的中介效应检验方法，采用逐步回归的方法检验运营效率的中介作用。具体而言，在模型的基准上引入运营效率检验接班人上位后探索式创新与利用式创新对企业绩效的中介作用。模型的回归结果如表 11 -5 所示。表 11 -5 列（2）是模型的回归结果，此时探索式创新、利用式创新与运营效率均显著正相关，即说明双元创新均能提高企业的运营效率。表 11 -5 列（2）是模型的回归结果，此时探索式创新、利用式创新仍与企业绩效显著正相关，运营效率与企业绩效在 10% 的水平上显著正相关，且探索式创新的回归系数仍大于利用式创新的回归系数，这说明运营效率对探索式创新与企业绩效间的中介效应显著，且为部分中介效应。

表 11 -5　　中介效应检验

变量	(1)	(2)
	ATO	Lag_ROA
R	0.018 * (1.87)	0.005 *** (4.29)
D	0.031 *** (3.41)	0.003 *** (2.87)
ATO	—	0.009 * (1.68)
Age	-0.090 *** (-5.13)	-0.011 *** (-3.61)
LEV	0.205 *** (3.12)	-0.112 *** (-12.05)
Size	0.034 ** (2.22)	0.012 *** (5.45)
Bsize	-0.012 (-1.38)	-0.000 (-0.33)
Indep	-0.310 (-1.25)	-0.000 (-0.01)
Growth	-0.029 * (-1.74)	-0.000 (-0.22)

续表

变量	(1)	(2)
	ATO	Lag_ROA
Balance	-0.004 (-0.30)	-0.005*** (-2.63)
Cons	0.418 (1.23)	-0.152*** (-1.98)
Year	YES	YES
Industry	YES	YES
Obs	1549	1082
Adj. R^2	0.319	0.288

注：*** $p<0.01$，** $p<0.05$，* $p<0.1$，Sobel 结果一行的括号内为 z 值，其余括号内均为 t 值。

11.4.5 情境分析

由前面的基本回归结果可知，在接班人上位后的企业，探索式创新与利用式创新均有利于提升企业绩效，且相较于利用式创新，探索式创新更有利于提升企业绩效。然而，企业面临的内外部经营环境错综复杂，该结果可能仅仅在某些情境下适用，因此需要基于权变理论开展家族企业创新研究。为了提升本章结论的稳健性与实用性，本章将从企业和接班人两个情境分析接班人双元创新活动与企业绩效间的关系。

（1）企业战略变革。

基于合法性理论的角度，社会对不同的身份特征有不同的规范要求（Hogg and White，1995）。这意味着家族企业的利益相关者对不同身份特征的继任者也有着不同的合法性认知或期望。只有接班人具备了足够的经营知识和技能，才会被利益相关者所接受，并赋予其相应的合法性（赵晶等，2015），进而才能成为一个可信的接班人（Barach et al.，1988）。但若接班人无法顺利接收父辈的企业家默会知识、精神或关系网络时（窦军生、贾生华，2008），接班人往往更可能面临更多的质疑。父辈领导人为了接班人能够顺利继位，通常会通过战略变革为接班人构建权威，接班人的合法性与战略变革密切相关。与此同时，战略变革会影响接班人的资源调动能力（Sieger et al.，2011），从而影响双元创新活动的开展。据此，本章猜测当家族企业战略变革处于不同水平时，双元创新提升企业绩效的效果是否有差异？为此，本章按是否大于中位值将战略变革分成战略变革程度高组（SC=1）、战略变革程度低组（SC=0）进行分析，分析结果如表11-6所示。

表11-6中战略变革程度低组（SC=0）两种创新方式均未通过显著性检验。战略变革程度高组（SC=1）的探索式创新、利用式创新与企业绩效均在1%水平上显著正相关，此时两种创新方式对企业绩效影响程度差异较小。这说明当家族企业接班人上位后，战略变革程度比较强的企业，战略变革通过改变原有传统关键战略维度的资源配置模式，而缓解了接班人上位后双元创新发展与原有组织制度传统或资源、资本等的矛盾，有利于提升企业的运营效率，进而提高接班人的双元创新绩效。

表11-6　　战略变革分组回归结果

变量	Lag_ROA	
	SC=1	SC=0
R	0.006*** (3.27)	0.002 (1.19)
D	0.006*** (3.31)	0.002 (1.55)
Age	-0.010** (-2.26)	-0.008* (-1.93)
LEV	-0.112*** (-7.38)	-0.098*** (-7.84)
Size	0.009** (2.49)	0.015*** (5.31)
Bsize	0.001 (0.53)	-0.001 (-0.63)
Indep	0.075 (1.22)	-0.044 (-1.03)

续表

变量	Lag_ROA	
	SC = 1	SC = 0
Growth	-0.001 (-0.55)	-0.001 (-0.60)
Balance	-0.005 (-2.62)	-0.005* (-1.82)
Cons	-0.144 (-1.62)	-0.164*** (-2.95)
Year	YES	YES
Industry	YES	YES
Obs	522	561
Adj. R^2	0.320	0.271

注：*** $p<0.01$，** $p<0.05$，* $p<0.1$，括号内为 t 值。

（2）接班人特征。

从高阶理论的视角来说，接班人是家族企业的战略制定者，其认知或价值观念会对企业的创新转型和战略变革产生影响（Hambrick and Mason，1984）。接班人上位时长越长可能意味着接班人在家族企业中的合法性越高，其对企业创新战略的影响更大。这是因为，随着接班人上位时长的增加，接班人对家族企业内的运营越来越熟悉，对管理技能的掌握也会增加，在家族企业内外部积累建立的社会关系网络也会更密集（朱晓文、吕长江，2019），能为接班人上位的双元创新活动确定更适合的创新策略、提供更多的资源支持，从而有利于提高企业整体的运营效率，进而有利于促进企业的双元创新发展。另外，不同职业背景下，高管的认知结构、价值取向、管理方式和风格会存在差异，使高管的战略选择问题存在差异。例如，有研究指出，具有“生产型”职业背景的高管团队对创新绩效有显著正向影响（王雪莉等，2013），但具有生产研发背景的家族接班人是否也会有更高的创新绩效仍未得知。据此，本章选取接班人的上位时长与职业背景两个接班人的特征，以此检验接班人的个人特征是否会影响双元创新与企业绩效之间的关系。具体而言，本章将高于接班人上位时间中位值的样本赋值为 1，即为接班时间长组（Time = 1），反之为接班时间短组（Time = 0）；若接班人有生产或者研发的工作背景赋值为 1，反之为 0。

表 11 – 7 为接班人特征的分组回归结果。结果显示，在接班人上位时间长组（Time = 1），探索式创新与利用式创新均有利于提升企业绩效，但是探索式创新更有利于提升企业绩效；而在接班人上位时间短组（Time = 0），只有探索式创新可以提升企业绩效，利用式创新与企业绩效则未通过显著性检验。这说明当接班人上位后，应循序渐进地发展双元创新活动，一味地追求双元平衡可能不利于企业创新发展。接班人职业背景（Fun）的回归结果显示，当接班人有生产与研发的职业背景（Fun = 1）时，利用式创新未能通过显著性检验，而探索式创新可以提升企业绩效。当接班人无生产研发背景时，探索式创新与利用式创新均有利于提升企业绩效，而探索式创新更有利于提升企业绩效的结论依然成立。这说明当接班人有生产研发背景时，其生产研发的背景更适合企业进行探索式创新；当接班人无生产背景时和接班人没有技术背景时，此时更适合在注重发展探索式创新的同时适当地借助利用式创新，实行双元创新策略。

表 11 – 7　　　　接班人特征分组回归结果

变量	Lag_Roa			
	Time = 1	Time = 0	Fun = 1	Fun = 0
R	0.006 *** (3.46)	0.006 *** (2.69)	0.008 * (1.93)	0.005 *** (3.50)
D	0.004 *** (2.79)	0.003 (1.35)	0.000 (0.01)	0.004 *** (3.14)
Age	–0.014 *** (–3.45)	–0.001 (–0.23)	–0.043 *** (–3.39)	–0.007 ** (–1.98)
Lev	–0.115 *** (–10.74)	–0.083 *** (–4.43)	–0.148 *** (–4.99)	–0.105 *** (–9.70)
Size	0.015 *** (6.02)	–0.001 (–0.34)	0.021 ** (2.14)	0.011 *** (4.78)
Bsize	–0.001 (–1.03)	0.002 (0.83)	0.001 (0.11)	–0.000 (–0.12)

续表

变量	Lag_Roa			
	Time = 1	Time = 0	Fun = 1	Fun = 0
Indep	-0.037 (-0.86)	0.053 (0.79)	-0.075 (-0.55)	0.022 (0.60)
Growth	-0.003 (-1.51)	0.004 (1.25)	0.017* (1.97)	-0.002 (-0.95)
Balance	-0.007*** (-2.84)	0.003 (0.73)	0.004 (0.65)	-0.006*** (-2.79)
Cons	-0.216*** (-3.27)	0.057 (0.69)	-0.288 (-1.10)	-0.157*** (-2.95)
Year	YES	YES	YES	YES
Industry	YES	YES	YES	YES
Obs	760	323	193	890
Adj. R^2	0.316	0.226	0.341	0.288

注：*** $p<0.01$，** $p<0.05$，* $p<0.1$，括号内为 t 值。

11.5 稳健性检验

11.5.1 替换变量

为了增加回归结果的稳健性，本章将集团独立开发的专利申请数据作为替换变量，重新对本章以上的所有回归结果进行稳健性检验。即以集团公司独立开发的发明专利申请数加 1 取自然对数衡量探索式创新，以集团公司独立开发的实用新型专利申请与外观专利申请之和加 1 取对数衡量利用式创新。表 11-8 为替换变量衡量方式之后的模型的回归结果，表 11-9 为模型的稳健性检验结果，表 11-10 为战略变革与接班人特征情境分析的稳健性检验结果。表 11-8 至表 11-9 的回归结果与前面表 11-4 至表 11-7 的回归结果无显著差异，即本章的回归结果通过稳健性检验。

表 11 - 8　　稳健性检验：基本回归结果

变量	Lag_ROA		
	总样本	上位前	上位后
R	0.004 *** (3.39)	0.002 (0.67)	0.005 *** (3.82)
D	0.003 ** (2.56)	0.000 (0.11)	0.003 *** (2.77)
Age	-0.010 *** (-3.70)	-0.016 ** (-2.36)	-0.010 *** (-3.40)
LEV	-0.111 *** (-13.26)	-0.075 *** (-3.34)	-0.109 *** (-11.36)
Size	0.013 *** (6.95)	0.013 ** (2.48)	0.012 *** (5.67)
Bsize	-0.000 (-0.31)	-0.004 (-1.29)	0.000 (0.04)
Indep	0.013 (0.43)	-0.083 (-1.15)	0.006 (0.16)
Growth	-0.001 (-0.55)	-0.002 (-0.78)	-0.001 (-0.40)
Balance	-0.003 (-1.49)	0.001 (0.21)	-0.005 *** (-2.60)
Cons	-0.195 *** (-4.52)	-0.151 (-1.31)	-0.163 *** (3.25)
Year	YES	YES	YES
Industry	YES	YES	YES
Obs	1285	202	1083
Adj. R^2	0.258	0.342	0.271

注：*** $p<0.01$，** $p<0.05$，* $p<0.1$，括号内为 t 值。

表 11-9 稳健性检验：中介效应

变量	Lag_ROA	
	1	2
R	0.022** (2.36)	0.005*** (3.84)
D	0.025*** (2.84)	0.003** (2.35)
ATO	—	0.010* (1.76)
Age	-0.090*** (-5.10)	-0.010*** (-3.52)
LEV	0.206*** (3.14)	-0.113*** (-12.09)
Size	0.037** (2.38)	0.013*** (5.93)
Bsize	-0.013 (-1.45)	-0.000 (-0.34)
Indep	-0.327 (-1.31)	-0.002 (-0.05)
Growth	-0.028* (-1.71)	-0.000 (-0.27)
Balance	-0.004 (-0.26)	-0.005*** (-2.63)
Cons	0.385 (1.13)	-0.170*** (-3.37)
Year	YES	YES
Industry	YES	YES
Obs	1549	1082
Adj. R^2	0.318	0.282

注：*** $p<0.01$，** $p<0.05$，* $p<0.1$，括号内为 t 值。

表 11－10　稳健性检验：分组回归

变量	Lag_ROA					
	SC = 1	SC = 0	Time = 1	Time = 0	Fun = 1	Fun = 0
R	0.007*** (3.92)	0.000 (0.15)	0.005*** (3.21)	0.005** (2.25)	0.009** (2.01)	0.004*** (3.00)
D	0.005*** (2.99)	0.002 (1.18)	0.004*** (2.61)	0.002 (0.94)	0.000 (0.12)	0.003** (2.52)
Age	-0.011** (-2.38)	-0.008* (-1.89)	-0.013*** (-3.34)	-0.001 (-0.23)	-0.042*** (-3.38)	-0.006* (-1.89)
LEV	-0.113*** (-7.48)	-0.097*** (-7.76)	-0.116*** (-10.86)	-0.083*** (-4.38)	-0.152*** (-5.34)	-0.105*** (-9.68)
Size	0.009*** (2.62)	0.016*** (5.63)	0.016*** (6.41)	-0.000 (-0.06)	0.022** (2.37)	0.012*** (5.22)
Bsize	0.001 (0.45)	-0.001 (-0.60)	-0.001 (-1.04)	0.002 (0.88)	-0.000 (-0.06)	-0.000 (-0.12)
Indep	0.071 (1.18)	-0.049 (-1.12)	-0.039 (-0.90)	0.054 (0.80)	-0.086 (-0.62)	0.021 (0.59)
Growth	-0.002 (-0.58)	-0.002 (-0.65)	-0.003 (-1.55)	0.004 (1.17)	0.017* (1.97)	-0.002 (-0.97)
Balance	-0.005 (-1.56)	-0.005* (-1.82)	-0.007*** (-2.82)	0.003 (0.78)	0.005 (0.81)	-0.006*** (-2.78)
Cons	-0.145* (-1.66)	-0.190*** (-3.38)	-0.235*** (-3.63)	0.013 (0.16)	-0.319 (-1.26)	-0.178*** (-3.38)
Year	YES	YES	YES	YES	YES	YES
Industry	YES	YES	YES	YES	YES	YES
Obs	522	561	760	323	193	890
Adj. R^2	0.323	0.264	0.312	0.210	0.345	0.279

注：*** $p<0.01$，** $p<0.05$，* $p<0.1$，括号内为 t 值。

11.5.2 Heckman 检验

由于本章对家族企业代际传承的样本为手工收集，可能存在遗漏样本的情况。并且，有一部分家族企业的专业数据并未披露，本章未能搜集到相关企业的专利信息。因此本章的回归结果也可能存在样本选择偏误问题，即双元创新提升企业绩效的作用可能受到样本偏误的影响而恰巧表现出了正向显著影响效果。为解决此问题，引用赫芬达尔指数（HHI）与企业的创新员工人数作为工具变量对全样本进行 Heckman 检验。

选择这两个变量为工具变量的原因有以下三点：第一，一般而言，企业的创新员工总人数与企业双元创新产出是成正比的；第二，企业所处行业的竞争越激烈，企业越需要通过双元创新来提升企业绩效；第三，行业竞争度 HHI、企业创新员工总人数与企业绩效皆无直接的关系，两者均满足作为工具变量的条件。行业竞争度 HHI、企业创新员工总人数的数据均来自 CSMAR 数据库。

在模型的基础上分别对探索式创新与利用式创新的 Dummy 变量（探索式创新：Dummy_R；利用式创新：Dummy_D，值为 0 的样本赋值 0，反则为 1），进行两阶段回归，控制变量与前面表 11 - 4 基本回归一致。表 11 - 11 是探索式创新与利用式创新的检验结果。两种创新方式下的 Heckman 检验结果均显示探索式创新与利用式创新仍对企业绩效有正向影响，且探索式创新的系数更大，更有利于提升企业绩效，即本章的回归结果仍是稳健的。

表 11 - 11　　Heckman 检验

变量	Lag_ Roa	
	Dummy_R	Dummy_D
R	0.004 ** (2.25)	0.004 *** (3.24)
D	0.004 *** (2.96)	0.003 ** (2.35)
Age	-0.015 *** (-4.01)	-0.012 *** (-3.28)
Lev	-0.122 *** (-12.61)	-0.109 *** (-12.23)

续表

变量	Lag_ Roa	
	Dummy_R	Dummy_D
Size	0. 009 *** (3. 89)	0. 008 *** (3. 49)
Bsize	-0. 002 (1. 28)	-0. 000 (-0. 29)
Indep	0. 038 (1. 01)	0. 042 (1. 19)
Growth	0. 000 (0. 05)	-0. 000 (-0. 21)
Balance	-0. 005 ** (-2. 39)	-0. 002 (-1. 84)
Cons	-0. 108 * (-1. 71)	-0. 092 (-1. 57)
Year	YES	YES
Industry	YES	YES
Obs	1479	1439
Mills	-0. 024 ** (-2. 44)	-0. 019 * (-1. 65)

注：*** p<0. 01，** p<0. 05，* p<0. 1，括号内为 z 值。

11. 6　结　　论

本章通过对接班人双元创新活动的研究，得到以下结论：第一，在接班人上位后的企业，探索式创新与利用式创新均有利于提升企业绩效。第二，相比较于利用式创新，探索式创新更有利于提升企业绩效。第三，通过路径分析发现，探索式创新与利用式创新均可以通过提升家族企业的运营效率来提升企业绩效。第四，通过情景分析发现，当企业战略变革程度较高时，探索式创新与利用式创新均可提升企业绩效，当企业战略变革程度较低时，探索式创新和利用式创新与企业绩效的关系不显著；当接班人上位时间较长时，探索式创新与利用式创新均有利于提升企业绩效，当接班人上位时间较短时，只有探索式创新可以提升企业绩效；当接班人有生产研发职业背景时，只有探索式创新与企业绩效显著正相关，当接班人无生产研发背景时，探索式创新和利用式创新与企业绩效均显著正相关。

基于以上结论，本章提出以下的管理建议：

第一，从创新发展的角度来说，当家族企业接班人进入企业后，注重于突破原有的传统创新方式，以“新官上任三把火”的方式，采用更为激进的探索式创新更有利于提升企业绩效。因为本章的研究结论显示，就整体而言，相比较于利用式创新，探索式创新更有利于提升企业绩效。因此接班人从代际传承阶段就应该着手改变往日传统的业务方向，以待有更多识别新市场机遇的机会，获得更丰厚的业绩回报。

第二，家族企业在代际传承时，在考虑将更多的资源投入创新活动前应该先综合考虑自身的情况。首先，在接班人战略变革程度较强的企业，战略变革通过改变原有传统关键战略维度资源配置模式，而缓解了接班人上位后双元创新发展与原有组织制度传统的矛盾，此时的家族企业更适合进行双元创新发展。其次，在接班人上位时间较长的情况下，可以同时考虑开展双元创新活动，在接班人上位时间较短的情况下，应循序渐进地发展双元创新活动，企业应该将创新重点放置于探索式创新，更可能取得好的创新绩效。最后，当接班人有生产研发背景时，其生产研发的背景更适合企业进行探索式创新；当接班人无生产背景和接班人没有技术背景时，此时更适合在注重发展探索式创新的同时适当地借助利用式创新，实行双元创新策略。

第 12 章

结论与启示

12.1 结　　论

本书围绕家族企业代际传承与技术创新这个主题，主要探讨了三个问题：家族企业代际传承对技术创新的影响机制、提升家族传承企业创新能力的治理对策和家族传承企业技术创新的经济后果。本书得出以下结论。

12.1.1 家族企业代际传承对技术创新影响机制的研究结论

家族企业代际传承与技术创新的关系受到传承内容、传承对象和传承模式的影响，在不同情境下两者的关系有显著差异。

（1）创始人拥有商会资本将显著增加接班人拥有商会资本的可能性；当接班人担任董事长或者总经理后，将显著增加其拥有商会资本的可能性；相比于拥有政治资本的创始人，缺乏政治资本的创始人传承商会资本的可能性更高；进一步研究发现，商会资本传承有助于提升企业价值，家族企业商会资本的代际传承具有门槛效应：只有当创始人拥有省级以上商会资本时才能够增加接班人拥有商会资本的可能性。

（2）接班人商会资本与家族企业技术创新呈显著正相关关系，家族企业接班人拥有的商会资本等级越高，越能够促进家族企业开展创新活动；

相较于外部制度环境差的地区，在外部制度环境好的地区，二代接班人商会资本与技术创新的正相关关系更显著；相较于接班人仅担任公司普通高管，当接班人担任公司董事长或总经理时，接班人商会资本对企业创新的促进作用更显著；影响机理研究显示，当接班人所拥有的商会资本时，可以通过缓解企业的融资约束、降低企业代理成本和缓解接班人短视行为来提升家族企业的研发投入；当二代接班人比一代创始人的商会资本提升越高时，越有利于促进企业的创新活动，表明家族企业商会资本具有累进效应。

（3）高管联结有助于提升企业创新绩效；基于情感关系的角度，本书发现内部高管联结比外部高管联结更有助于改善企业创新绩效；基于空间关系的角度，本书发现跨区域高管联结比同区域高管联结更有助于改善企业创新绩效；基于情感关系和空间关系的角度，可以把高管联结分为四种类型，本书发现“内部高管联结+跨区域高管联结”关系组合有利于改善创新绩效；在市场化程度高的地区，高管联结可以显著提升企业创新绩效；在市场化程度低的地区，高管联结对创新绩效没有显著影响。

（4）相对于其他家族治理模式，兄弟姐妹共同治理显著抑制了家族企业创新；相对于制度环境差的地区，在制度环境好的地区兄弟姐妹共同治理对家族企业创新的抑制更明显，相对于儒家文化浓厚的地区，在儒家文化淡薄的地区，兄弟姐妹共同治理对家族企业创新的抑制更明显；机制分析发现，兄弟姐妹共同治理通过降低风险承担水平抑制家族企业创新；相对于二代兄弟姐妹，一代兄弟姐妹促进家族企业创新；相对于同性兄弟姐妹，异性兄弟姐妹抑制家族企业创新；兄弟姐妹的年龄差异与家族企业创新正相关；相对于没有经营管理权冲突的兄弟姐妹，存在经营管理权冲突的兄弟姐妹抑制家族企业创新；兄弟姐妹持股集中度与家族企业创新负相关。

（5）接班人教育水平与企业创新正相关；接班人外部工作经历与企业创新正相关；创始人教育水平将显著强化接班人教育水平与企业创新的正相关关系；接班人政治资本将显著强化接班人教育水平与企业创新之间的正相关关系；进一步的研究发现，接班人海外留学培养有利于促进企业创新水平的提高；当创始人与接班人拥有相同的学科背景，特别是同为理工科背景时，企业创新水平更强；当接班人与创始人具有同行业外部工作经历时，更有利于提高企业创新水平；接班人教育水平与外部工作经历可以共同促进企业创新；机制检验显示，接班人教育水平和外部工作经历通过提高接班人权威合法性和缓解企业融资约束，进而提高企业的创新水平。

（6）相较于放手式交班，帮扶式交班会对接班人自治后的创新绩效产生负面影响；家族接班人自治时长和家族管理权程度会加剧帮扶式交班对接班人创新绩效的负向影响；进一步研究发现，帮扶式交班通过降低企业的创业导向与风险承担水平对接班人创新绩效产生负向影响；接班人的商会资本能缓解帮扶式交班对接班人创新绩效的负向影响，接班人自治后的学历提升有利于缓解帮扶式交班对接班人创新绩效的负向影响。

12.1.2 提升家族传承企业创新能力治理对策的研究结论

家族治理和知识产权保护对家族企业代际传承与技术创新的关系有正向的调节作用，家族企业接班人的选择机制和培养机制的耦合效应有助于提升企业创新能力。

（1）代际传承后家族企业创新投入显著下降，主要原因是接班人需要保护家族社会情感财富和构建个人权威；家族治理在代际传承对家族企业创新的影响中发挥了重要的调节作用，具体来说，家族所有权具有正向调节作用，两权偏离度和家族管理具有负向调节作用；进一步的研究发现，从总体来说，家族治理可缓解代际传承时期家族企业创新投入的下降，家族企业的风险承担水平在家族治理的调节作用中发挥了中介效应，家族治理通过增强家族企业风险承担来提升其创新能力。

（2）二代接班抑制了家族企业创新投入；知识产权保护对二代接班与企业创新投入的关系有正向的调节效应；机制检验显示，知识产权保护是通过缓解接班人短期行为倾向来弱化代际传承对创新的负面影响；进一步的研究发现，相比于低融资约束的家族企业，知识产权保护在高融资约束的家族企业中对接班人创新活动的正向调节效应更显著。

（3）家族企业接班人的选择机制可以分为四种类型，家族企业需要依据实际情况采用合适的选择机制，浙江龙盛采用了“赛马式传承模式与技术型人才接班”的类型，既可以挑选出优秀的接班人，又可以为企业创新提供技术资源。家族企业接班人的培养机制可以区分为个人层面和企业层面。从个人层面来看，浙江龙盛通过社会资本传承提升接班人创新能力；从企业层面来看，通过创新战略转型、制度正式化和家族权威转换培养接班人创新能力，家族企业接班人的选择机制和培养机制需要密切配合，两者的耦合效应可以使接班人继承和重构专有资产，从而提升企业技术创新能力。

12.1.3 家族传承企业技术创新经济后果的研究结论

接班人创新活动有助于提升家族企业绩效。接班人探索式创新和利用式创新均有利于提升企业绩效；与利用式创新相比，探索式创新更有利于提升企业绩效；通过路径分析发现，探索式创新和利用式创新通过提升家族企业运营效率来增强企业绩效；通过情景分析发现，当企业战略变革程度较高时，探索式创新与利用式创新均可提升企业绩效，当企业战略变革程度较低时，探索式创新和利用式创新与企业绩效的关系不显著；当接班人上位时间较长时，探索式创新与利用式创新均有利于提升企业绩效，当接班人上位时间较短时，只有探索式创新可以提升企业绩效；当接班人有生产研发背景时，只有探索式创新与企业绩效显著正相关，当接班人无生产研发背景时，探索式创新与利用式创新与企业绩效均显著正相关。

12.2 启　　示

12.2.1 家族企业代际传承对技术创新影响机制的研究启示

（1）家族企业可以借助商会的平台传承社会资本。创始人专用性资产的传承是代际传承的难点问题，本书的研究结论证实了家族企业商会资本传承的现实可能性，为我国家族企业代际传承的途径研究提供了新的证据；家族企业要实现商会资本的顺利传承，需要准备相应的基础条件。首先，从传承时机来说，应该在接班人接任公司主要负责人期间启动商会资本传承，此时接班人具备了传承商会资本的合法性。其次，从创始人的角度来说，担任具有影响力的商会的管理者有助于其传递商会资本；商会资本传承有助于提升企业价值，家族企业需要重视商会资本的传承问题。

（2）首先，家族企业代际传承需要密切关注社会资本的传承，商会资本是一类重要又特殊的无形资产，有助于接班人获取资源和降低企业代理成本。其次，接班人商会资本的作用的发挥，取决于外部制度环境和内部权力地位，因此从社会层面来说，需要健全和完善产权保护体系，从企业层面来说，家族企业创始人要敢于放手给接班人。最后，家族企业商会资本具有累进效应，接班人不仅要继承上一辈的商会资本，还要进一步拓展商会资本的范围和等级。

（3）首先，企业应该重视高管联结对企业创新的作用。本书的研究结果显示，高管联结对创新绩效有显著效果。如果企业要进一步加强自身的创新能力和动力，除了强化创新的物质基础外，也要重视高管联结的作用。其次，企业应该对不同类型的高管联结进行适当匹配。企业需要考虑适当增加内部高管的社会关系资本，让高管更有动机利用各种信息资源进行创新决策。企业要加强不同区域之间的高管联结，从中获取不同区域的信息资源，因此企业应该着重发展“内部+跨区域”式的高管联结。最后，政府部门要不断推进市场化改革，改善经营环境，保护企业的创新成果，帮助提升高管联结对企业创新绩效的正向作用。

（4）家族企业应妥善处理兄弟姐妹的矛盾与冲突，减少兄弟姐妹的矛盾与冲突有助于提高家族企业的风险承担水平从而促进创新；引入先进的家族治理机制，有助于调解兄弟姐妹的矛盾与冲突。例如，建立家族办公室，由家族内有威望的长辈主持，合理分配兄弟姐妹的权力、利益，减少兄弟姐妹的纷争；完善家族治理结构，有助于减少兄弟姐妹之间的恶性竞争，尽可能把兄弟姐妹安排在非管理职位上、减少兄弟姐妹在管理上的冲突以及降低兄弟姐妹的持股集中度，都有利于缓解兄弟姐妹的矛盾和冲突从而提高家族企业的创新水平；合理规划参与治理的兄弟姐妹的性别和年龄结构有助于改善兄弟姐妹的关系嵌入性，异性兄弟姐妹会形成额外的性别竞争，因此尽可能采取同性兄弟姐妹治理模式有助于提高家族企业的创新水平，尽可能安排年龄差异大的兄弟姐妹进入家族企业，有助于改善兄弟姐妹的关系嵌入性，从而促进创新；家族企业应做好传承计划，减少由继承引发的兄弟姐妹斗争，尽量只安排一个子女接手家族企业，其他子女可在企业外进行组合创业；弘扬儒家文化在当代仍具有重要意义，微观上，儒家文化可促进家族企业内兄弟姐妹的和谐相处，宏观上，儒家文化是对正式制度的补充。

（5）强化对接班人的培养意识，加强对接班人培养的重视程度；创始人树立良好的学习榜样，激励接班人努力提高自身水平；对接班人进行学校教育培养的同时，要加强对接班人社会资本的培养；对接班人进行海外留学培养，有意识地对接班人进行理工科方面的教育培养；加强对接班人进行外部同行业社会锤炼，减少两代人在经营管理理念方面的冲突。

（6）家族企业在规划下一任接班人的接任计划时，可选择让接班人先在家族企业以外的企业、单位实习或工作；有计划以帮扶式完成交班的家族企业在制订交接班计划时，应该把接班人自治后的能力培养计划也考虑在内，设置具体的培养时间计划，让接班人独掌大权后尽快实现诸如学历、社会资本等的提升。

12.2.2 提升家族传承企业创新能力治理对策的研究启示

（1）家族企业必须正视代际传承带来的负面影响，制订完善的传承计划减少不确定性，降低代际传承给家族企业创新带来的负面冲击。把完善家族治理纳入传承计划，为接班人提供更利于创新的内部环境：第一，家族所有权应该保持稳定和适度增加，从而有利于二代接班人建立长期目标和构建个人权威；第二，家族企业可以让渡部分家族控制权和管理权，积极引进外部资本和专业人才，协助二代接班人开展创新活动；第三，培育家族企业创新文化，培养家族成员的专业能力和创新能力，提升家族企业的风险承担水平。

（2）知识产权保护可以激励和保护家族企业创新意向。因此政府必须完善知识产权制度，提高知识产权保护水平，营造良好的创新环境，帮助家族企业在比较完善的市场竞争与制度环境中顺利传承，并逐步实现自身的创新及管理升级。

（3）首先，家族企业需要依据企业实际，选择合适的接班人选择机制，当接班人众多时，可以考虑赛马式传承模式，从促进企业创新的角度，可以优先考虑技术型接班人。其次，为保证接班人顺利接班，需要建立相应的培养机制。从个人层面，需要重点培养接班人的社会资本，包括政治关系资本、商会关系资本和银行关系资本；从企业层面，可以考虑通过战略转型来巩固接班人地位，通过推行职业化管理模式和股票期权构建新的正式化制度，通过树立接班人权威和兄弟“分家而立”的方法实现家族权威的动态转化。最后，接班人选择机制和培养机制要密切配合，发挥耦合效应，依据接班人的不同对象和不同传承模式，针对不同的选择机制的优缺点，提供相应的培养机制，从而有助于接班人重构和继承专有资产，最终为实现家族企业技术创新和可持续发展提供动力。

12.2.3 家族传承企业技术创新经济后果的研究启示

从创新发展的角度来说，当家族企业接班人进入企业后，注重于突破原有的传统创新方式，以“新官上任三把火”的方式，采用更为激进的探索式创新更有利于提升企业绩效。家族企业在代际传承时，在考虑将更多的资源投入创新活动前应该先综合考虑自身的情况：首先，在接班人战略变革程度较强的企业，更适合进行双元创新发展；其次，在接班人上位时间较长的情况下，可以同时考虑开展双元创新活动，当接班人上位时间较短的情况下，应该将创新重点放置于探索式创新；最后，当接班人有生产研发背景时更适合企业进行探索式创新，当接班人无生产研发背景时更适合实行双元创新策略。

参考文献

［1］边燕杰，丘海雄．企业的社会资本及其功效［J］．中国社会科学，2000（02）：87－99，207.

［2］毕立华，张俭，杨志强等．家族涉入程度、环境不确定性与技术创新［J］．南方经济，2018（05）：85－103.

［3］蔡地，罗进辉，唐贵瑶．家族成员参与管理、制度环境与技术创新［J］．科研管理，2016，37（04）：85－93.

［4］陈德球，魏刚，肖泽忠．法律制度效率、金融深化与家族控制权偏好［J］．经济研究，2013，48（10）：55－68.

［5］陈凌．中国家族企业健康指数报告［M］．浙江大学出版社，2012.

［6］陈凌，应丽芬．代际传承：家族企业继任管理和创新［J］．管理世界，2003（06）：89－97，155－156.

［7］陈凌，吴炳德．市场化水平、教育程度和家族企业研发投资［J］．科研管理，2014，35（07）：44－50.

［8］陈倩倩，尹义华．民营企业、制度环境与社会资本——来自上市家族企业的经验证据［J］．财经研究，2014，40（11）：71－81.

［9］陈胜龙．阮水龙：成功绝非偶然［M］．浙江人民出版社，2015.

［10］陈爽英，井润田，龙小宁等．民营企业家社会关系资本对研发投资决策影响的实证研究［J］．管理世界，2010（01）：88－97.

［11］陈士慧，吴炳德，窦军生，陈凌．家族关系如何影响企业创新？——对创新中不可忽视的“家族力量”的检验［J］．科学学研究，2016，34（05）：793－800.

［12］陈仕华，马超．企业间高管联结与慈善行为一致性——基于汶川地

震后中国上市公司捐款的实证研究［J］. 管理世界，2011（12）：87－95.

［13］陈仕华，卢昌崇. 企业间高管联结与并购溢价决策——基于组织间模仿理论的实证研究［J］. 管理世界，2013（05）：144－156.

［14］陈运森，谢德仁. 董事网络、独立董事治理与高管激励［J］. 金融研究，2012（02）：168－182.

［15］陈志军，马鹏程，张芯蕊，闵亦杰. 认知凝聚力、家族承诺感与组织创造力［J］. 南方经济，2017（08）：8－28.

［16］程晨. 制度背景、高管变更与企业技术创新［D］. 华中科技大学，2016.

［17］程晨. 家族企业代际传承：创新精神的延续抑或断裂？［J］. 管理评论，2018，30（06）：81－92.

［18］程聪，谢洪明，陈盈，程宣梅. 网络关系、内外部社会资本与技术创新关系研究［J］. 科研管理，2013（11）：1－8.

［19］程博，潘飞，王建玲. 儒家文化、信息环境与内部控制［J］. 会计研究，2016（12）：79－84，96.

［20］程宏伟，张永海，常勇. 公司 R&D 投入与业绩相关性的实证研究［J］. 科学管理研究，2006（06）：110－113.

［21］程令国，张晔. 早年的饥荒经历影响了人们的储蓄行为吗？——对我国居民高储蓄率的一个新解释［J］. 经济研究，2011，46（08）：119－132.

［22］党力，杨瑞龙，杨继东. 反腐败与企业创新：基于政治关联的解释［J］. 中国工业经济，2015（07）：146－160.

［23］戴维奇，刘洋，廖明情. 烙印效应：民营企业谁在“不务正业”？［J］. 管理世界，2016（05）：99－115，187－188.

［24］窦军生，贾生华. “家业”何以长青？——企业家个体层面家族企业代际传承要素的识别［J］. 管理世界，2008（09）：105－117.

［25］范博宏. 关键世代：范博宏论家族企业传承.2［M］. 东方出版社，2015.

［26］范博宏，权小锋. 浙江龙盛传承技术型接班人后来居上［J］. 新财富，2011（05）：3.

[27] 费孝通. 乡土中国 [M]. 北京大学出版社, 2012: 1-8.

[28] 冯天丽, 井润田. 制度环境与私营企业家政治联系意愿的实证研究 [J]. 管理世界, 2009 (08): 81-91, 123.

[29] 冯旭南, 李心愉, 陈工孟. 家族控制、治理环境和公司价值 [J]. 金融研究, 2011 (03): 149-164.

[30] 傅颖, 窦军生, 吴炳德. 家族承诺何以影响企业的风险承担? [J]. 南方经济, 2019 (08): 100-113.

[31] 付明卫, 叶静怡, 孟俣希, 雷震. 国产化率保护对自主创新的影响——来自中国风电制造业的证据 [J]. 经济研究, 2015 (02): 118-131.

[32] 古志辉. 全球化情境中的儒家伦理与代理成本 [J]. 管理世界, 2015 (03): 113-123.

[33] 顾露露, 蔡良, 雷悦. 家族治理、所有权变更与企业创新——基于中国家族企业的实证研究 [J]. 管理科学, 2017, 30 (02): 39-53.

[34] 郭萍. 计划生育、家庭结构与中国家族企业传承——一个探索性研究 [J]. 学术月刊, 2014, 46 (01): 89-99.

[35] 韩朝华, 陈凌, 应丽芬. 传亲属还是聘专家: 浙江家族企业接班问题考察 [J]. 管理世界, 2005 (02): 133-142, 145.

[36] 何轩, 朱沆. 基于资源观视角的家族涉入与家族企业竞争优势探讨 [J]. 外国经济与管理, 2007 (11): 38-44.

[37] 何轩, 陈文婷, 李新春. 赋予股权还是泛家族化——家族企业职业经理人治理的实证研究 [J]. 中国工业经济, 2008 (05): 109-119.

[38] 贺小刚, 连燕玲. 家族权威与企业价值: 基于家族上市公司的实证研究 [J]. 经济研究, 2009, 44 (04): 90-102.

[39] 贺小刚, 李婧, 陈蕾. 家族成员组合与公司治理效率: 基于家族上市公司的实证研究 [J]. 南开管理评论, 2010a, 13 (06): 149-160.

[40] 贺小刚, 李新春, 连燕玲. 家族成员的权力集中度与企业绩效——对家族上市公司的研究 [J]. 管理科学学报, 2011, 14 (05): 86-96.

[41] 贺小刚, 连燕玲, 余冬兰. 家族和谐与企业可持续成长——基于家族权力配置的视角 [J]. 经济管理, 2010b, 32 (01): 50-60.

[42] 贺小刚，邓浩，吕斐斐等. 期望落差与企业创新的动态关系——冗余资源与竞争威胁的调节效应分析 [J]. 管理科学学报，2017，20 (05)：13－34.

[43] 贺小刚，朱丽娜，杨婵，王博霖. 经营困境下的企业变革："穷则思变"假说检验 [J]. 中国工业经济，2017 (01)：135－154.

[44] 胡超颖，金中坤. 探索式创新、利用式创新与企业绩效关系的元分析 [J]. 企业经济，2017，36 (05)：79－85.

[45] 胡宁. 家族企业创一代离任过程中利他主义行为研究——基于差序格局理论视角 [J]. 南开管理评论，2016，19 (06)：168－176，188.

[46] 胡旭阳，吴一平. 中国家族企业政治资本代际转移研究——基于民营企业家参政议政的实证分析 [J]. 中国工业经济，2016 (01)：146－160.

[47] 胡旭阳，吴一平. 创始人政治身份与家族企业控制权的代际锁定 [J]. 中国工业经济，2017 (05)：152－171.

[48] 胡旭阳. "夫妻搭档"治理与家族企业的研发投入——社会情感财富理论的视角 [J]. 经济管理，2019，41 (12)：57－72.

[49] 黄宇虹，捷梦吟. 关系、社会资本与小微企业创新 [J]. 科研管理，2018，39 (11)：27－39.

[50] 黄海杰，吕长江，朱晓文. 二代介入与企业创新——来自中国家族上市公司的证据 [J]. 南开管理评论，2018，21 (01)：6－16.

[51] 黄冬娅，张华. 民营企业家如何组织起来？——基于广东工商联系统商会组织的分析 [J]. 社会学研究，2018，33 (04)：28－55，242－243.

[52] 贾明珍. 知识产权有限保护的法经济学分析 [J]. 法制与社会，2013 (03)：106－107.

[53] 贾军，张卓. 技术多元化对企业绩效的影响研究——技术关联的调节效应 [J]. 管理评论，2013，25 (08)：124－131.

[54] 焦豪. 双元型组织竞争优势的构建路径：基于动态能力理论的实证研究 [J]. 管理世界，2011 (11)：76－91，188.

[55] 简兆权，陈键宏，王晨. 政治和商业关联、知识获取与组织创新关系研究 [J]. 科研管理，2014，35 (10)：17－25.

[56] 姜付秀，石贝贝，马云飙. 信息发布者的财务经历与企业融资约束

[J]. 经济研究, 2016, 51 (06): 83-97.

[57] 姜付秀, 伊志宏, 苏飞. 管理者背景特征与企业过度投资行为 [J]. 管理世界, 2009 (01): 130-139.

[58] 姜涛, 杨明轩, 王晗. 制度环境、二代涉入与目标二元性——来自中国家族上市公司的证据 [J]. 南开管理评论, 2019, 22 (04): 135-147.

[59] 蒋惠凤, 周玲莉. 家族企业代际传承对企业创新的影响研究——基于前100强家族企业的数据 [J]. 商业经济研究, 2018 (09): 124-126.

[60] 蒋尧明, 章丽萍. 中小企业高层管理者特征与企业可持续增长——基于管理防御理论的分析 [J]. 经济评论, 2012 (05): 69-77.

[61] 金智, 徐慧, 马永强. 儒家文化与公司风险承担 [J]. 世界经济, 2017, 40 (11): 170-192.

[62] 鞠晓生, 卢荻, 虞义华. 融资约束、营运资本管理与企业创新可持续性 [J]. 经济研究, 2013, 48 (01): 4-16.

[63] 雷宇, 郭剑花. 规则公平与员工效率——基于高管和员工薪酬粘性差距的研究 [J]. 管理世界, 2017 (01): 99-111.

[64] 李常洪, 郭嘉琦, 焦文婷等. 家族控制与企业创新投入——信息透明度的调节效应 [J]. 科技进步与对策, 2018, 35 (23): 106-112.

[65] 李常洪, 郭嘉琦, 宋志红, 范建平. 创新投入、创新产出与企业绩效: 基于CDM模型的实证研究 [J]. 华东经济管理, 2013, 27 (05): 164-168.

[66] 李东升, 刘迅. 制度环境、信任治理与家族企业经营者选择 [J]. 中央财经大学学报, 2010 (08): 75-79.

[67] 李思飞, 裘泱. 家族企业传承意愿与社会资本投资 [J]. 金融评论, 2018, 010 (002): 44-55.

[68] 李欢, 郑杲娉, 徐永新. 家族企业"去家族化"与公司价值——来自我国上市公司的经验证据 [J]. 金融研究, 2014 (11): 127-141.

[69] 李健, 崔雪, 陈传明. 家族企业并购商誉、风险承担水平与创新投入——基于信号传递理论的研究 [J]. 南开管理评论, 2022, 25 (01): 135-146.

［70］李卫宁，张妍妍，吕源．二代涉入时间越长越不利于家族企业创新投入吗？［J］．外国经济与管理，2021，43（08）：51－72.

［71］李婧，贺小刚，连燕玲，吕斐斐．业绩驱动、市场化进程与家族企业创新精神［J］．管理评论，2016，28（01）：96－108.

［72］李维安．民营企业传承与治理机制构建［J］．南开管理评论，2013，16（03）：1.

［73］李新春，贺小刚，邹立凯．家族企业研究：理论进展与未来展望［J］．管理世界，2020，36（11）：207－229.

［74］李新春，韩剑，李炜文．传承还是另创领地？——家族企业二代继承的权威合法性建构［J］．管理世界，2015，（06）：110－124，187－188.

［75］李新春，张鹏翔，叶文平．家族企业跨代资源整合与组合创业［J］．管理科学学报，2016，19（11）：1－17.

［76］李习保．中国区域创新能力变迁的实证分析：基于创新系统的观点［J］．管理世界，2007（12）：18－30.

［77］李延喜，包世泽，高锐，孔宪京．薪酬激励、董事会监管与上市公司盈余管理［J］．南开管理评论，2007（06）：55－61.

［78］李焰，秦义虎，张肖飞．企业产权，管理者背景特征与投资效率［J］．管理世界，2011（01）：135－144.

［79］黎文靖，李茫茫．“实体＋金融”：融资约束、政策迎合还是市场竞争？——基于不同产权性质视角的经验研究［J］．金融研究，2017（08）：104－120.

［80］黎文靖，郑曼妮．实质性创新还是策略性创新？——宏观产业政策对微观企业创新的影响［J］．经济研究，2016，51（04）：60－73.

［81］梁强，李新春，郭超．非正式制度保护与企业创新投入——基于中国民营上市企业的经验研究［J］．南开经济研究，2011（03）：97－110.

［82］梁强，邹立凯，宋丽红等．组织印记、生态位与新创企业成长——基于组织生态学视角的质性研究［J］．管理世界，2017（06）：141－154.

［83］连燕玲，张远飞，贺小刚，梅琳．亲缘关系与家族控制权的配置机制及效率——基于制度环境的解释［J］．财经研究，2012，38（04）：91－101.

[84] 连燕玲，周兵，贺小刚等．经营期望、管理自主权与战略变革 [J]．经济研究，2015，50 (08)：31 - 44.

[85] 林志帆，刘诗源．税收负担与企业研发创新——来自世界银行中国企业调查数据的经验证据 [J]．财政研究，2017 (02)：98 - 112.

[86] 刘白璐，吕长江．中国家族企业家族所有权配置效应研究 [J]．经济研究，2016，51 (11)：140 - 152.

[87] 刘启亮，罗乐，何威风，陈汉文．产权性质、制度环境与内部控制 [J]．会计研究，2012 (03)：52 - 61，95.

[88] 刘娇，王博，宋丽红等．家族企业价值观传承与战略变革——基于探索性的案例分析 [J]．南方经济，2017 (08)：49 - 67.

[89] 刘静，范景明．创新价值链视角下中国互联网企业产品创新机制研究——基于腾讯 1998 - 2016 嵌套式多案例分析 [J]．科研管理，2019，40 (05)：35 - 46.

[90] 刘美芬，谢永珍．高管变更对上市公司股价变动的实证研究 [J]．财经理论与实践，2017，38 (04)：45 - 50.

[91] 刘小青，陈向东．专利活动对企业绩效的影响——中国电子信息百强实证研究 [J]．科学学研究，2010，28 (01)：26 - 32.

[92] 刘学方．家族企业继承计划模式对继承绩效影响及作用机制实证研究 [D]．上海交通大学，2007.

[93] 刘银国，焦健，张琛．股利政策、自由现金流与过度投资——基于公司治理机制的考察 [J]．南开管理评论，2015，18 (04)：139 - 150.

[94] 鲁桐，党印．投资者保护、行政环境与技术创新：跨国经验证据 [J]．世界经济，2015，38 (10)：99 - 124.

[95] 罗进辉，李雪，向元高．军人高管是积极的创新者吗？——来自中国家族控股上市公司的经验证据 [J]．管理学季刊，2017，2 (03)：91 - 118，172 - 173.

[96] 罗劲博，李小荣．高管的“行业协会”任职与企业过度投资：资源汲取还是资源诅咒 [J]．南开管理评论，2019，22 (05)：64 - 78.

[97] 吕鸿江，吴亮，周应堂．家族企业治理模式的分类比较与演进规律

[J]. 中国工业经济，2016 (12)：123 – 139.

[98] 马斌，徐越倩．社区性产业集群与合作性激励的生成——对温州民间商会生发机制的社会经济学考察 [J]. 中国工业经济，2006 (07)：65 – 72.

[99] 马克斯·韦伯．经济与社会．下卷 [M]. 商务印书馆，1997.

[100] 马鸿佳，董保宝，葛宝山等．创业导向、小企业导向与企业绩效关系研究 [J]. 管理世界，2009 (09)：109 – 115，188.

[101] 马蓉蓉．完善知识产权制度提高自主创新能力 [J]. 探求，2006 (03)：55 – 59.

[102] 聂辉华，谭松涛，王宇锋．创新、企业规模和市场竞争：基于中国企业层面的面板数据分析 [J]. 世界经济，2008 (07)：57 – 66.

[103] 潘越，戴亦一，吴超鹏等．社会资本、政治关系与公司投资决策 [J]. 经济研究，2009，44 (11)：82 – 94.

[104] 潘越，潘健平，戴亦一．公司诉讼风险、司法地方保护主义与企业创新 [J]. 经济研究，2015 (03)：131 – 145.

[105] 潘越，汤旭东，宁博．俭以养德：儒家文化与高管在职消费 [J]. 厦门大学学报（哲学社会科学版），2020 (01)：107 – 120.

[106] 潘越，翁若宇，纪翔阁，戴亦一．宗族文化与家族企业治理的血缘情结 [J]. 管理世界，2019，35 (07)：116 – 135，203 – 204.

[107] 齐晓飞，关鑫．两权偏离、终极股东属性与公司绩效——基于文献综述的视角 [J]. 首都经济贸易大学学报，2012，14 (01)：86 – 92.

[108] 齐秀辉，王毅丰，孙政凌．双元创新、企业家冒险倾向与企业绩效研究 [J]. 科技进步与对策，2020，37 (16)：104 – 110.

[109] 全怡，陈冬华．多席位独立董事的精力分配与治理效应——基于声誉与距离的角度 [J]. 会计研究，2016 (12)：29 – 36.

[110] 沈永东，虞志红．民营经济发展特殊时期的行业协会商会 [J]. 治理研究，2019，35 (02)：31 – 38.

[111] 时晓虹，耿刚德，李怀．"路径依赖"理论新解 [J]. 经济学家，2014 (06)：53 – 64.

[112] 史宇鹏，顾全林．知识产权保护、异质性企业与创新：来自中国

制造业的证据［J］．金融研究，2013（08）：136－149.

［113］宋琼，严清华，邓江峰．商会的有效性及在中国民营经济发展中的作用［J］．中南财经政法大学学报，2008（04）：54－58.

［114］苏启林．代理问题、公司治理与企业价值——以民营上市公司为例［J］．中国工业经济，2004（04）：100－106.

［115］苏启林，朱文．上市公司家族控制与企业价值［J］．经济研究，2003（08）：36－45，91.

［116］苏昕，周升师．双元性创新与企业竞争地位——来自中国上市企业的经验数据［J］．南方经济，2019（05）：52－77.

［117］王重鸣，刘学方．高管团队内聚力对家族企业继承绩效影响实证研究［J］．管理世界，2007（10）：84－98.

［118］王海成，吕铁．知识产权司法保护与企业创新——基于广东省知识产权案件“三审合一”的准自然试验［J］．管理世界，2016（10）：118－133.

［119］王海明，曾德明．管理者短视偏差对企业投资行为影响研究——一个基于股东短期利益压力视角的实证［J］．财经理论与实践，2013，34（01）：34－38.

［120］王金湘．知识产权保护的技术创新效应［D］．浙江理工大学，2014.

［121］王龙伟，李垣，王刊良．组织惯性的动因与管理研究［J］．预测，2004（06）：1－4，42.

［122］王庆娟，张金成．工作场所的儒家传统价值观：理论、测量与效度检验［J］．南开管理评论，2012，15（04）：66－79，110.

［123］王明琳，徐萌娜，王河森．利他行为能够降低代理成本吗？——基于家族企业中亲缘利他行为的实证研究［J］．经济研究，2014，49（03）：144－157.

［124］王明琳，周生春．控制性家族类型、双重三层委托代理问题与企业价值［J］．管理世界，2006（08）：83－93，103.

［125］王明琳，陈凌，叶长兵．中国民营上市公司的家族治理与企业价值［J］．南开管理评论，2010，13（02）：61－67，96.

［126］王藤燕，金源．去家族化能缓解企业融资约束吗？［J］．外国经济与管理，2020，42（06）：139－152.

［127］王向阳，卢艳秋，赵英鑫．知识获取、路径依赖对企业创新能力的影响研究［J］．图书情报工作，2011，55（18）：103－106，148.

［128］王小鲁，樊纲，余静文．中国分省份市场化指数报告（2016）［M］．社会科学文献出版社，2017.

［129］汪祥耀，金一禾，毕祎．家族企业代际传承推动还是抑制了创新［J］．商业经济与管理，2016（12）：73－82.

［130］王雪莉，马琳，王艳丽．高管团队职能背景对企业绩效的影响：以中国信息技术行业上市公司为例［J］．南开管理评论，2013，16（04）：80－93.

［131］王艳，李善民．社会信任是否会提升企业并购绩效？［J］．管理世界，2017（12）：125－140.

［132］温军，冯根福．异质机构、企业性质与自主创新［J］．经济研究，2012，47（03）：53－64.

［133］温忠麟，叶宝娟．中介效应分析：方法和模型发展［J］．心理科学进展，2014，22（05）：731－745.

［134］温忠麟，张雷，侯杰泰．有中介的调节变量和有调节的中介变量［J］．心理学报，2006（03）：448－452.

［135］魏春燕，陈磊．家族企业CEO更换过程中的利他主义行为——基于资产减值的研究［J］．管理世界，2015（03）：137－150.

［136］魏立群，王智慧．我国上市公司高管特征与企业绩效的实证研究［J］．南开管理评论，2002（04）：16－22.

［137］魏志华，林亚清，吴育辉等．家族企业研究：一个文献计量分析［J］．经济学（季刊），2014，13（01）：27－56.

［138］翁若宇，陈秋平，陈爱华．“手足亲情”能否提升企业经营效率？——来自A股上市手足型家族企业的证据［J］．经济管理，2019，41（07）：88－104.

［139］吴超鹏．知识产权保护薄弱的国家如何发展高科技产业？［D］．厦门大学，2009.

［140］吴超鹏，唐菂．知识产权保护执法力度、技术创新与企业绩效——来自中国上市公司的证据［J］．经济研究，2016，51（11）：125－139.

［141］吴炳德，王志玮，陈士慧，朱建安，陈凌．目标兼容性、投资视野与家族控制：以研发资金配置为例［J］．管理世界，2017（02）：109－119，187－188.

［142］吴炳德．意愿与能力：家族控制对研发投资的影响［J］．研究与发展管理，2016，28（02）：63－71.

［143］吴敬琏．商会的定位及其自身治理［J］．中国改革，2006（10）：29－32.

［144］吴军民．行业协会的组织运作：一种社会资本分析视角——以广东南海专业镇行业协会为例［J］．管理世界，2005（10）：50－57.

［145］吴秋生，黄贤环．财务公司的职能配置与集团成员上市公司融资约束缓解［J］．中国工业经济，2017（09）：156－173.

［146］吴建祖，曾宪聚，赵迎．高层管理团队注意力与企业创新战略——两职合一和组织冗余的调节作用［J］．科学学与科学技术管理，2016（05）：170－180.

［147］吴炯，李保杰．家族企业接班者的政治关联、人力资本与跨代创业行为［J］．管理学报，2015，12（11）：1638－1645.

［148］吴炯，刘阳，邢修帅．家族企业传承的权威基础与权威冲突——合法性的中介作用［J］．经济管理，2017，39（02）：52－65.

［149］吴应军，蔡洪滨．策略性模糊在信息甄别中的作用——以企业接班人计划为例［J］．经济研究，2011，46（03）：108－118.

［150］许年行，谢蓉蓉，吴世农．中国式家族企业管理：治理模式、领导模式与公司绩效［J］．经济研究，2019，54（12）：165－181.

［151］许静静．家族企业外聘 CEO 类型、两权分离度与企业特质信息披露［J］．上海财经大学学报，2015，17（06）：90－100.

［152］许静静，吕长江．家族企业高管性质与盈余质量——来自中国上市公司的证据［J］．管理世界，2011（01）：112－120.

［153］许庆瑞，李杨，刘景江．结合制造与服务逻辑发展企业创新能力——

基于海尔集团的纵向案例研究［J］. 科研管理，2020，41（01）：35-47.

［154］许永斌，鲍树琛．代际传承对家族企业风险承担的影响［J］. 商业经济与管理，2019（03）：50-60.

［155］徐建中，贾大风，李奉书，王玥．装备制造企业低碳技术创新对企业绩效的影响研究［J］. 管理评论，2018，30（03）：82-94.

［156］徐细雄，李万利．儒家传统与企业创新：文化的力量［J］. 金融研究，2019（09）：112-130.

［157］徐细雄，刘星．创始人权威、控制权配置与家族企业治理转型——基于国美电器"控制权之争"的案例研究［J］. 中国工业经济，2012（02）：139-148.

［158］徐晔，陶长琪，丁晖．区域产业创新与产业升级耦合的实证研究——以珠三角地区为例［J］. 科研管理，2015，36（04）：109-117.

［159］严若森，杜帅．代际传承对家族企业创新投入的影响——社会情感财富理论视角［J］. 科技进步与对策，2018，35（8）：84-91.

［160］严若森，吴梦茜．二代涉入、制度情境与中国家族企业创新投入——基于社会情感财富理论的研究［J］. 经济管理，2020，42（03）：23-39.

［161］姚小涛，张田，席酉民．强关系与弱关系：企业成长的社会关系依赖研究［J］. 管理科学学报，2008（01）：143-152.

［162］杨博旭，王玉荣，李兴光．"厚此薄彼"还是"雨露均沾"——组织如何有效利用网络嵌入资源提高创新绩效［J］. 南开管理评论，2019，22（03）：201-213.

［163］杨畅，刘斌，闫文凯．契约环境影响企业的投资行为吗——来自中国上市公司的经验证据［J］. 金融研究，2014（11）：79-93.

［164］杨婵，贺小刚，徐容慈．"创一代-至亲"组合治理模式与企业绩效——基于中国家族上市公司的实证研究［J］. 经济管理，2018，40（06）：17-37.

［165］杨玲丽，万陆．关系制约产业转移吗？——"关系嵌入—信任—转移意愿"的影响研究［J］. 管理世界，2017（07）：35-49.

［166］杨玉波，李备友，李守伟．嵌入性理论研究综述：基于普遍联系

的视角［J］. 山东社会科学，2014（03）：172－176.

［167］杨学儒，朱沆，李新春. 家族企业的权威系统与代际传承［J］. 管理学报，2009，6（11）：1492－1500.

［168］杨志祥. 论企业自主创新与知识产权保护［J］. 学术论坛，2007（09）：113－116.

［169］叶宝娟，温忠麟. 有中介的调节模型检验方法：甄别和整合［J］. 心理学报，2013，45（09）：1050－1060.

［170］叶康涛，张姗姗，张艺馨. 企业战略差异与会计信息的价值相关性［J］. 会计研究，2014（05）：44－51，94.

［171］于斌斌. 家族企业接班人的胜任－绩效建模——基于越商代际传承的实证分析［J］. 南开管理评论，2012（15）：61－71.

［172］虞义华，赵奇锋，鞠晓生. 发明家高管与企业创新［J］. 中国工业经济，2018（03）：136－154.

［173］俞红海，徐龙炳，陈百助. 终极控股股东控制权与自由现金流过度投资［J］. 经济研究，2010，45（08）：103－114.

［174］郁建兴，沈永东，周俊. 从双重管理到合规性监管——全面深化改革时代行业协会商会监管体制的重构［J］. 浙江大学学报（人文社会科学版），2014，44（04）：107－116.

［175］郁建兴，宋晓清. 商会组织治理的新分析框架及其应用［J］. 中国行政管理，2009（04）：59－64.

［176］余浩. 企业战略导向与技术创新绩效的实证研究［J］. 科学学与科学技术管理，2010，31（09）：62－66.

［177］余明桂，李文贵，潘红波. 管理者过度自信与企业风险承担［J］. 金融研究，2013（01）：149－163.

［178］余明桂，潘红波. 政治关系、制度环境与民营企业银行贷款［J］. 管理世界，2008（08）：9－21，39，187.

［179］余明桂，回雅甫，潘红波. 政治联系、寻租与地方政府财政补贴有效性［J］. 经济研究，2010，45（3）：65－77.

［180］余明桂，李文贵，潘红波. 民营化、产权保护与企业风险承担

[J]. 经济研究, 2013, 48 (09): 112-124.

[181] 袁建国, 后青松, 程晨. 企业政治资源的诅咒效应——基于政治关联与企业技术创新的考察 [J]. 管理世界, 2015 (01): 139-155.

[182] 韵江, 宁鑫, 暴莹. CEO过度自信与战略变革——基于"韧性效应"和"创造效应"的研究 [J]. 南开管理评论, 2022, 25 (05): 180-190, 214, 191-192.

[183] 张行, 常崇江. 不同继任模式下CEO任期对薪酬结构的影响研究——来自管理层权力、组合、学习和职业生涯效应的解释 [J]. 南开管理评论, 2019, 22 (06): 188-199.

[184] 张华, 李秀娟, 陆韵婷. 中国上市家族企业创新报告 [M]. 中欧-上海信托, 2016.

[185] 张徽燕, 何楠, 高远辉. 组织学习能力、双元性创新与企业绩效间关系的实证研究 [J]. 技术经济, 2014, 33 (05): 40-45, 111.

[186] 张京心, 廖子华, 谭劲松. 民营企业创始人的离任权力交接与企业成长——基于美的集团的案例研究 [J]. 中国工业经济, 2017 (10): 174-192.

[187] 张捷, 王霄, 赵永亮. 商会治理功能与组织边界的经济学分析——基于公共选择的理论框架与中国的经验证据 [J]. 中国工业经济, 2009 (11): 109-119.

[188] 张捷, 张媛媛. 商会治理的基本特征及中国的经验证据 [J]. 经济管理, 2009, 31 (11): 148-153.

[189] 张俊生, 霍铮, 朱沆. 私营企业家的主观社会地位与企业创新投入——一项基于二十余年调查数据的分析 [J]. 当代会计评论, 2019, 12 (03): 1-16.

[190] 张萍, 徐巍. 高管联结影响企业内部控制质量吗? ——来自中国上市公司的经验证据 [J]. 商业经济与管理, 2016 (04): 79-89.

[191] 张首魁, 党兴华. 关系结构、关系质量对合作创新企业间知识转移的影响研究 [J]. 研究与发展管理, 2009 (03): 1-7.

[192] 张妮, 李晓彤. 家族涉入与上市公司创新行为关系研究——来自我国家族上市公司的经验数据 [J]. 山东社会科学, 2017 (05): 178-183.

［193］张远飞，贺小刚，连燕玲．“富则思安”吗？——基于中国民营上市公司的实证分析［J］．管理世界，2013（07）：130－144，188.

［194］张其仔．社会资本的投资策略与企业绩效［J］．经济管理，2004（16）：58－63.

［195］张兆国，刘永丽，谈多娇．管理者背景特征与会计稳健性——来自中国上市公司的经验证据［J］．会计研究，2011（07）：11－18.

［196］赵晶，孟维烜．继承人社会资本对代际传承中企业创新的影响［J］．中国人民大学学报，2016，30（03）：91－105.

［197］赵晶，张书博，祝丽敏．传承人合法性对家族企业战略变革的影响［J］．中国工业经济，2015（08）：130－144.

［198］赵晶，祝丽敏．家族企业代际传承与资本市场反应［J］．中国人民大学学报，2018，32（02）：90－103.

［199］赵奇锋，王永中．薪酬差距、发明家晋升与企业技术创新［J］．世界经济，2019，42（07）：94－119.

［200］赵勇，李新春．家族企业传承期抑制了研发投入吗？——基于家族企业多重目标的调节效应［J］．研究与发展管理，2018，30（05）：81－91.

［201］赵永亮，张捷．商会服务功能研究——公共品还是俱乐部品供给［J］．管理世界，2009（12）：48－56，66.

［202］郑玉．知识产权保护、R&D 投入与企业绩效——基于中国制造业企业的实证［J］．社会科学研究，2017（04）：56－62.

［203］曾萍，邓腾智，宋铁波．社会资本、动态能力与企业创新关系的实证研究［J］．科研管理，2013（04）：50－59.

［204］周楷唐，麻志明，吴联生．高管学术经历与公司债务融资成本［J］．经济研究，2017，52（07）：169－183.

［205］周怀康，姜军辉，葛淳棉等．创业归来再出发：创业烙印如何影响工作绩效？［J］．管理世界，2021，37（07）：145－161，11.

［206］周晓苏，王磊，陈沉．企业间高管联结与会计信息可比性——基于组织间模仿行为的实证研究［J］．南开管理评论，2017（03）：100－112.

［207］周燕，葛建华．权威、认同与家族企业代际传承问题［J］．当代

财经，2011（03）：73－79.

[208] 钟宇翔，吕怀立，李婉丽．管理层短视、会计稳健性与企业创新抑制［J］．南开管理评论，2017，20（06）：163－177.

[209] 朱沆，Eric Kushins，周影辉．社会情感财富抑制了中国家族企业的创新投入吗？［J］．管理世界，2016（03）：99－114.

[210] 朱建安，陈凌，吴炳德．雇亲属还是聘专家：基于控股家族目标异质性的CEO聘任研究［J］．外国经济与管理，2016，38（12）：3－18.

[211] 朱仁宏，伍兆祥，靳祥鹏．言传身教：价值观一致性、家族传承与企业成长关系研究［J］．南方经济，2017（08）：68－83.

[212] 朱晓文，吕长江．家族企业代际传承：海外培养还是国内培养？［J］．经济研究，2019，54（01）：68－84.

[213] 祝振铎，李新春，赵勇．父子共治与创新决策——中国家族企业代际传承中的父爱主义与深谋远虑效应［J］．管理世界，2021，37（09）：191－206，232.

[214] 邹立凯，梁强，王博．基于权威转换视角的家族企业二代子女继任方式研究［J］．管理学报，2019，16（12）：1771－1780，1789.

[215] 邹立凯，王博，梁强．继任CEO身份差异与家族企业创新投入研究——基于合法性的视角［J］．外国经济与管理，2019，41（03）：126－140.

[216] Aandrei G, Israel M, William P. The political roots of intermediated lobbying: evidence from Russian enterprises and business associations [J]. Business & Politics, 2017, 18 (4): 395－433.

[217] Aboody D, Lev B. Information asymmetry, R&D, and insider gains [J]. The journal of Finance, 2000, 55 (6): 2747－2766.

[218] Adler P S, Kwon S W. Social capital: Prospects for a new concept [J]. Academy of management review, 2002, 27 (1): 17－40.

[219] Ahuja G, Morris Lampert C. Entrepreneurship in the large corporation: A longitudinal study of how established firms create breakthrough inventions [J]. Strategic management journal, 2001, 22 (6－7): 521－543.

[220] Anderson R C, Duru A, Reeb D M. Investment policy in family con-

trolled firms [J]. Journal of banking & finance, 2012, 36 (6): 1744 - 1758.

[221] Anderson R C, Reeb D M. Founding - family ownership and firm performance: evidence from the S&P 500 [J]. The journal of finance, 2003, 58 (3): 1301 - 1328.

[222] Arzubiaga U, Maseda A, Iturralde T. Exploratory and exploitative innovation in family businesses: the moderating role of the family firm image and family involvement in top management [J]. Review of managerial science, 2019, 13: 1 - 31.

[223] Ayyagari M, Demirgüç - Kunt A, Maksimovic V. Firm innovation in emerging markets: The role of finance, governance, and competition [J]. Journal of Financial and Quantitative Analysis, 2011, 46 (6): 1545 - 1580.

[224] Bannò M. Propensity to patent by family firms [J]. Journal of Family Business Strategy, 2016, 7 (4): 238 - 248.

[225] Barach J A, Gantisky J, Ourson J A, et al. ENTRY 0F THE NEXT GÉNÉRATION: STRATÉGIE) CHALLENGE FOR FAMILY BUSINESS [J]. Journal of Small Business Management, 1988, 3: 12.

[226] Barney J. Firm resources and sustained competitive advantage [J]. Journal of management, 1991, 17 (1): 99 - 120.

[227] Bennedsen M, Fan J P H, Jian M, et al. The family business map: Framework, selective survey, and evidence from Chinese family firm succession [J]. Journal of Corporate Finance, 2015, 33: 212 - 226.

[228] Bennedsen M, Foss N. Family assets and liabilities in the innovation process [J]. California Management Review, 2015, 58 (1): 65 - 81.

[229] Benner M J, Tushman M L. Exploitation, exploration, and process management: The productivity dilemma revisited [J]. Academy of management review, 2003, 28 (2): 238 - 256.

[230] Berrone P, Cruz C, Gomez - Mejia L R. Socioemotional wealth in family firms: Theoretical dimensions, assessment approaches, and agenda for future research [J]. Family business review, 2012, 25 (3): 258 - 279.

[231] Bird M, Zellweger T. Relational embeddedness and firm growth: Comparing spousal and sibling entrepreneurs [J]. Organization Science, 2018, 29 (2): 264 -283.

[232] Block J H. R&D investments in family and founder firms: An agency perspective [J]. Journal of business venturing, 2012, 27 (2): 248 -265.

[233] Block J, Miller D, Jaskiewicz P, et al. Economic and technological importance of innovations in large family and founder firms: An analysis of patent data [J]. Family business review, 2013, 26 (2): 180 -199.

[234] Brannon D L, Wiklund J, Haynie J M. The varying effects of family relationships in entrepreneurial teams [J]. Entrepreneurship theory and practice, 2013, 37 (1): 107 -132.

[235] Burgelman R A. Strategy as vector and the inertia of coevolutionary lock - in [J]. Administrative science quarterly, 2002, 47 (2): 325 -357.

[236] Burkart M, Panunzi F, Shleifer A. Family firms [J]. The journal of finance, 2003, 58 (5): 2167 -2201.

[237] Cabrera - Suárez M K, García - Almeida D J, De Saá - Pérez P. A dynamic network model of the successor's knowledge construction from the resource - and knowledge - based view of the family firm [J]. Family Business Review, 2018, 31 (2): 178 -197.

[238] Carolan M S. Making patents and intellectual property work: The asymmetrical "Harmonization" of TRIPS [J]. Organization & Environment, 2008, 21 (3): 295 -310.

[239] Chen H L, Hsu W T. Family ownership, board independence, and R&D investment [J]. Family business review, 2009, 22 (4): 347 -362.

[240] Chen J, Wang C, Wang Q, et al. Sibling rivalry vs. brothers in arms: The contingency effects of involvement of multiple offsprings on risk taking in family firms [J]. Sustainability, 2019, 11 (16): 4447.

[241] Chirico F, Salvato C. Knowledge integration and dynamic organizational adaptation in family firms [J]. Family Business Review, 2008, 21 (2):

169 – 181.

[242] Chrisman J J, Chua J H, De Massis A, et al. The ability and willingness paradox in family firm innovation [J]. Journal of Product Innovation Management, 2015, 32 (3): 310 – 318.

[243] Chrisman J J, Fang H, Kotlar J, et al. A note on family influence and the adoption of discontinuous technologies in family firms [J]. Journal of Product Innovation Management, 2015, 32 (3): 384 – 388.

[244] Chrisman J J, Patel P C. Variations in R&D investments of family and nonfamily firms: Behavioral agency and myopic loss aversion perspectives [J]. Academy of management Journal, 2012, 55 (4): 976 – 997.

[245] Coase R H. The nature of the firm [M]. Macmillan Education UK, 1995.

[246] Crutchley C E, Garner J L, Marshall B B. An examination of board stability and the long – term performance of initial public offerings [J]. Financial Management, 2002: 63 – 90.

[247] Davenport T H. Make better decisions [J]. Harvard business review, 2009, 87 (11): 117 – 123.

[248] David P A. Why are institutions the ‘carriers of history’?: Path dependence and the evolution of conventions, organizations and institutions [J]. Structural change and economic dynamics, 1994, 5 (2): 205 – 220.

[249] David T, Ginalski S, Mach A, et al. Networks of coordination: Swiss business associations as an intermediary between business, politics and administration during the 20th century [J]. Business and Politics, 2009, 11 (4): 1 – 38.

[250] Davis J A, Hampton M M C, Lansberg I. Generation to generation: Life cycles of the family business [M]. Harvard Business Press, 1997.

[251] Davis J H, Schoorman F D, Donaldson L. Toward a stewardship theory of management [M] //Business Ethics and Strategy, Volumes I and II. Routledge, 2018: 473 – 500.

[252] De Clercq D, Belausteguigoitia I. Intergenerational strategy involvement and family firms'innovation pursuits: The critical roles of conflict management and so-

cial capital [J]. Journal of Family Business Strategy, 2015, 6 (3): 178 - 189.

[253] De Massis A, Frattini F, Pizzurno E, et al. Product innovation in family versus nonfamily firms: An exploratory analysis [J]. Journal of Small Business Management, 2015, 53 (1): 1 - 36.

[254] Duncan R B. The ambidextrous organization: Designing dual structures for innovation [J]. The management of organization, 1976, 1 (1): 167 - 188.

[255] Duran P, Kammerlander N, Van Essen M, et al. Doing more with less: Innovation input and output in family firms [J]. Academy of management Journal, 2016, 59 (4): 1224 - 1264.

[256] Dyer W G, Nenque E, Hill E J. Toward a theory of family capital and entrepreneurship: Antecedents and outcomes [J]. Journal of Small Business Management, 2014, 52 (2): 266 - 285.

[257] Eriksen S, Gerstel N. A labor of love or labor itself: Care work among adult brothers and sisters [J]. Journal of Family Issues, 2002, 23 (7): 836 - 856.

[258] Fan J P H, Wong T J, Zhang T. Founder succession and accounting properties [J]. Contemporary Accounting Research, 2012, 29 (1): 283 - 311.

[259] Finkelstein S, Hambrick D C. Top - management - team tenure and organizational outcomes: The moderating role of managerial discretion [J]. Administrative science quarterly, 1990: 484 - 503.

[260] Francis B, Hasan I, Wu Q. Professors in the boardroom and their impact on corporate governance and firm performance [J]. Financial management, 2015, 44 (3): 547 - 581.

[261] Friedman S D. Sibling relationships and intergenerational succession in family firms [J]. Family Business Review, 1991, 4 (1): 3 - 20.

[262] García - Élvarez E, López - Sintas J, Gonzalvo P S. Socialization patterns of successors in first - to second - generation family businesses [J]. Family business review, 2002, 15 (3): 189 - 203.

[263] Gomez - Mejia L R, Campbell J T, Martin G, et al. Socioemotional wealth as a mixed gamble: Revisiting family firm R&D investments with the behavioral agency

model [J]. Entrepreneurship Theory and Practice, 2014, 38 (6): 1351 - 1374.

[264] Gomez - Mejia L R, Cruz C, Berrone P, et al. The bind that ties: Socioemotional wealth preservation in family firms [J]. The academy of management annals, 2011, 5 (1): 653 - 707.

[265] Gómez - Mejía L R, Haynes K T, Núñez - Nickel M, et al. Socioemotional wealth and business risks in family - controlled firms: Evidence from Spanish olive oil mills [J]. Administrative science quarterly, 2007, 52 (1): 106 - 137.

[266] Gomez - Mejia L R, Makri M, Kintana M L. Diversification decisions in family - controlled firms [J]. Journal of management studies, 2010, 47 (2): 223 - 252.

[267] Gordon G, Nicholson N. Family wars: Classic conflicts in family business and how to deal with them [M]. Kogan Page, 2008.

[268] Granovetter M. Economic action and social structure: The problem of embeddedness [M] //The sociology of economic life. Routledge, 2018: 22 - 45.

[269] Graves C, Thomas J. Determinants of the internationalization pathways of family firms: An examination of family influence [J]. Family Business Review, 2008, 21 (2): 151 - 167.

[270] Guiso L, Monte F, Sapienza P, et al. Culture, gender, and math [J]. Science, 2008, 320 (5880): 1164 - 1165.

[271] Hadlock C J, Pierce J R. New evidence on measuring financial constraints: Moving beyond the KZ index [J]. The review of financial studies, 2010, 23 (5): 1909 - 1940.

[272] Hambrick D C, Mason P A. Upper echelons: The organization as a reflection of its top managers [J]. Academy of management review, 1984, 9 (2): 193 - 206.

[273] Handler W C. Succession in family business: A review of the research [J]. Family business review, 1994, 7 (2): 133 - 157.

[274] Hannan M T, Freeman J. Structural inertia and organizational change

[J]. American sociological review, 1984: 149 - 164.

[275] He J J, Tian X. The dark side of analyst coverage: The case of innovation [J]. Journal of Financial Economics, 2013, 109 (3): 856 - 878.

[276] Hitt M A, Tyler B B. Strategic decision models: Integrating different perspectives [J]. Strategic management journal, 1991, 12 (5): 327 - 351.

[277] Hodgkinson G P. Cognitive inertia in a turbulent market: The case of UK residential estate agents [J]. Journal of Management Studies, 1997, 34 (6): 921 - 945.

[278] Hogg M A, Terry D J, White K M. A tale of two theories: A critical comparison of identity theory with social identity theory [J]. Social psychology quarterly, 1995: 255 - 269.

[279] Holmstrom B. Agency costs and innovation [J]. Journal of Economic Behavior & Organization, 1989, 12 (3): 305 - 327.

[280] Jansen J J P, Van Den Bosch F A J, Volberda H W. Exploratory innovation, exploitative innovation, and performance: Effects of organizational antecedents and environmental moderators [J]. Management science, 2006, 52 (11): 1661 - 1674.

[281] JEWELL C, Wunsch - Vincent S. Global Innovation Index 2016: winning with global innovation [J]. WIPO MAGAZINE, 2016 (5): 21 - 25.

[282] Jiang Y, Peng M W. Are family ownership and control in large firms good, bad, or irrelevant? [J]. Asia Pacific Journal of Management, 2011, 28 (1): 15 - 39.

[283] Johnson V. What is organizational imprinting? Cultural entrepreneurship in the founding of the Paris Opera [J]. American journal of sociology, 2007, 113 (1): 97 - 127.

[284] Kanwar S, Evenson R. Does intellectual property protection spur technological change? [J]. Oxford Economic Papers, 2003, 55 (2): 235 - 264.

[285] Kellermanns F W, Eddleston K A, Sarathy R, et al. Innovativeness in family firms: A family influence perspective [J]. Small business economics,

2012, 38: 85 - 101.

[286] Kellermanns F W, Eddleston K A. Corporate entrepreneurship in family firms: A family perspective [J]. Entrepreneurship theory and practice, 2006, 30 (6): 809 - 830.

[287] Klein S B, Astrachan J H, Smyrnios K X. The F - PEC scale of family influence: Construction, validation, and further implication for theory [J]. Entrepreneurship theory and practice, 2005, 29 (3): 321 - 339.

[288] König A, Kammerlander N, Enders A. The family innovator's dilemma: How family influence affects the adoption of discontinuous technologies by incumbent firms [J]. Academy of management review, 2013, 38 (3): 418 - 441.

[289] Kotlar J, De Massis A. Goal setting in family firms: Goal diversity, social interactions, and collective commitment to family - centered goals [J]. Entrepreneurship Theory and Practice, 2013, 37 (6): 1263 - 1288.

[290] Kraiczy N D, Hack A, Kellermanns F W. What makes a family firm innovative? CEO risk - taking propensity and the organizational context of family firms [J]. Journal of Product Innovation Management, 2015, 32 (3): 334 - 348.

[291] La Porta R, Lopez - de - Silanes F, Shleifer A. Corporate ownership around the world [J]. The journal of finance, 1999, 54 (2): 471 - 517.

[292] Le Breton - Miller I, Miller D, Lester R H. Stewardship or agency? A social embeddedness reconciliation of conduct and performance in public family businesses [J]. Organization science, 2011, 22 (3): 704 - 721.

[293] Levin D Z, Cross R. The strength of weak ties you can trust: The mediating role of trust in effective knowledge transfer [J]. Management science, 2004, 50 (11): 1477 - 1490.

[294] March J G. Continuity and change in theories of organizational action [J]. Administrative science quarterly, 1996: 278 - 287.

[295] March J G. Exploration and exploitation in organizational learning [J]. Organization science, 1991, 2 (1): 71 - 87.

[296] Marques J C. Industry business associations: self - interested or socially

conscious? [J]. Journal of Business Ethics, 2017, 143: 733 - 751.

[297] Marquis C, Tilcsik A. Imprinting: Toward a multilevel theory [J]. The Academy of Management Annals, 2013, 7 (1): 195 - 245.

[298] McConaughy D L, Phillips G M. Founders versus descendants: The profitability, efficiency, growth characteristics and financing in large, public, founding - family - controlled firms [J]. Family Business Review, 1999, 12 (2): 123 - 131.

[299] Miller D, Le Breton - Miller I. Deconstructing socioemotional wealth [J]. Entrepreneurship theory and practice, 2014, 38 (4): 713 - 720.

[300] Miller D. The Icarus paradox: How exceptional companies bring about their own downfall [J]. Business Horizons, 1992, 35 (1): 24 - 35.

[301] Morck R, Yeung B, Yu W. The information content of stock markets: why do emerging markets have synchronous stock price movements? [J]. Journal of financial economics, 2000, 58 (1 - 2): 215 - 260.

[302] Mortimer J T. Book Review: Mark S. Granovetter, Getting A Job: A Study of Contacts and Careers. Harvard University Press, 1974, 179 pp [J]. Sociology of Work and Occupations, 1975, 2 (3): 284 - 287.

[303] Muñoz - Bullón F, Sanchez - Bueno M J. The impact of family involvement on the R&D intensity of publicly traded firms [J]. Family Business Review, 2011, 24 (1): 62 - 70.

[304] Nelson J. Corporate governance practices, CEO characteristics and firm performance [J]. Journal of Corporate Finance, 2005, 11 (1 - 2): 197 - 228.

[305] Page S E. Path dependence [J]. Quarterly Journal of Political Science, 2006, 1 (1): 87 - 115.

[306] Peng M W, Jiang Y. Institutions behind family ownership and control in large firms [J]. Journal of management Studies, 2010, 47 (2): 253 - 273.

[307] Pieper T M, Smith A D, Kudlats J, et al. The persistence of multifamily firms: Founder imprinting, simple rules, and monitoring processes [J]. Entrepreneurship theory and practice, 2015, 39 (6): 1313 - 1337.

[308] Pollak R A. Gary Becker's contributions to family and household economics [J]. Review of Economics of the Household, 2003, 1: 111 - 141.

[309] Porter M E, Strategy C. Techniques for analyzing industries and competitors [J]. Competitive Strategy. New York: Free, 1980.

[310] Raisch S, Birkinshaw J. Organizational ambidexterity: Antecedents, outcomes, and moderators [J]. Journal of management, 2008, 34 (3): 375 - 409.

[311] Redding S G. Weak organizations and strong linkages: managerial ideology and Chinese family business networks [J]. Asian business networks, 1996: 27 - 41.

[312] Rhee M. Network updating and exploratory learning environment [J]. Journal of management studies, 2004, 41 (6): 933 - 949.

[313] Richard O C, Barnett T, Dwyer S, et al. Cultural diversity in management, firm performance, and the moderating role of entrepreneurial orientation dimensions [J]. Academy of management journal, 2004, 47 (2): 255 - 266.

[314] Schulze W S, Lubatkin M H, Dino R N, et al. Agency relationships in family firms: Theory and evidence [J]. Organization science, 2001, 12 (2): 99 - 116.

[315] Sieger P, Zellweger T, Nason R S, et al. Portfolio entrepreneurship in family firms: a resource - based perspective [J]. Strategic Entrepreneurship Journal, 2011, 5 (4): 327 - 351.

[316] Simsek Z, Fox B C, Heavey C. "What's past is prologue" A framework, review, and future directions for organizational research on imprinting [J]. Journal of Management, 2015, 41 (1): 288 - 317.

[317] Smith K G, Grimm C M. Environmental variation, strategic change and firm performance: A study of railroad deregulation [J]. Strategic Management Journal, 1987, 8 (4): 363 - 376.

[318] Su W, Lee C Y. Effects of corporate governance on risk taking in Taiwanese family firms during institutional reform [J]. Asia Pacific Journal of Management, 2013, 30: 809 - 828.

[319] Sull D N. Why good companies go bad [J]. Financial Times,

2005, 3.

[320] Tan J. Innovation and risk - taking in a transitional economy: A comparative study of Chinese managers and entrepreneurs [J]. Journal of business venturing, 2001, 16 (4): 359 - 376.

[321] Uzzi B, Lancaster R. Relational embeddedness and learning: The case of bank loan managers and their clients [J]. Management science, 2003, 49 (4): 383 - 399.

[322] Van Buren M E, Safferstone T. The quick wins paradox [J]. Harvard Business Review, 2009, 87 (1): 54 - 61.

[323] Vandekerkhof P, Steijvers T, Hendriks W, et al. The effect of organizational characteristics on the appointment of nonfamily managers in private family firms: The moderating role of socioemotional wealth [J]. Family Business Review, 2015, 28 (2): 104 - 122.

[324] Vergne J P, Durand R. The missing link between the theory and empirics of path dependence: Conceptual clarification, testability issue, and methodological implications [J]. Journal of management studies, 2010, 47 (4): 736 - 759.

[325] Wei J, Liu Y. Government support and firm innovation performance: Empirical analysis of 343 innovative enterprises in China [J]. Chinese Management Studies, 2015, 9 (1): 38 - 55.

[326] Williams C, Lee S H. Resource allocations, knowledge network characteristics and entrepreneurial orientation of multinational corporations [J]. Research Policy, 2009, 38 (8): 1376 - 1387.

[327] Woods J A, Gottschall R, Matthews C H, et al. The influence of industry association involvement on technology decision - making in small businesses [J]. Journal of enterprising culture, 2017, 25 (03): 317 - 337.

[328] Xu N, Yuan Q, Jiang X, et al. Founder's political connections, second generation involvement, and family firm performance: Evidence from China [J]. Journal of Corporate Finance, 2015, 33: 243 - 259.

[329] Zellweger T M, Nason R S, Nordqvist M. From longevity of firms to

transgenerational entrepreneurship of families: Introducing family entrepreneurial orientation [J]. Family Business Review, 2012, 25 (2): 136 – 155.

[330] Zellweger T, Sieger P. Entrepreneurial orientation in long – lived family firms [J]. Small Business Economics, 2012, 38: 67 – 84.

[331] Zhenglai D, Yi D. The Logic of the "Tutelary – Style" Monitoring System: An Assessment of State Policies on Social Organisations in the Past 30 Years [J]. Journal of Chinese Political Science, 2013, 18: 21 – 40.

[332] Zhou K Z, Gao G Y, Zhao H. State ownership and firm innovation in China: An integrated view of institutional and efficiency logics [J]. Administrative Science Quarterly, 2017, 62 (2): 375 – 404.

[333] Zhou Z, Chen Z. Formation mechanism of knowledge rigidity in firms [J]. Journal of Knowledge Management, 2011, 15 (5): 820 – 835.